義大利南部深度之旅

Southern Italy

龐貝・阿瑪菲海岸
拿坡里・阿爾貝羅貝洛
卡布里島・西西里島

作者◎簡婉莉（莉莉安小貴婦）

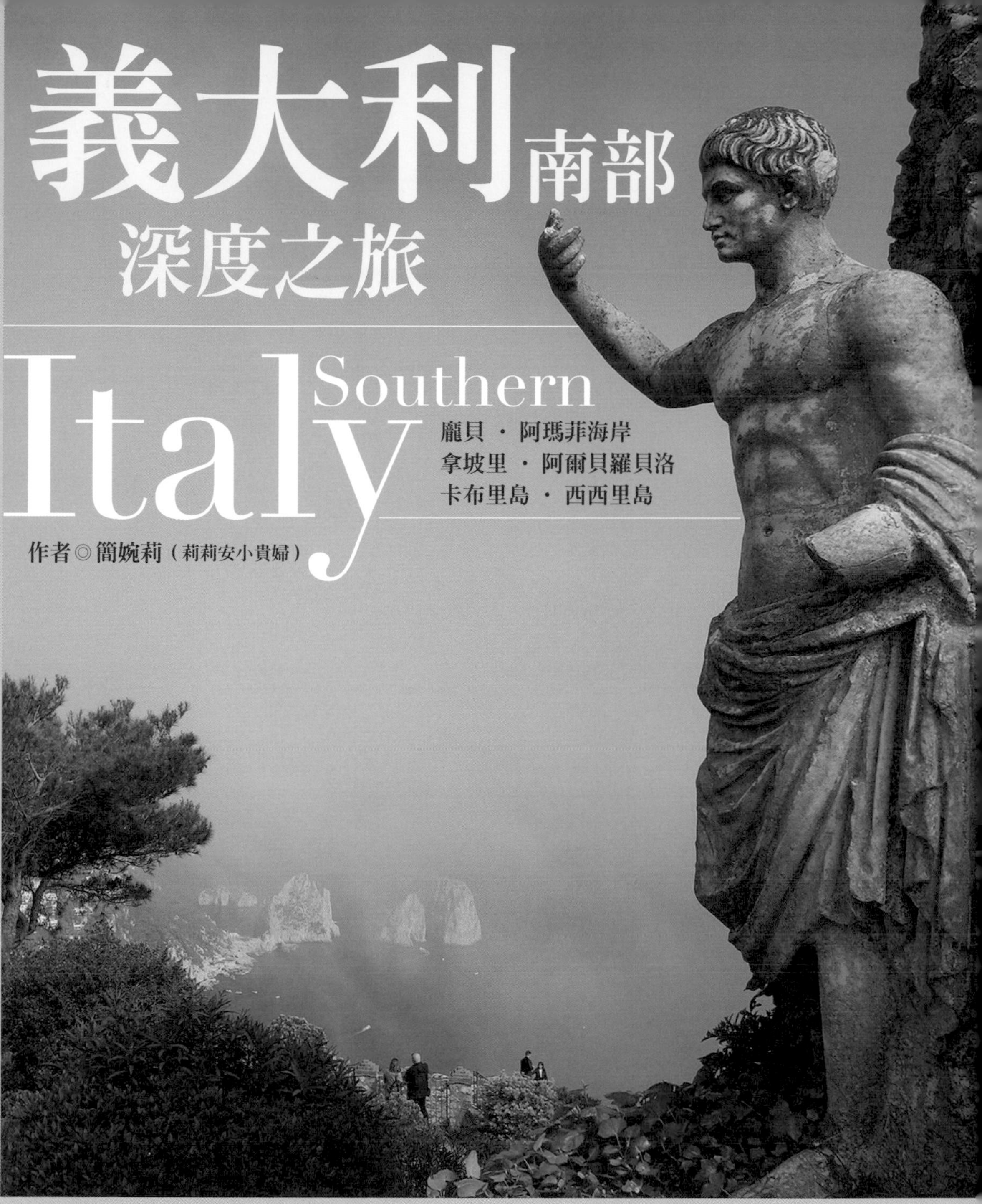

2
3

作者序

大學時期開始在部落格寫文章，從「自己看」、「朋友看」到「寫旅遊專業文章給大家看」，這中間的過程如漩渦般，寫作內容越來越深度研究各景點的歷史脈絡、建築起源、人文風情，再以説故事的方式重新詮釋，希望能用深度旅遊的角度帶大家看到更多旅途上的美好。

只是沒想到出版社上門洽談出書，我正好懷孕8個多月，這讓即將臨盆的我非常猶豫是否接下這重擔。答應後就心心念念此事，從老二Warren出生前3週開始動筆，坐月子只認真躺了兩週就坐在電腦前敲鍵盤，還被月嫂催回床上，每天過著邊帶孩子邊寫書的生活，白天寫書、晚上搞夜奶、三不五時還要擠奶。而寫書就像報考研究所一樣，一定要大聲地跟眾親友們宣告此事，一來對自己精神喊話，二來親友們也會不斷地關心進度，即使帶孩子再累，我還是要鞭策自己堅持下去，沒想到Warren滿8個月，我終於完成要交稿！第3個孩子即將出生！

寫書期間我結識了不少新朋友，也有許多親友給予行動、言語上的支持，讓我非常感動，由衷的感謝家人、朋友，每一個支持與鼓勵都是我前進的動力，我愛你們！

有些人會好奇的問「義大利到底哪裡好玩？第一次去義大利要去哪裡？」由於義大利在1860年統一以前，每個地方皆有自己專屬的政府，也因為各地地形、氣候、歷史不同，飲食、生活習慣、語言都很不一樣，其所延伸出來的建築、自然風光截然不同，大家所熟悉的4大城市(羅馬、佛羅倫斯、威尼斯、米蘭)是無法代表整個義大利的！

尤其義大利南部更有別於北部，南部生活多了點混亂、人情味，少了點距離感，不論建築、歷史、飲食、生活習慣都跟北部非常地不同，初次到南部的我若不是聽到熟悉的義大利文，我會以為「出國」了。而這樣特別的地方卻尚未有專書介紹，真的非常可惜，這次我特別將南部的風土人情、歷史背景整理出來，希望能豐富大家的行程。

若莉莉安的文章或書曾帶給你人生不同的影響，歡迎與我分享。

莉莉安旅行札記部落格 www.lillianblog.com
粉絲頁 www.facebook.com/itravelgirl
Italy義大利自助旅行交流站 www.facebook.com/groups/584408401736023

關於作者 簡婉莉(莉莉安小貴婦)

曾投入諮商領域，卻在旅遊界找到自己的一片天。

出門旅行前沒做好功課渾身不自在，總希望知其然知其所以然。平常喜歡研究台灣古蹟，後來偕同夫婿旅居義大利，來到這擁有上千年古蹟的國度，沒想到更叫我愛不釋手，只要天氣一好，滿腦子想的是要去哪裡旅行，即使身懷六甲也挺著肚子到處跑。如今，已旅行18個國家，喜歡自然人文古蹟勝於名牌Outlet，曾與雜誌合作旅遊文章，並接受非凡新聞、客家電視台專訪。

目錄

作者序 003
如何使用本書 006
編輯室提醒 007

義大利旅遊小錦囊
交通資訊 208
生活資訊 213
購物資訊 217
緊急救助及醫療 217

旅遊南義不可不知 009

北義 vs. 南義 010
行程規畫 012
特色美食 015
餐廳種類 020
點餐需知 022
住宿訂房 024

坎佩尼亞 027

拿坡里 030
龐貝 046
　同場加映：維蘇威國家公園 062
　同場加映：艾爾科拉諾考古公園 064
蘇連多 066
波西塔諾 074
阿瑪菲 080
　同場加映：拉維洛 087
卡布里島 090

地圖索引

010 義大利地圖
011 南義地圖
027 坎佩尼亞地圖
036 拿坡里地圖
050 龐貝地圖
073 蘇連多地圖
078 波西塔諾地圖
085 阿瑪菲地圖
088 拉維洛地圖
093 卡布里島地圖
101 普意亞地圖
110 阿爾貝羅貝洛地圖
120 馬泰拉地圖
129 西西里島地圖
142 巴勒摩地圖
163 阿格利真托地圖
167 神殿谷地圖
169 阿格利真托－土耳其階梯地圖
176 卡塔尼亞地圖
190 陶米納地圖
199 夕拉庫莎地圖

普意亞 101

阿爾貝羅貝洛 104
馬泰拉 116

西西里島 129

巴勒摩 132
同場加映：特拉帕尼鹽博物館 156
阿格利真托 158
同場加映：土耳其階梯 168
卡塔尼亞 170
同場加映：埃特納火山 182
同場加映：卡薩勒羅馬別墅 184
陶米納 186
夕拉庫莎 196
同場加映：諾托花毯節 205
同場加映：諾托主教堂 206

【資訊使用圖例】

- 地址
- 電話
- 時間
- 休息
- 價錢
- 交通指引
- 停留時間
- 注意事項
- 地圖位置
- 網址

【地圖使用圖例】

- 景點、地標
- 餐廳、住宿
- 機場
- 碼頭
- 纜車站
- 地鐵站
- 巴士站
- 火車站
- 售票處
- 停車場

地區 / 城鎮特色▶

帶你了解當地的背景與現況。

◀景點介紹 & 建議路線

城鎮旅遊景點的介紹中，都會先從建議的行程路線開始，知道該停留幾天好。

▲實用地圖

地圖上的景點、餐廳、住宿皆有標示號碼，與內文介紹的號碼相對應，方便查詢。

同場加映▶

該城鎮附近的特色推薦景點，提供更多旅遊選擇。

▲ 各地交通資訊

提供如何前往當地、市區交通、如何前往其他城市與周邊景點的交通說明，附上主要交通工具的資訊，方便行程規畫。

▲ 餐廳 & 住宿資訊

提供城鎮裡的特色小吃或高檔餐廳等不同類型的選擇，並從交通、服務等考量推薦方便旅人的優質住宿。

▲ 貼心提醒 / 知識充電站 / 莉莉安心情寫真

作者切身經驗分享與實用提醒，以及當地文化、歷史典故，或專有名詞的來源等知識。

編輯室提醒

出發前，請記得利用書上提供的Data再一次確認

每一個城市都是有生命的，會隨著時間不斷成長，「改變」於是成為不可避免的常態，雖然本書的作者與編輯已經盡力，讓書中呈現最新最完整的資訊，但是，我們仍要提醒本書的讀者，必要的時候，請多利用書中的電話，再次確認相關訊息。

資訊不代表對服務品質的背書

本書作者所提供的飯店、餐廳、商店等等資訊，是作者個人經歷或採訪獲得的資訊，本書作者盡力介紹有特色與價值的旅遊資訊，但是過去有讀者因為店家或機構服務的態度不佳，而產生對作者的誤解。敝社申明，「服務」是一種「人為」，作者無法為所有服務生或任何機構的職員背書他們的品行，甚或是費用與服務內容也會隨時間調動，所以，因時因地因人，可能會與作者的體會不同，這也是旅行的特質。

新版與舊版

太雅旅遊書中銷售穩定的書籍，會不斷再版，並利用再版時做修訂工作。通常修訂時，還會新增餐廳、店家，重新製作專題，所以舊版的經典之作，可能會縮小版面，或是僅以情報簡短附錄。不論我們作何改變，一定考量讀者的利益。

票價震盪現象

越受歡迎的觀光城市，參觀門票和交通票卷的價格，越容易調漲，但是調幅不大(例如倫敦)，若出現跟書中的價格有微小差距，請以平常心接受。

謝謝眾多讀者的來信

過去太雅旅遊書，透過非常多讀者的來信，得知更多的資訊，甚至幫忙修訂，非常感謝你們幫忙的熱心與愛好旅遊的熱情。歡迎讀者將你所知道的變動後訊息，善用我們提供的「線上回函」，或直接寫信來taiya@morningstar.com.tw，讓華文旅遊者在世界成為彼此的幫助。

太雅旅行作家俱樂部

旅遊南義 不可不知

北義 vs. 南義 P.10

行程規畫 P.12

特色美食 P.15

餐廳種類 P.20

點餐需知 P.22

住宿訂房 P.24

北義 vs. 南義

義大利，這個位在亞平寧半島、外形如靴子的國家，國土狹長，在羅馬帝國垮台後，南北義發展大不相同。北義由各強盛家族分區掌控，南義則由法國、西班牙、日耳曼的外族長期統治，使得各地有自己的語言、生活習慣、文化、飲食方式等，即使1861年統一成為王國的一部分，仍保留各自原本的生活形態。

以首都羅馬作為分界點，羅馬以北(包含羅馬)稱為義大利北部(簡稱北義)，積極追求工業建設、高度經濟發展，擁有時尚、汽車、重工業等大型產業，甚至熱那亞、杜林、米蘭這3座工業大城形成「工業金三角」，幾乎掌握了整個義大利的經濟命脈。

羅馬以南稱為義大利南部(簡稱南義)，相當於古代那不勒斯王國的範圍。受到地理位置及天候影響，少了北義的繁榮，只能發展傳統農業與觀光，為主要的小麥生產地。環境相對落後、不易生存，失業率居高不下，常與貧窮、犯罪、黑手黨被聯想在一起。

這樣「北富南貧」讓不少南部人為了尋求工作機會，不得已只好往北義或國外遷移。地處他鄉的南義人不免思鄉，便把家鄉口味帶到異地販售，因此大家印象中的「義大利食物」多半為南義口味，鮮少為北義口味。

▲從卡布里島的索拉羅山俯瞰海景

▲阿爾貝洛貝羅是熱鬧的觀光小鎮

▲西西里島的巴勒摩市容乾淨、安全，與一般南義印象大不相同

南義重點城市

南義以拿坡里為首，可分為7大區——阿布魯佐(Abruzzo)、莫利塞(Molise)、坎佩尼亞(Campania)、卡布里亞(Calabria)、巴西里卡塔(Basilicata)、普意亞(Puglia)、西西里島(Sicilia)，其中坎佩尼亞大區的拿坡里、龐貝、阿瑪菲海岸、卡布里島，普意亞大區的阿爾貝羅貝洛、馬泰拉以及西西里島最受歡迎。

南義四季天氣

南義屬於地中海型氣候，氣溫跟台灣類似，只是夏天熱起來也是不得了。夏天是旅遊旺季，在住宿費用也是相對高出許多，而冬天的南義也是可能會下雪的！若能選擇出遊時間，建議在最舒服(可能有點微涼)的春、秋兩季來訪，住宿費用也會便宜點。以5月來說，台灣已經穿短袖了，但在南義可能就要穿薄的羽絨外套，所以出發前記得先查詢當地氣候，避免冷到發抖。

義大利南部自然環境多樣貌，擁有世界知名的維蘇威火山、筆直入海的陡峭懸崖塑造出阿瑪菲海岸的瑰麗奇景、在陽光折射下形成充滿神祕感的藍洞，細細數來皆是世界上少見的天然景觀。歷史上則是在不同種族輪替統治之下，造就不同於北義的城市樣貌，這些都在在吸引著世界各地的旅人，帶著好奇前來義大利南部一探究竟。

3日經典行

Day 1 火山、羅馬古城

維蘇威火山多次噴發，其中最嚴重、也是最知名的一次就是將羅馬古城「龐貝」完整覆蓋，從此龐貝消失在世界上，直到近幾個世紀才陸續挖掘出來重見天日，在這裡可以看到羅馬如何執行帝國制度、羅馬時期的古建築，以及當時人們的生活。接著再搭公車前往毀滅龐貝的維蘇威火山，站在火山口旁眺望拿坡里海灣，你會不得不佩服大自然的力量。

住宿建議：拿坡里或蘇連多

▲龐貝古城的街道

Day 2 阿瑪菲海岸

阿瑪菲曾為海上強國之一，可惜在天然災害及人為因素之下沒落了。現在位在海灣內凹處的波西塔諾、阿瑪菲兩個小城鎮，彩色屋舍櫛次鱗比，蜿蜒巷弄穿梭其中，轉個彎皆有柳暗花明又一村的驚喜景象，成為全歐洲最美麗的海岸線──阿瑪菲海岸──最迷人的小鎮。

住宿建議：蘇連多

▲波西塔諾小鎮

Day 3 小島藍洞

卡布里島最知名的是賞藍洞，此外，搭船環島、搭單人纜車行程，從不同角度欣賞卡布里島之美也很不錯，既然來了，就細慢品味這歐洲人度假首選的島嶼吧！

住宿建議：蘇連多

▲夢幻的神祕藍洞

▲站在拿坡里港口，就能欣賞到維蘇威火山雄偉姿態（圖片來源／粉絲頁：嗯嗯。莉莉嗯 Touch and Life）

5～8日快意遊

3日行程之後，若能在義大利南部多待幾天，還可以前往拿坡里，或是完全異於義大利其他城市風貌的阿爾貝羅貝洛、馬泰拉等世界遺產，安排4～5天好好遊賞。

▲拿坡里是個很有意思的城市
（圖片來源／粉絲頁：嗯嗯。莉莉嗯 Touch and Life）

Day 4~5 披薩發源地：拿坡里

拿坡里這城市從建城以來皆受到不同民族統治，所遺留下來的建築風格與街道氛圍和義大利中、北部完全不同，其飲食更受到地理環境影響，披薩為其代表。

住宿建議：拿坡里

▲入夜後的阿爾貝羅貝洛

Day 6~8 被世界遺忘的角落：馬泰拉、蘑菇村

從拿坡里搭巴士前往馬泰拉，過去這小鎮居民沿著大然石壁裂縫、洞穴居住，爾後向內開鑿出完整的生活空間，洞穴裡設有令人訝異的淨水、汙水系統，人們就這樣住了好幾個世紀，直到瘟疫爆發才被迫遷出，而當時的住所完整地被保留下來，未加以修飾的石窟洞穴如同被世界遺忘的地方。

離馬泰拉不遠的阿爾貝羅貝洛擁有如蘑菇般的可愛屋舍，其所塑造的浪漫氛圍實在是令人難以抗拒，這兩個景點可以規畫成2～3日遊。

住宿建議：馬泰拉或阿爾貝羅貝洛

14日深度旅程

西西里島位在義大利與北非之間、地中海中央處，受周圍國家文化影響很深，這裡非常不像義大利，來到島上反而有種「出國」的感覺，如果想好好認識南義，那我想你不能錯過西西里島。

Day 9 黃金馬賽克

保留歷代不同種族的文化特色，揉合出巴勒摩特有的「阿拉伯—諾曼式建築風格」，使得巴勒摩這城市相當與眾不同，尤其「王室山主教堂」、「巴勒摩主教堂」、諾曼王宮裡的「帕拉提那禮拜堂」金碧輝煌的黃金馬賽克更是令人過目難忘。

住宿建議：巴勒摩

▲帕拉提那禮拜堂的黃金馬賽克

Day 10 希臘神殿、天堂階梯

素有「比希臘還希臘的地方」之稱的阿格利真托神殿谷，保留了完整的希臘神殿群，而海邊有著由雪白色沈積岩構成的土耳其階梯，烈日下如雪般潔淨純白，傍晚時是金黃色階梯，相當特別，是個不容錯過自然景觀。

住宿建議：阿格利真托

▲神殿谷的協和女神神殿

Day 11 古羅馬馬賽克藝術

卡薩勒羅馬別墅採用高超精湛馬賽克，拼成一幅幅令人讚嘆不已的地板畫，尤其60公尺的「行獵圖」、「穿比基尼的女人」、「馬車競賽圖」等知名作品做工相當細緻，是古羅馬時期最壯麗的遺跡。

住宿建議：卡塔尼亞

▲由許多細小的馬賽克磚拼成的行獵圖
（圖片來源／黃惠琪）

Day 12～14 埃特納火山&古希臘劇場

位在卡塔尼亞周圍的埃特納火山、陶米納、夕拉庫莎的景點，很適合以卡塔尼亞為中心，採放射狀1日遊方式拜訪這些地方，如此一來就無需辛苦搬運行李換旅館。

住宿建議：卡塔尼亞

▲山頭上冒著白煙的埃特納火山

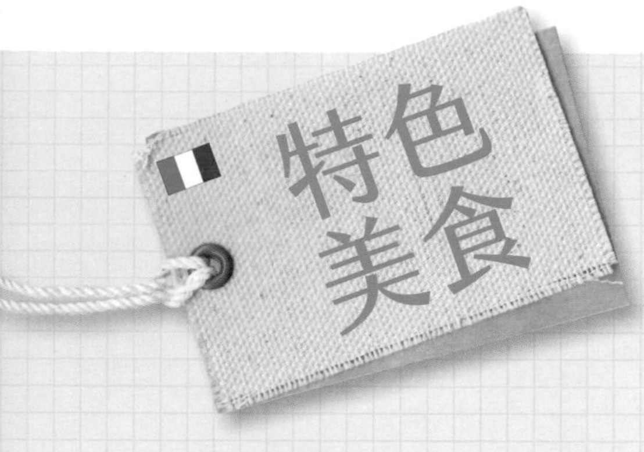

義大利美食受到地形、氣候、人文等因素的影響，每個區域都有各自不同的飲食文化。以下羅列南義較為常見的9種美食。

義大利披薩
Pizza

窮人食物變國際知名美食

披薩原本只是窮人使用小麥粉、鹽、水、酵母做成麵皮後，用當地盛產的番茄做成醬料塗在表面加以烘烤而成的簡單食物。當時街頭攤販沿途叫賣，因售價便宜、屬於低下階層的食物，沒人認為可以端得上檯面，直到1830年拿坡里的Pizzeria Port'Alba餐廳將披薩納入菜單裡，才真正開始被重視。20世紀後，由於南義環境生活艱辛，不少人外出尋找更多謀生機會，披薩隨著大量移民人潮流傳到各地，成為義大利代表性美食。

羅馬式與拿坡里式披薩

披薩作法可分為「羅馬式披薩」和「拿坡里式披薩」。受到佛卡夏麵包製作方式的影響，「羅馬式披薩」在麵團裡添加橄欖油，在300度烤爐烘烤3分鐘，含油量低的披薩餅皮表面既薄又脆，裡層卻不失嚼勁，搭配起司及其他配料，更是在口中創造出和諧口感。

「拿坡里式披薩」則是將麵團塗些番茄糊再撒上蔬菜、肉類、香料，在400～450度烤爐烤60秒，就成了唾手可得的國民美食。其作法傳統封閉且代代相傳，多以師徒傳授，即使歷經多年，作法、口味幾乎不變，故每家披薩店都會驕傲地說自己才是正統！該種披薩多以「瑪格麗特披薩」和「水手披薩」作基底延伸出不同口味，不過不論口味如何開發，堅持鹹甜分明的義大利師傅，會強調披薩上頭不能有甜的材料或是水果。

▲又薄又脆是羅馬式披薩才有的口感

▲內薄外厚是拿坡里式披薩最大特色

拿坡里式披薩經典口味

瑪格麗特披薩
Pizza Margherita

瑪格麗特披薩源自於烘培師Raffaele Esposito的創意。他在1889年為義大利國王溫貝多一世與皇后Margherita製作幾種口味的披薩，其中使用代表義大利國旗的3色材料：番茄(紅)、羅勒(綠)、起司(白)製作的披薩，一口咬下，番茄的微酸、莫札瑞拉起司的濃郁風味、羅勒的清香搭配外酥內軟的餅皮在嘴裡揉和出奇妙的滋味，深得皇后肯定，於是就以皇后的名字命名，並流傳至今，而瑪格麗特披薩也成為最經典的拿坡里披薩美味。

▲最為人所知的瑪格麗特披薩
（圖片來源／愛呷人。旅人。小鬍子）

水手披薩
Pizza Marinara

充滿海洋風名稱的水手披薩卻未有任何海鮮餡料，主要採用番茄、蒜頭、義大利香料烘烤而成，由於這些材料易長期保存，方便水手們在船上做披薩來吃。番茄在橄欖油的滋潤下，簡單直接的口味更顯出披薩的美味，所以成為過去船員們的早餐，聖塔露西亞港也總是充滿了大蒜、番茄醬的香氣，後來水手披薩就成為拿坡里另一個最具代表性的美食之一。而「水手」的義大利文為marine，該披薩名稱由此作延伸，故名為「Pizza Marinara」。

▲看起來令人食指大動的水手披薩
（圖片來源／愛呷人。旅人。小鬍子）

檸檬酒
Limoncello

義大利人最愛的酒之一

南義的檸檬屬於Femminello Santa Teresa黃色品種，採收洗淨後使用檸檬皮與中性酒精、糖、水一同浸泡，幾個月後即成了在地人最喜歡餐後來一小杯的檸檬酒，酒精濃度可達32%，色黃、味甜，喝下去會帶點灼熱感，是帶著濃郁的檸檬香氣卻沒有苦或酸味的甜酒。檸檬酒可單純飲用、作為甜點、冰沙或是加入雞尾酒調酒。

▲很適合作為伴手禮的檸檬酒

水牛莫札瑞拉起司
Mozzarella di Bufala Campana

老饕們最愛的起司口味

受到老饕們喜愛的水牛莫札瑞拉起司含有大量鈣質、蛋白質、礦物質與維他命，熱量低、易消化，極具彈性與如嫩肉般的口感，使其有著「地中海美食皇后」之稱。

水牛莫札瑞拉起司與一般莫札瑞拉起司不同，原料較為珍貴，在歐盟原產地名稱保護制度(D.O.P)規範下，僅能使用義大利南部坎帕尼亞大區(Regione Campagna)的新鮮水牛乳汁且依循嚴謹流程製作，確保該起司的品質與產地來源。用途廣泛，最適合單吃品嘗原味，或簡單搭配番茄、些許橄欖油、鹽巴就能享受最棒的原味，口感溫和、綿密多汁，具有獨特野味、風味濃郁，最佳品嘗時間為剛完成的幾

▲經過 DOP 認證的水牛莫札瑞拉起司口感細緻

小時內，最多保存7天。由於保存期限短，不易在歐洲以外的地區買到，故價格昂貴。

水牛莫札瑞拉起司還有一個鮮為人知的功能，那就是「為哺育媽媽幫助發奶」，使得母奶產量豐沛，是義大利產婦們的最愛，我自己實驗過效果不錯，但不確定會不會因人而異，有興趣的朋友可以試試看！

巴巴萊姆酒蛋糕
Baba

拿坡里經典甜點

甜點在義大利極為盛行，義大利人常說「飯後甜點是幫助消化」、「不甜的點心不能稱為是甜點」，由此可知甜點在義大利人生活中占了很重要的地位，且甜度夠高才行，所以在義大利不會嘗到像台灣「略甜略鹹的點心」。

據說18世紀的波蘭國王將口感較乾的蛋糕浸泡到酒裡，讓口感較為濕潤，從東歐傳入法國、拿坡里後，法國又將此做法改良為浸泡到萊姆酒的糖漿裡，巴巴蘭姆酒蛋糕就此成為法國和義大利的經典甜點。

外觀像蘑菇的巴巴蘭姆酒蛋糕，做法簡單，只要將海綿蛋糕浸入加有蘭姆酒風味的糖漿就完成，可單吃，或是將蛋糕剖開，加入鮮奶油、櫻桃、草莓等水果，再大口咬下，入口即化，滿嘴都是海綿蛋糕的綿密與蘭姆酒香，口

▲巴巴萊姆酒蛋糕是拿坡里街頭點心

感甜潤、香氣十足，適合點杯咖啡搭配食用，這種甜點在拿坡里街頭巷尾的蛋糕店、咖啡吧都能買到。

戒指鹹餅乾
Taralli

難以抗拒的黃金戒指餅乾

戒指鹹餅乾起源於普意亞大區，15世紀時南義鄉村媽媽使用多餘小麥麵粉混合橄欖油，以先煮再烤的方式，讓鹹餅乾外表有著金黃色的光澤，成為當時農夫招待客人的點心之一，口感滿像脆的麵包條，越嚼越香，現在成了義大利傳統點心。現今口味多種，原味很適合搭配義大利香腸、起司或是生菜，即使不搭配任何食物，本身就很美味。

▲在阿爾貝羅貝洛餐廳裡，經常可以看到戒指鹹餅乾作為招待小吃

西西里油炸飯糰
Arancini

如小橘子般可愛的飯糰

可作為前菜或點心的油炸飯糰源自於10世紀的西西里島，Arancini在義大利文裡是「橘子」之意，外觀長得像柳橙的油炸飯糰，原味是以內有肉醬(ragù)、番茄醬和莫札瑞拉起司的米飯捏成小球，外表裹上麵包粉下鍋油炸，一口咬下，香酥外皮混合著彈牙的義大利米，又略帶番茄與莫札瑞拉起司的香氣，那滋味真是難忘，也是來到西西里島必點的一道美食。

▲西西里島油炸飯糰小巧可愛，口味眾多，是在地人最愛的點心

沙丁魚卷
Sarde a Beccafico

西西里島必點美食

過去西西里島的貴族們會食用稱為「Beccafico」的小鳥，吃不起的平民百姓就參考該製作方式，依樣畫葫蘆地套用在西西里島盛產的沙丁魚上，只是將鳥肉換成魚肉。首先，在魚剖開的肚子裡塞進以蒜末、松子、葡萄乾、檸檬、洋香菜、鯷魚、麵包屑、橄欖油混合製成的內餡，捲成一口大小，將魚尾巴翹起來的小卷羅列在烤盤裡，模仿「Beccafico」製作方式，最後淋上橄欖油與柳丁汁，再放入烤箱

▲沙丁魚卷

就完成了後來的平民美食——沙丁魚卷。口感略帶甜酸，又不失魚的鮮味，如今成為西西里島巴勒摩的著名佳肴。

聖阿加莎的酥胸
Minnuzzi di Sant'Agata

▲「聖阿加莎的酥胸」外型令人印象深刻

少女的酥胸

卡塔尼亞咖啡館經常可以看到長得像少女胸部的甜點，這是「聖阿加莎的酥胸」，原文中的minne或minnuzzi就是西西里方言「乳房」的意思。聖阿加莎出生在古羅馬時期的卡塔尼亞，對於上帝有著強烈的信仰與堅持，但當時高級外交官為了逼婚卻對聖阿加莎百般折磨，甚至割去她的雙乳，最後在獄中殉教而死。爾後聖阿加莎被奉為卡塔尼亞守護神，在每年2月5日舉辦聖阿加莎節(Sant'Agata)，扛著聖阿加莎神像在街上遊行，這時候人們會製作甜點，將「瑞可塔起司」(Ricotta)、巧克力、蜜餞製作海綿蛋糕的內餡，外層裹上杏仁糖衣，放上一顆櫻桃作為裝飾，就是「聖阿加莎的酥胸」。這道甜點也成了西西里島特有的點心。

卡諾里卷
Cannoli

▲卡諾里卷甜而不膩，相當好吃

與黑手黨齊名的國民點心

西西里島有3樣事物聞名全球，那就是黑手黨、主演《西西里島的美麗傳説》女演員莫妮卡·貝魯奇，以及平民點心卡諾里卷了。

義式卡諾里卷是西西里島的傳統甜點，有「甜點之王」的美名，原本為慶祝狂歡節而製作的節慶點心，意味著春天的到來，有孕育新生命的意義。卡諾里卷也曾出現在電影《教父》裡，其中一句經典台詞「Leave the gun, take the cannoli」(留下槍，把卡諾里卷帶走)，更使其知名度大開，現在在西西里島大街小巷都可以買到。

由麵粉、可可粉、糖、奶油、白酒醋、鹽、肉桂粉調和而成麵團擀成的餅皮，用管子捲起來，經過低溫油炸至酥脆，再從管子取下放涼，再填入由新鮮的瑞可塔起司(Ricotta)加糖、香草精製成的餡料，開口兩端放上一些蜜餞水果作點綴，最後在外層撒上一些糖粉就完成了。

義大利點心向來加入大量的糖，瑞可塔起司的微酸化解了這甜膩感，配上如甜筒般酥脆外皮，香脆軟綿，一口甜蜜入心，加上價格便宜，是最受歡迎的小甜點之一。像是西西里島陶米納的La Pignolata Guinness甜點名店就以卡諾里卷為主打，相當受到歡迎。

卡諾里卷好吃的絕竅

製作卡諾里卷，餡料太多或擠得太快容易讓酥脆餅皮潮濕，失去應有的口感，如此費心的工夫也考驗著製作者的功力。有經驗的師傅會依每日人潮決定製作時間，不讓內餡與餅皮接觸太久，確保口味的一致性，或是在餅皮內塗上一層巧克力隔絕餡料的水分。這道點心對於西西里島的媽媽更有著重大意義，因為「卡諾里卷是女孩成為人妻前必學的一道甜點」。

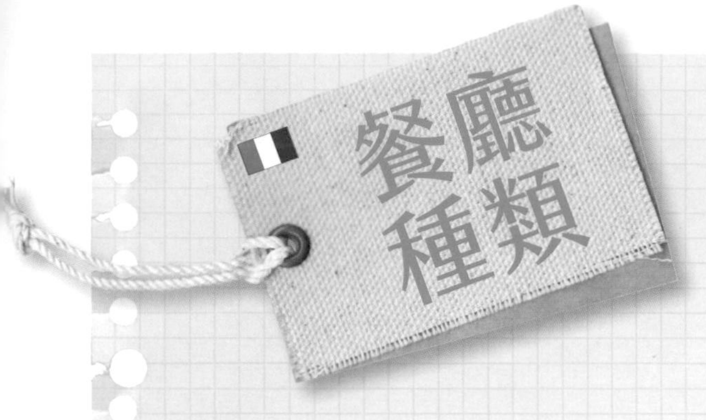

義大利餐廳種類很多，可不是只有「Ristorante」，從名稱就能分辨其價位、食物內容、服務等差異。坐在店家提供的位子上喝咖啡，通常會收€1～2的座位費(coperto)，知名景點周圍的酒吧座位費會更高些，例如威尼斯聖馬可廣場的佛羅里安咖啡館Caffè Florian就是€6，所以一般義大利人都是在吧台站著聊天喝咖啡，喝完就離開了。

正式餐廳
Ristorante

主要提供當地傳統菜、主廚創意料理等精緻設計的食物，服務、裝潢當然也不在話下，不過費用也是餐廳裡最貴的，價位通常從30至幾百歐元不等，若想到熱門的Ristorante用餐，建議事先預約。餐廳通常會按人頭收座位費，如非服務人員表現特別好，不然一般是無需另給小費。

▲蘇連多帕若奇亞諾花園餐廳處處可見精緻擺設

小酒館／小餐館
Osteria / Bistro

Osteria原為接待旅人，提供飯菜、住宿的場所，經常坐落在鬧區馬路旁，或是廣場、市場周圍，是當時人們交流的場所，如今成為販售酒、飲料、簡單料理的地方，價格低廉，經常是上班族下班後聚餐的選擇。

▲客人們經常坐在小酒館外喝咖啡或點杯酒聊天

披薩店
Pizzeria

Pizzeria隨處可見，店內可看見披薩師傅站在烤爐前方現做披薩，並額外提供一些油炸食物或熟食做選擇，例如：炸海鮮、炸花枝、蔬菜麵團、餃子等等，讓客人可以在店內享用或是外帶。

▲烤爐是披薩必備的設施

家庭式傳統餐館
Trattoria

這種餐廳在廚房掌廚的主廚有些是家族裡的奶奶或媽媽，食材品質佳，料理方式講求自然、真實，就像是義大利媽媽餐桌上的料理般親民，整個氛圍像是來到朋友家作客熱鬧歡樂。雖然論規模、餐點精緻度，Trattoria比Ristorante來得非正式點，甚至過於簡單，只是單純地在牆上掛上家族照片或餐廳老照片，但卻比正式餐廳多了濃厚人情味，是義大利人經常光顧的地方，也最能體會義大利在地料理精神。價位比正式餐廳便宜些，用餐時飲用的酒也不像正式餐廳一瓶一瓶的點，而是以玻璃瓶1公升、0.75公升、0.5公升為單位在販售。餐廳通常會按人頭收座位費。

▲家庭式傳統餐館布置溫馨，以提供在地特色料理為主

熟食專賣店
Tavola Calda

類似台灣的自助餐，吧台上裝滿已料理好的食物，提供忙碌的上班族內用或外帶。

▲熟食可能是冷盤，也可能是點餐後再加熱的食物

酒類專賣店
Enoteca

販售葡萄酒與高級酒類為主，由酒商與釀酒師共同經營，以確保酒源及品質。通常店內提供配酒小點心，像是火腿、起司等，或是延伸出供應品酒及吃到飽的自助餐，讓客人無限量的取用，由於費用也不高，後來成為一些旅人省旅費的用餐場所。

▲ Enoteca 多以賣酒為主，偶爾搭配小點心販售

咖啡吧
Bar

來到義大利會發現到街頭巷尾都是Bar，雖然有供應酒類，但主要還是以喝咖啡為主。義大利酒吧是扮演早餐、下午茶、傍晚或晚上聚會聊天的角色，在地人習慣早上在咖啡吧櫃檯喝杯咖啡，配上可頌(原味、奶油、巧克力、杏仁醬)、帕尼尼麵包、奶油牛角麵包當早餐，吃完就離開了，中午或下午再來這裡喝杯咖啡醒腦，傍晚下班過後則是來咖啡吧聊天，聊聊八卦、交流最新資訊。

▲咖啡吧規模有大有小，通常店外設有座位

義大利餐廳有一套用餐流程，從菜單(menù)就能一探究竟。大致上分為開胃菜(antipasti)、前菜 / 第一道菜(primi piatti)、主菜 / 第二道菜(secondi piatti)、配菜(contorni)、甜點(dolci)。點菜時通常服務人員會詢問是否要點酒或水，不一定要點酒，但一般都會點水，即使自己包包有水，基於義大利餐廳用餐禮儀，建議不要拿出來，在餐廳點一瓶水就好。其中，水又分為一般礦泉水(acqua minerale natural)及氣泡礦泉水(acqua frizzante)，後者在台灣也逐漸流行，我自己很喜歡，大家不妨嘗試看看。

開胃菜
Antipasti

開胃菜分量通常不會太多，喜歡吃肉的義大利人開胃菜經常是燻火腿(prosciutto)、臘腸(salame)或是海鮮、起司的綜合冷盤。帕瑪火腿哈密瓜(prosciutto e melone)、綜合冷盤(affettati misti)、海鮮拼盤(antipasto di mare)、焗烤番茄鑲肉(pomodori ripieni)、番茄丁麵包(bruschette)都是常見的開胃菜。

綜合海鮮炸物▶

▲帕瑪火腿哈密瓜

前菜 / 第一道菜
Primi Piatti

前菜通常以湯(zuppa)、飯(risitti)、義大利麵(pasta)、千層麵(lasagne)、義大利餃(ravioli)以及馬鈴薯製成的麵疙瘩(gnocchi)等，常見的披薩(pizza)在餐廳裡也算是前菜，選擇相當多，吃起來很有飽足感。

海鮮義大利麵▶

▲海鮮燉飯

主菜 / 第二道菜
Secondi Piatti

主菜多為肉類(carne)，像是牛、羊、雞、豬、海鮮，若喜歡特別口感，倒是可以選擇馬肉、兔肉，料理方式則多以烤(alla griglia)、炸(fritto)為主。前菜、主菜看起來很豐盛，不過分量卻沒想像中的多，當然也不一定都要點，可以擇其一即可，或兩人一起分享前菜。

▲香煎魚排

配菜 (Contorni)

一般台灣餐點裡都附有蔬菜，不過在義大利經常是需要另外點，像是橄欖油醋沙拉(insalata)、奶油菠菜(spinaci al burro)或是馬鈴薯泥(puré di patate)。

▲橄欖油炒洋菇

甜點
Dolci

正餐結束後，通常都會來個甜點，而義大利最知名的甜點就是提拉米蘇(tiramisù)，或是用整個水果製作的冰淇淋(gelato)，再來一杯義式咖啡，為這次的義大利料理劃下最完美的句點。

▲義大利冰淇淋非常好吃，一年四季不論天氣如何，冰淇淋店總是有絡繹不絕的人潮

▲義大利餐廳最常見的甜點就是提拉米蘇

▲甜點櫃裡擺滿各式各樣的點心任君挑選

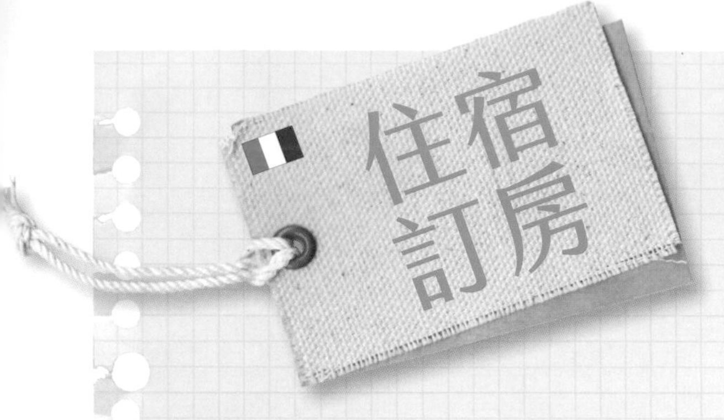

義大利住宿大致上可分為星級旅館、民宿、青年旅館，各類旅館皆有其特色，可在訂房網站查看內容及評價，再決定是否下訂。部分旅遊地區受天氣影響，只有旺季才有觀光客，所以該地區的旅館是限定時間開放入住，規畫行程時也要將此納入考量。

訂房前須知

費用與訂房撇步

義大利住宿價格多在€50～120左右，價格不算太貴，越早訂越便宜，若尚未確定行程，也可以選擇「入住前xx天可免費取消」的旅館，雖然需要加點費用，不過比訂了「取消就扣款」的旅館來得有保障。另外，在入住前2～3週(尚能免費取消期間內)查看是否有「即時促銷」的方案，可能會比當初預定還便宜。簡單來說，住宿需要多方比較、看評價，不同時間點同一家旅館可能會有不同報價，或是訂房比價網站上可一次呈現多家訂房網站的價格做參考。

城市稅(City Tax)

一般義大利旅館皆收取城市稅，依照房價、淡旺季、旅館星級制定，收取規則為每人每晚，最多收取10晚，且依住宿等級收取應有的稅金，無法分段計算，一般訂房網站價格是單純房價，城市稅費用則是標註在訂房說明裡。

▲義大利不少電梯空間都小小的

事先確認樓層與電梯之有無

由於義大利旅館多設在上百年歷史的建築裡，不一定設有電梯，即使有電梯也非常小，小到站了4人就滿了，而旅館往往在訂房網站也不一定會標註樓層，有時到了旅館才發現在頂樓，加上旅館主人不一定會幫忙搬行李，那可就累人了。所以若有大行李箱或是有搭電梯的需求，在訂房間時最好在訂房說明裡或是跟旅館主人再三確認，才不會入住時錯愕了。

旅宿分類

星級旅館

星級旅館以1～5星作劃分，包含B&B、Villa、飯店等不同型態的住宿，基本上1、2星簡單乾淨，3星以上比較講求舒適、便利，有的會提供保險箱、冰箱，不過不是每家旅館都附冷氣，夏天天氣炙熱會有點吃不消，所以在找旅館時應先查看旅館設備再下訂。

▲溫馨宜人的星級旅館

民宿

民宿是星級旅館以外的另一個選擇，有親切老闆接待、介紹周圍景點、住宿如家般的溫暖，不過鮮少奢華裝潢，多半講求簡單舒適，價位也不會太高，但卻能體會義大利人日常生活的樣貌。

▲部分民宿非常有義大利風格，入住時會感覺像是住朋友家

而托斯卡納(Toscana)的農莊與酒莊這樣的民宿常坐落在無垠的山丘上，放眼望去就是葡萄園、小麥田、牧草、罌粟花田、向日葵田，非常舒服，所以即使位置較偏遠、交通沒這麼方便，需開車前往，但仍受到不少人的喜愛。值得留意的是，現在旅館名稱有B&B(Bed and Breakfast)，也不一定會附早餐，端看各家旅館規定。

青年旅館

對喜歡認識新朋友或是預算有限的背包客來說，單租床位、價格親民的青年旅館(hostel)是很棒的選擇。基本上房間為睡覺、放置物品的空間，設有交誼廳讓大家上網、聊天，浴室多在房間外，同性別一間，不過也有男女混住的情形。義大利大城市都有青年旅館，還相當有自己一套特色，不過也有不少是坐落在郊區或是海邊，一晚約€20～35。

▲青年旅館多以上下鋪為主
(圖片來源／粉絲頁：嗯嗯。莉莉嗯 Touch and Life)

▲義大利部分青年旅館提供廚房設施或免費早餐
(圖片來源／粉絲頁：嗯嗯。莉莉嗯 Touch and Life)

坎佩尼亞 Campania

拿坡里	P.30
龐貝	P.46
蘇連多	P.66
波西塔諾	P.74
阿瑪菲	P.80
卡布里島	P.90

披薩·火山·絕美海岸線

坎佩尼亞與西西里島區域曾有過居民出走到其他國家的移民潮，並將自己家鄉的美食帶出去，所以世界各地的人第一個認識義大利的食物，幾乎都是來自這兩個區域，其中披薩是全球人氣美食之一。

坎佩尼亞的首府為拿坡里，作為披薩的故鄉，雖然街道混亂、市容沒那麼美麗，但這裡的人卻非常熱情、幽默，非常能感受到專屬於義大利南部人的活力；一旁的維蘇威火山卻將思緒帶到1,900年前，火山爆發摧毀了龐貝、赫庫蘭尼姆這些繁榮大城市，如今許久未宣洩能量的火山山腳下還有70萬人居住。

沿著迷人海岸線，這裡的海邊小鎮一個比一個令人驚豔，像是波西塔諾沿著山坡興建的彩色小屋，在南義陽光照射下，美到很不真實；阿瑪菲這不起眼的小鎮，很難置信中世紀曾為一個海上強國，帶動了周圍城鎮的發展；附近的卡布里島自古以來就是貴族、有錢人的天堂，坐擁義大利數一數二的美景，消費之高也不在話下。

▲藍洞是卡布里島最知名的景點

很難用簡短的文字形容多采多姿的坎佩尼亞，不過記得，到拿坡里一定要來片披薩，因為全世界最好吃披薩就在這裡。

▲從海上看波西塔諾小鎮

▲拿坡里街頭總給人凌亂，卻很有一套秩序的感覺（圖片來源／愛呷人。旅人。小鬍子）

拿坡里 Napoli

世界遺產

南義第一大城，人口密集 No.1

拿坡里巷弄狹窄灰暗，總有來到不同國度的錯覺（圖片來源／粉絲頁－Hi！我是[illegible]）

不同民族融合出 獨特文化

拿坡里建立於西元前470年古希臘時代，是早期地中海一帶主要的港口城市，當時的詩人、藝術家讚美它為世界上最美、最受神靈祝福的地方，爾後經歷羅馬人、諾曼人、西班牙人的統治，每個民族於此遺留下各自特有的文化精髓及生活方式，使得拿坡里混合出一套獨特的文化風格。

因其氣候溫暖、土地肥沃、良好的天然港灣等絕佳的地理條件，在羅馬時期深受羅馬皇帝喜愛，設立不少度假別墅，法國波旁王朝統治時期更一度成為兩西西里王國的首都，直到1861年統一後才納入義大利領土。

如今，拿坡里是義大利南部的第一大城，坎佩尼亞大區及拿坡里省的省府，也是義大利人口最密集的城市之一，擁有豐厚的歷史文化、高超的藝術技巧，以及全世界著名的美食披薩，其斑爛壯麗的港灣夜色又與日本函館、香港維多利亞港並稱為世界三大夜景。整座城市於1995年列入世界文化遺產名單。

紊亂卻很有活力

然而這麼美好的地方卻在1990年代之後走了調，城市開始被犯罪、貧困、混亂交通搞得灰暗髒亂，而這凌亂市容、高失業率、高犯罪率讓人一度產生「這不是義大利」的錯覺。

即使如此，18世紀以來拿坡里一直是歐洲文人雅士「大旅行」的必遊之地，我也相信「人，是一座城市的靈魂，與當地人的互動，也決定了旅人如何看待這座城市」。在這裡我們曾因一場大雨搭了熱情當地人的便車；曾於用餐、搭火車時因街頭藝人表演輕快的在地民謠，讓旅途增添更多美好回憶。所以大家別因髒亂市容而略過這古老城市，做好準備，好好享受拿坡里的無限魅力吧！

▲維蘇威火山優美的山形，成了拿坡里地標

交通資訊 Transportation

拿坡里為義大利南部主要大城市，也是進出南義主要出入口之一，若想前往阿瑪菲海岸、卡布里島、龐貝一帶，皆可搭飛機、火車、巴士抵達拿坡里後再轉往其他城市。

【前往與離開】

搭飛機＋巴士

Capodichino機場為主要進出拿坡里的機場，歐洲或北義各大城市均有飛機直飛。抵達後，可搭Alibus往返機場與拿坡里市區，每20分鐘一班車。回機場時，拿坡里中央火車站前的加里波底廣場(Piazza Giuseppe Garibaldi)的Alibus乘車處，則是在麥當勞前方站牌。

●拿坡里Capodichino機場

http www.aeroportodinapoli.it/en / ✉ Viale F. Ruffo di Calabria / ☎ (081)7896-259

●ANM機場巴士

http www.anm.it (選擇「bus」→「Alibus」) / ☎ (081) 7631-111 / ⏲ 06:00～23:45 / $ 全票€5 / ⌛ 行車時間約0.5小時 / ⁉ 上車買票，打票後90分鐘內可免費轉乘地鐵或公車等交通工具

▲拿坡里機場外的 Alibus 乘車處

搭火車

從歐洲大城或義大利主要城市搭乘義大利國鐵、Italo火車可抵達拿坡里中央火車站(Stazione Napoli Centrale，為當地主要車站)，再從這裡轉搭私鐵「環維蘇威線」前往龐貝、蘇連多等鄰近景點。

●Treaitalia義大利國鐵

http www.trenitalia.com/tcom-en

●Italo火車

http www.italotreno.it/en

●Circumvesuviana私鐵環維蘇威線

http www.eavsrl.it/web

搭巴士

各大城市出發的巴士皆停靠拿坡里市中心的加里波底廣場，旅客可再從旁邊的地鐵站、中央火車站轉乘其他交通工具前往目的地。

●FlixBus

http global.flixbus.com

●EuroLines

http eurolines.ch/en

【市區交通】

搭地鐵／公車／纜車

拿坡里市區交通主要仰賴地鐵、公車、纜車，這三者的車票共用，在90分鐘內可無限次搭乘地鐵、公車，而纜車只能搭乘一次。纜車至22:00結束營業，搭纜車上山看夜景須留意最晚班次時間。記得上車前先打票，若被查票人員抽查到超過有效時間或是未打票，會有高額罰款。

拿坡里地鐵中旅客最常使用的就是南北向的L1(Line1)及東西向的L2(Line2)，除了地鐵外，若想一覽拿坡里市區景致，不妨選擇與L1同路線的R2公車，從加里波底廣場出發，前往新堡、皇宮區、港口等，相當便利。

▲地鐵提供便利交通，是拿坡里市區移動的另一項選擇

▲拿坡里地鐵明亮乾淨

▲拿坡里中央車站上班人潮

● **ANM(地鐵、公車、纜車)**

http www.anm.it / ☎ (081)7631-11 / ⏲ 06:00～23:00 / $ 單程票€1.1，1日券€3.5，7日券€12.5，郊區的車票價格另計

搭計程車注意事項

加里波底廣場Alibus乘車處不時有計程車司機攬客，價格比機場巴士貴一點，建議大家最好結伴搭車，並確認是搭乘計程車而非私家車，以避免自身安全受到威脅。

【前往其他城市】

搭渡輪

從拿坡里Molo Beverello碼頭可搭船前往蘇連多、卡布里島、伊斯基亞島(Isola d'Ischia)，若要前往西西里島或北非，需在Marittima碼頭搭乘長途渡輪。船票可在現場或代理窗口購買。**請留意：**渡輪平常都有行駛，但冬天會減班。

● **NLG**

http www.navlib.it/eng

● **Alilauro**

http www.alilauro.it/en

留意自身財物

拿坡里治安不好遠近馳名，連當地店家都兩度提醒我們背包要往前背，所以想在這城市自在旅行，「財不露白」為最高原則，穿著最好樸素，貴重財物的保管要相當小心，盡量放在連自己都覺得難拿的地方，相機也盡量藏在外套裡，才不會引來竊賊覬覦！

可別以為犯罪者可都是黑人，現在不少東歐人也往西歐、南歐移動，可怕的是我們華人無法辨認東歐人與義大利人的差別，便放下不少戒心，就讓這些東歐人有機可趁！只要有人跟著或是貼近自己就要有警戒心，可別讓這些犯罪者壞了旅遊的好心情。

拿坡里街頭有不少人以嬰兒車當架子販售商品

餐廳推薦
Restaurant

隱身小巷弄的平民美食

La Brace Di Pinto Anna Maria

Via Silvio Spaventa, 14／(081)2615-26／每日11:00～15:00、18:00～23:00／€5～15／從加里波底廣場轉進Via Silvio Spaventa小巷，過Via Giuseppe Pica後在右手邊／MAP P.37 ⑫

民宿老板推薦的La Brace餐廳位在加里波底廣場周圍小巷弄裡，屬於一般家庭式的餐廳，價格比北義餐廳便宜，其海鮮類的餐點味道不錯，料多實在，尤其推薦海鮮義大利麵，麵條吸滿飽飽的海鮮湯汁，搭配豐富的海鮮配料，讓人食指大動，吃完後仍回味無窮。

喜歡吃起司的朋友更不能錯過南義最常見的「水牛莫札瑞拉起司」，採用水牛牛奶做的莫札瑞拉起司比一般起司奶味更重，口感偏扎實，甚至會有肉的口感，是義大利人餐前沙拉最愛的起司。而La Brace餐廳是將起司搭配生火腿，做成「生火腿起司」(Prosciutto e Mozzarella di Pura Bufala)，生火腿的鹹香搭配奶味重的起司，味道非常搭，也不覺得容易膩，很適合作爲餐前菜。

常見的水手披薩在這家餐廳有著更棒的表現，其餅皮薄、香脆，上頭淋的橄欖油香氣濃郁，更爲這單純佳肴加分！義大利人通常是一人吃一大片，只是這樣對我們來說容易膩，建議可以兩人點一份披薩，再點其他菜做搭配。

假日晚上對南義人來說是放鬆的夜晚，幸運的話還能聽到街頭藝人來店裡小唱幾首膾炙人口的當地小曲，彷彿就像是餐廳請來的Live歌手，服務生與表演者隨著音樂搖擺，用餐心情也不由自主地愉悅起來！

▲ La Brace 的佳肴物美價廉

▲店內客人多為在地人

▲餐廳位在加里波底廣場附近巷弄裡

▲街頭藝人在店裡唱歌，帶動用餐氣氛

在地人推薦的百年老字號披薩

La Antica Pizzeria da Michele

www.damichele.net / Via Cesare Sersale, 1 / (081)5539-204 / 週一～六11:00～23:00 / €4～5 / 從加里波底廣場走Corso Umberto I大道，在Via Cesare Sersale右轉後在左手邊 / P.37 ⑬

Condurro家族從1870年就開始做披薩，1906年由第五代傳人Michele Condurro成立Pizzeria da Michele披薩店，堅持用傳統方式發酵麵團，再加入天然食材，窯烤製成的披薩廣受在地人好評，後來又在電影《享受吧！一個人的旅行》曝光後，使其知名度高漲，現在用餐時間都需拿號碼牌等待了！

店內披薩只賣拿坡里人最道地、最家常的口味，那就是瑪格麗特披薩和水手披薩，其皮薄香脆，一口咬下，新鮮的橄欖油混合著麵粉香氣馬上溢滿整個口鼻，香味令人難忘。而這兩種也是其他口味披薩的基底，所以美味與否更顯重要。

▲店內生意非常好，師傅忙著烤披薩

▲另一頭師傅忙著現做披薩

▲披薩店外觀（以上圖片提供／愛呷人。旅人。小鬍子）

住宿推薦 Accommodation

交通便利又安全的溫馨住宿

B&B Travellers

www.travellersbb.it / Via Genova 107, Napoli / (339)3102-689 / 從拿坡里中央車站正門出來右轉，沿著Corso Novara大街走到Via Genova右轉找107號3樓 / P.37 ⑭

在訂房網站擁有極高好評，位在拿坡里市中心，距離中央火車站步行約10分鐘，也鄰近機場巴士上下車站牌，位置相當便利、安全又好找。

民宿老板會熱情地提供關於拿坡里的旅遊資訊，也有寄放行李及列印機票等服務。房間安靜、乾淨，也很舒服，有入住台灣民宿的錯覺，重點是住宿費用不高又含豐富早餐，物超所值。

▲民宿提供旅人乾淨舒適的使用空間

貼心提醒

老板不會整天待在民宿

一般來說，義大利民宿經營者不會整天待在民宿裡，除了整理房間外，幾乎都是與住客約好時間才來，在登記入住時會說明退房時要將鑰匙放在哪裡。

這家民宿老闆事先用英文信件確認我們的入住時間，所以即使抵達時間有異動，也要提早告知老闆，好讓他做最好的安排！

景點介紹

Napoli

1

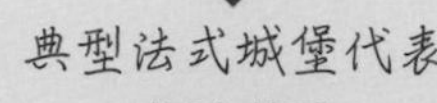

典型法式城堡代表

新堡
Castelo Nuovo

http www.comune.napoli.it (選擇網頁最下方右邊的「Castel Nuovo-Maschio Angioino」) /✉Via Vittorio Emanuele III, Napoli /☎(081)7957-707 /🕘週一～六 08:30～19:00，週日僅免費開放庭院參觀 /$全票€6 /➡地鐵L1在Municipio站下車，出地鐵站右邊 /⌛約0.5～1小時 /MAP P.37

拿坡里第一位國王查理一世(Charles I)將首都定在拿坡里，1279年下令法國建築師在拿坡里海邊興建由5座圓柱高塔，與四周護城河環繞的典型法式城堡，作爲他日後管理南義的居所。後來爲紀念1443年亞拉岡王國的阿方索一世(Alfonso I)在拿坡里戰爭中取得勝利，就在兩座圓柱中間興建白色文藝復興風格的凱旋門當入口，並在門上雕刻了這段故事。

目前城堡內設市議會與市立博物館，收藏與拿坡里相關的歷史油畫。

▲新堡正面就可看到兩座巨塔中間的凱旋門

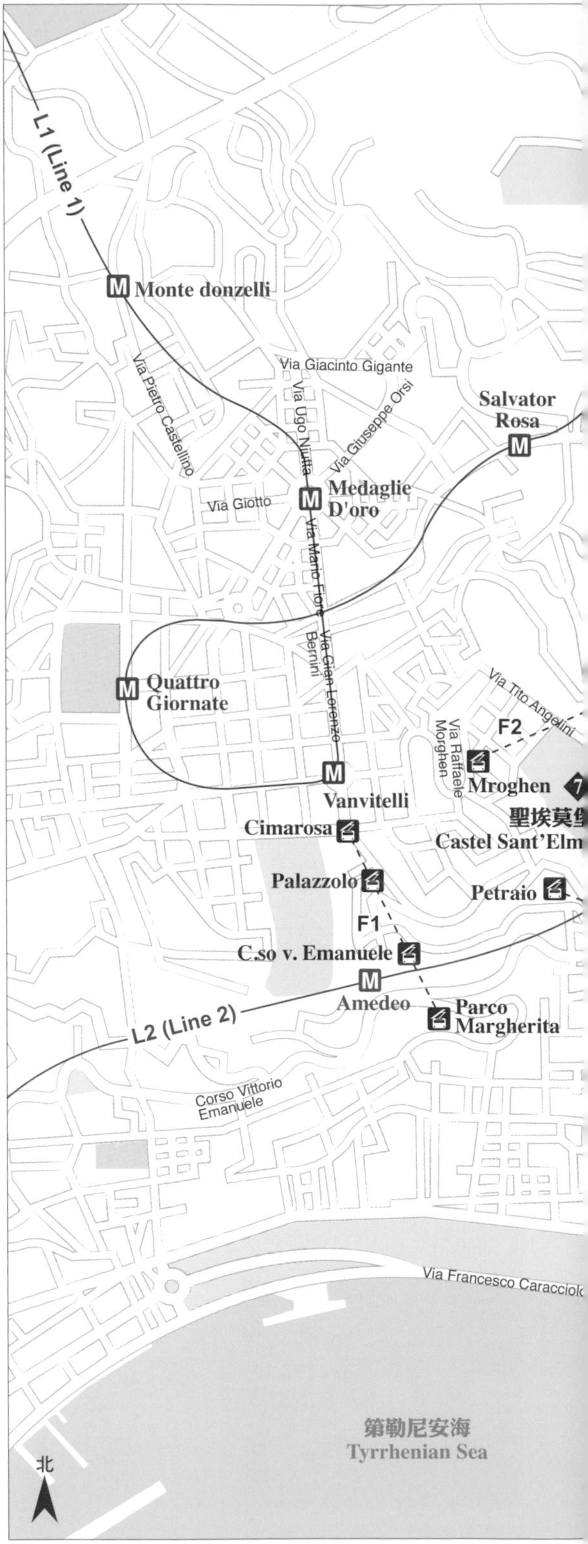

L1 (Line 1)
M Monte donzelli
Via Pietro Castellino
Via Giacinto Gigante
Via Ugo Niutta
Via Giuseppe Orsi
Salvator Rosa M
Via Giotto
M Medaglie D'oro
Via Mario Fiore
Via Gian Lorenzo Bernini
M Quattro Giornate
Via Tito Angelini
Via Raffaele Morghen
F2
Mroghen
M Vanvitelli
Cimarosa
7 聖埃莫堡 Castel Sant'Elm
Palazzolo
Petraio
F1
C.so v. Emanuele
M Amedeo
Parco Margherita
L2 (Line 2)
Corso Vittorio Emanuele
Via Francesco Caracciolo
第勒尼安海 Tyrrhenian Sea
北

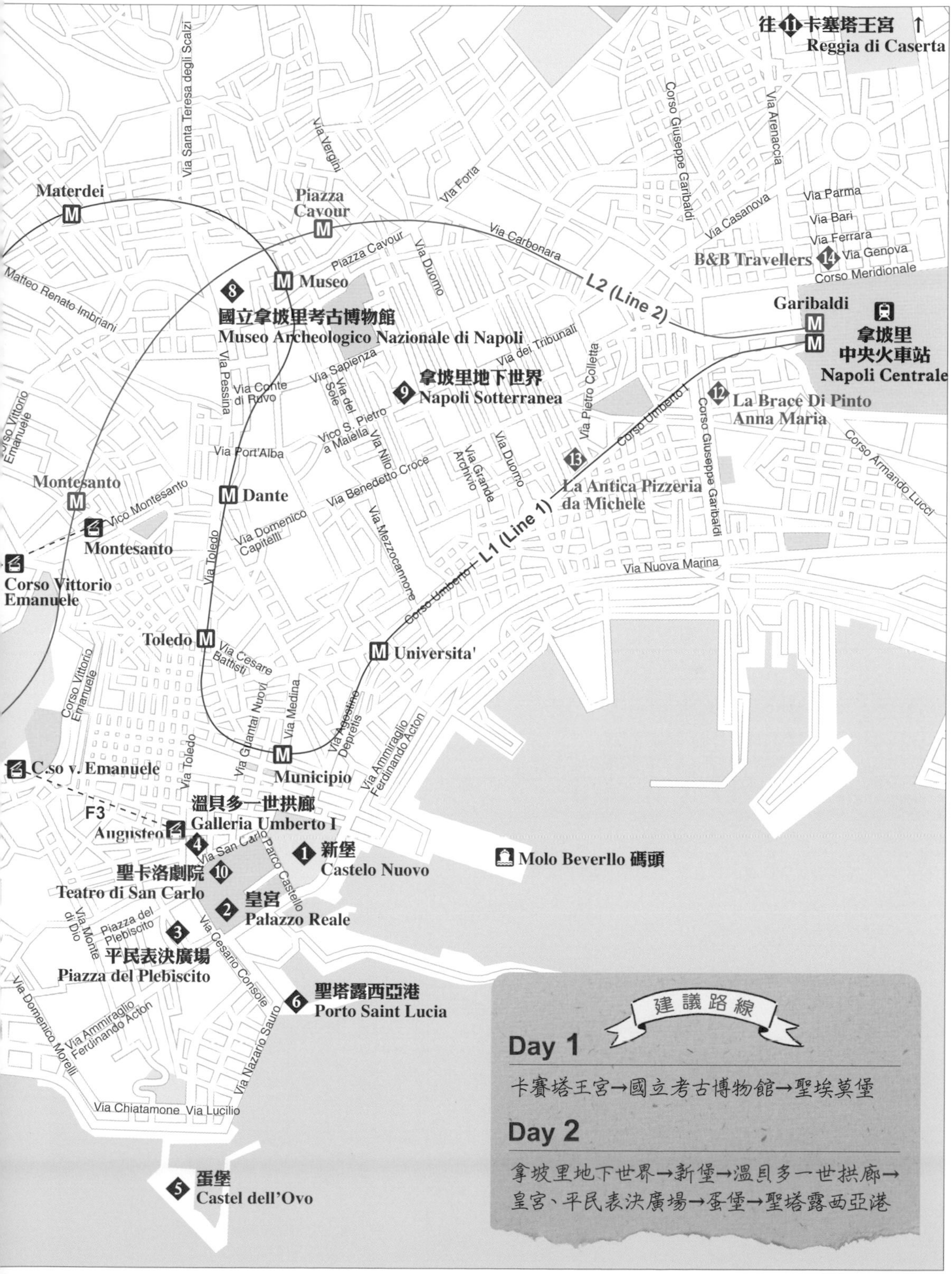

往 11 卡塞塔王宮 ↑
Reggia di Caserta
Materdei
Piazza Cavour
Museo
Dante
Montesanto
Toledo
Universita'
Municipio
Garibaldi
L2 (Line 2)
L1 (Line 1)
F3
8 國立拿坡里考古博物館
Museo Archeologico Nazionale di Napoli
9 拿坡里地下世界
Napoli Sotterranea
拿坡里中央火車站
Napoli Centrale
14 B&B Travellers
12 La Brace Di Pinto Anna Maria
13 La Antica Pizzeria da Michele
Corso Vittorio Emanuele
C.so v. Emanuele
Augusteo
4 溫貝多一世拱廊
Galleria Umberto I
1 新堡
Castelo Nuovo
Molo Beverllo 碼頭
10 聖卡洛劇院
Teatro di San Carlo
2 皇宮
Palazzo Reale
3 平民表決廣場
Piazza del Plebiscito
6 聖塔露西亞港
Porto Saint Lucia
5 蛋堡
Castel dell'Ovo
Via Santa Teresa degli Scalzi
Via Vergini
Via Foria
Corso Giuseppe Garibaldi
Via Arenaccia
Via Casanova
Via Parma
Via Bari
Via Ferrara
Via Genova
Corso Meridionale
Via Carbonara
Piazza Cavour
Via Duomo
Matteo Renato Imbriani
Via Pessina
Via Conte di Ruvo
Via Sapienza
Via del Sole
Via dei Tribunali
Via Pietro Colletta
Corso Umberto I
Via Port'Alba
Vico S. Pietro a Maiella
Via Nilo
Via Benedetto Croce
Via Grande Archivio
Corso Armando Lucci
Vico Montesanto
Via Domenico Capitelli
Via Mezzocannone
Via Nuova Marina
Via Toledo
Via Cesare Battisti
Via Guantai Nuovi
Via Medina
Via Agostino Depretis
Via Ammiraglio Ferdinando Acton
Via San Carlo
Parco Castello
Piazza del Plebiscito
Via Monte di Dio
Via Cesario Console
Via Domenico Morelli
Via Nazario Sauro
Via Chiatamone
Via Lucilio

建議路線

Day 1

卡賽塔王宮→國立考古博物館→聖埃莫堡

Day 2

拿坡里地下世界→新堡→溫貝多一世拱廊→皇宮、平民表決廣場→蛋堡→聖塔露西亞港

2

拿坡里巴洛克風格最佳代表

皇宮 Palazzo Reale

http www.coopculture.it/en/heritage.cfm?id=76／✉Piazza del Plebiscito 1, Napoli／☎(081)4005-47／⏰09:00～20:00／休週三、5/1、12/25、1/1／$全票€4、半票€3，每個月第一個週日免費入場／➡地鐵L1在Municipio站下車，沿著Via Vittorio Emanuete III大道步行約9分鐘，位在平民表決廣場對面／⌛約1～2小時／MAP P.37

興建於西班牙統治時期(約17世紀)，為拿坡里巴洛克建築代表之一，後來1734年作為波旁王朝國王統治義大利南部時的4處住所之一，其他3處則為卡塞塔王宮(Reggia di Caserta)、波蒂奇宮(Reggia di Portici)及今日的卡波迪蒙特博物館(Museo nazionale di Capodimonte)。

皇宮外觀為拿坡里最重要的歷代8位國王大理石雕像，內有小型宮廷劇院，和擁有150萬冊以上的藏書與波旁王朝王國收藏品的國家圖書館(Biblioteca Nazionale)。另一邊則是皇家博物館(Museo del Palazzo Reale)，展示歷代皇家金碧輝煌生活空間與當時使用的家具、油畫等收藏品。皇宮曾遭受多次戰爭、祝融破壞，尤其是二戰期間更是面目全非，後來陸續整修才有今日完整的面貌。

▲樸素的皇宮外牆上內嵌著拿坡里歷代國王雕像

3

拿坡里人重要的聚會場所

平民表決廣場 Piazza del Plebiscito

➡地鐵L1在Municipio站下車，沿著Via Vittorio Emanuete III大道步行約9分鐘，位在皇宮對面／⌛約0.5小時／MAP P.37

廣場興建於1808年，當時為了擋住皇宮正對面殘破不堪的民宅景象，只好規畫一棟大型建築物來做遮掩。整個廣場設計成猶如雙手環抱的柱廊，正中央則為仿效羅馬萬神殿圓頂的保羅聖方濟教堂。在1860年曾舉辦公民投票，決定拿坡里是否加入義大利王國而得其名。如今是拿坡里最主要的廣場，假日不時有活動或表演，也是拿坡里人生活的中心之一。

▲平民表決廣場是拿坡里最大的廣場

4

華麗高雅的穹頂拱廊

溫貝多一世拱廊
Galleria Umberto I

Via San Carlo, 15, Napoli／地鐵L1在Municipio站下車，沿著Via Vittorio Emanuete III大道步行約6分鐘可達／約0.5小時／MAP P.37

工業革命其間貴族、商人、政客、工人全部湧進大城市創造大量財富，爲了讓上流社會人士購物用餐時不受雨淋，1847年比利時興建了第一座購物拱廊，後來這股風氣席捲歐洲各地。

1861年義大利獨立後，首任國王艾曼紐二世與兒子溫貝多一世(第二任國王)爲效仿巴黎、維也納的城市升級運動，興建米蘭艾曼紐二世拱廊(Galleria Vittorio Emanuele II)及拿坡里的溫貝多一世拱廊，故兩者樣式相似，皆爲新古典主義風格迴廊，屋頂則採用穹頂的玻璃帷幕讓陽光能自然灑落在迴廊裡，增加室內採光。

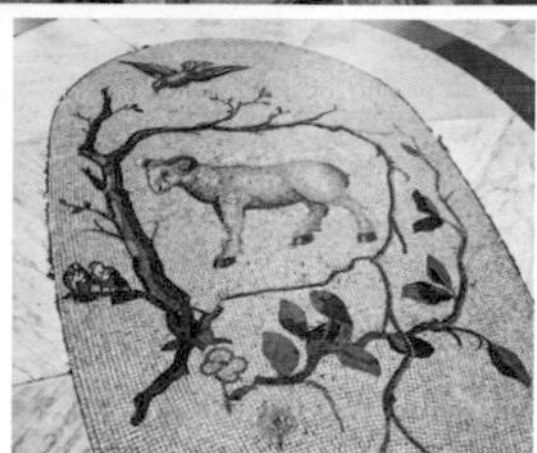

▲地板是由馬賽克磚拼成精緻的圖案

▲光線自然從溫貝多一世拱廊穹頂灑落
(以上圖片來源／愛呷人。旅人。小鬍子)

興建於1887年的溫貝多一世拱廊，位在拿坡里最繁榮的Trieste e Trento廣場，其內部是拿坡里主要的購物商城，也是在地人常逛的地方。

5

眺望聖塔露西亞港最好的地點

蛋堡
Castel dell'Ovo

www.comune.napoli.it (選擇選擇網頁最下方右邊的「Castel dell'Ovo」) / Via Eldorado, 3, Napoli / (081)7956-180 / 夏季：週一～六09:00～19:30，週日與假日09:00～14:00。冬季：週一～六09:00～18:30，週日與假日09:00～14:00 / 免費 / 地鐵L1在Municipio站下車，沿著Via Vittorio Emanuete III大道經過新堡，接Via San Carlo來到平民表決廣場，再順著Via Cesario Console與Via Nazario Sauro，就能在海邊看到 / 約1小時 / P.37

傳說羅馬詩人曾在城堡內埋藏一顆雞蛋，若雞蛋打破，城堡就會倒塌，此城堡才有「蛋堡」的美名。原址在西元前1世紀爲羅馬貴族的別墅，爾後不同朝代陸續改建，成了今日的防禦性建築。12世紀曾爲海上要塞與監獄。現在蛋堡已成爲欣賞聖塔露西亞港海景最好的眺望點，天氣好時登高更可看到蘇連多半島的風光。

▲蛋堡正面（圖片來源 / 粉絲頁：Hi！我是愛雪麗）

6

世界三大夜景

聖塔露西亞港
Porto Saint Lucia

地鐵L1在Municipio站下車，沿著Via Vittorio Emanuete III大道經過新堡，接Via San Carlo來到平民表決廣場，再順著Via Cesario Console與Via Nazario Sauro，就能在海邊看到 / 約0.5～1小時 / P.37

「聖塔露西亞～聖塔露西亞～」相信這首歌大家應該都不陌生，《Santa Lucia》這首聞名世界的義大利傳統民謠就是在描述拿坡里聖塔露西亞港優雅的景色，也因旋律柔美、容易朗朗上口，被翻譯成不同語言流傳到世界各地。

當年民謠描述燈光熠熠的小漁港，如今成爲拿坡里船隻往來各地的大港口，港邊可眺望維蘇威火山及拿坡里灣的景致，其壯麗的港邊夜色也被票選爲「世界三大夜景之一」。

▲倚偎在維蘇威火山腳下的聖塔露西亞港（圖片來源 / Kaili）

7

眺望拿坡里夜景最好的地方

聖埃莫堡
Castel Sant'Elmo

http www.coopculture.it/en (選擇「Cities & Circuits」→「Naples」→「Museums」→「Castel Sant'Elmo」)／ ✉ Via Tito Angelini 20, Napoli／ ☎ (081)2294-589／ 🕒 08:30～19:30，18:30為最後入場時間／ $ 全票€5(半價時段：週三～一16:30～18:30進場；週二僅參觀Piazza d'Arm廣場和看台)，半票€2.5，18歲以下免費。每個月第一個週日免費參觀／ ➡ 地鐵L2在Montesanto站下車，出站直走再左轉，在右手邊可以看到Montesanto纜車站，再換搭纜車到最後一站Morghen，出站後只要沿著城堡指標走10分鐘，即可抵達城堡(地鐵與纜車共用車票，故90分鐘內可用同一張車票上下山)／ ⌛ 約1～2小時／ MAP P.36

位在Vomero山頂上的聖埃莫堡本身為一個星型城堡，1275年由安如國王查理一世(Charles of Angiò)興建，起初作為國王一家人住的地方，後來改建為保護拿坡里的堡壘。

1604～1952年一度成為政治犯與軍人的監獄，1976年才重建成原始樣貌呈現在世人眼前。今日聖埃莫堡已轉身為提供藝術、表演廳、會議廳等多功能展覽中心。

山丘上的城堡居高臨下，擁有極棒的景觀視野，俯瞰拿坡里港灣，天氣好時還能看見維蘇威火山，是著名看夜景的好地方，不過受限於日落時間，義大利夏天到了晚上8、9點才夕陽西下，這時城堡已關門，只能在城堡旁的小廣場享受夜晚的拿坡里景色，故想來這裡看夜景僅適合在春、秋、冬這3個季節，最好接近黃昏時就上山，就能在城堡透過不同的色溫享受這少見的百萬夜景。

名列世界三大夜景之一的拿坡里夜景(圖片來源／粉絲頁：Hi！我是愛雪麗)

8

世界級考古博物館

國立拿坡里考古博物館
Museo Archeologico Nazionale di Napoli

www.museoarcheologiconapoli.it／Piazza Museo 19, Napoli／(848)800-288／週三～一09:00～19:30／休週二、1/1、12/25／全票€15／地鐵L1在Museo站下車，出站後右手邊就是博物館／約2～3小時／MAP P.37

建於1585年的考古博物館原爲皇家騎兵營，1616～1777年後作爲拿坡里大學，在18世紀波旁王朝國王策畫下成爲皇室博物館，1860年義大利統一後成爲國立博物館，館藏豐富，收藏不少極具高度藝術價值的文物，是公認最重要的考古博物館之一。而對於龐貝與赫庫蘭尼姆深深著迷的朋友，這是看眞品的好地方。

館中分爲三大主軸。第一，發跡於義大利中部的法內賽家族(Farnese)有位愛收藏古希臘羅馬時期藝術品的教皇——保羅三世(Pope Paul III)，他的收藏品被稱爲「法內賽系列」(Farnese collections)，由卡羅國王的母親繼承，國王便將這些骨董擺放至博物館裡，並以「法內賽」命名，成爲博物館的核心。其中最知名收藏品之一的是3世紀作品《法內賽公牛》(Toro Farnese)。同爲法內賽系列的《海克力斯像》(Ercole Farnese)是1546年在羅馬卡拉卡拉浴場發現，描述疲憊的海克力斯倚靠在橄欖木棒上，上面掛有他剛剝下來的巨獅獅皮。這項藝術品是古典雕刻作品裡最著名的一個，奠定了世人對於神話裡英雄人物海克力斯的認知。

▲龐貝古城建築裡不少以壁畫作為裝飾，如今這些壁畫多半收藏在博物館

其次爲位在2樓、來自龐貝與赫庫蘭尼姆遺址最精髓的文物，從描述庶民生活的馬賽克壁畫、石柱、壁龕，都可發現當時人們非常專精於馬賽克壁畫，利用小小的彩色石片創造出一幅幅栩栩如生壁畫。當中最吸引人注意的是農牧神之屋(Casa del Fauno)挖掘出大型馬賽克地板拼貼畫《伊蘇斯戰役》(Battle of Issus)，藉由大理石與彩色琉璃，呈現西元前333年時亞歷山大大帝擊敗波斯帝國國王大流士的故事，雖然不是太完整，卻能看出當時的工藝相當精巧。另外，這裡也保存了龐貝妓院完整的春宮畫，讓人看了直呼好害羞。而這些保留下來的壁畫也讓後人清楚知道2000年前龐貝與赫庫蘭尼姆城市發展的盛況。最後一部分則爲從埃及與義大利中部古國「伊特魯里亞」運來的收藏品。

▲龐貝《Lupanare》妓院牆上的壁畫總讓人看得血脈賁張

▲以海洋生物為主的龐貝馬賽克壁畫

▲近看龐貝馬賽克畫作，更能看出精心設計之處

國立拿坡里考古博物館最知名收藏品之一《法內賽公牛》(Toro Farnese)，是根據希臘神話《懲罰狄耳刻》(Dirce)所做的大理石雕刻，完美呈現神話裡狄耳刻遭受折磨的那一刻，人物及牛隻動作相當逼真，極具戲劇性張力，令人印象深刻。

▲法內賽公牛 (P.42～43 圖片來源／粉絲頁：Hi！我是愛雪麗)

9

一探地底奧祕

拿坡里地下世界 Napoli Sotterranea

http www.napolisotterranea.org / ✉ Piazza San Gaetano 68, Napoli / ☎ (081)2969-44 / ⏲ 須參加導覽團，英文導覽團時間為10:00、12:00、14:00、16:00、18:00，參觀時間為1.5小時 / $ 全票€10 / ➡ 地鐵L2在Piazza Cavour站下車，沿著Via Foria右轉Via Duomo步行再右轉Via dei Tribunali，位在Piazza San Gaetano廣場左邊 / ⌛ 約1.5小時 / MAP P.37

拿坡里這古老城市不單在地面上有著許多「疊床架屋」的老舊建築，在40公尺深的地底下更有2,400年前開鑿的地下世界。西元前4世紀古希臘人發現拿坡里有特別堅固的黃色凝灰岩(Tufa)，適合用於建築，便於此開鑿採礦場。古羅馬時期將這些通道打通爲400公里長的蓄水道，作爲整個城市的供水來源，只是19世紀的傳染病讓政府單位一度關閉這蓄水道，而二次大戰才再作爲戰爭防空洞。

▲拿坡里地下世界入口處

參觀地下世界須由專業導遊帶領，從典型拿坡里民宅進入，將床鋪移開，床下的通道是通往羅馬尼祿皇帝時期興建的地下劇院，再拿著燭光參觀古希臘的採礦場、蓄水道、二次大戰的防空洞、戰爭博物館，整個地下世界完整保留拿坡里的過往歷史，只是幽暗的空間在參觀完回到地面上會有種恍如隔世的感覺。整個導覽解說約1.5小時，地底下溫度低，與外面落差10度左右，記得帶件禦寒衣物保暖。

10

義大利現存最古老的歌劇院

聖卡洛劇院 Teatro di San Carlo

http www.teatrosancarlo.it / ✉ Via San Carlo, 98, Napoli / ☎ (081)7972-331 / ⏲ 週一～日10:30、11:30、14:30、15:30、16:30 / $ 全票€7、半票€5 / ➡ 從拿坡里中央車站搭1號地鐵到Muncipio站，出站後沿著Via Vittorio Emanuele III大道走，過了新堡後就在左手邊 / ⌛ 每次導覽參觀時間45分鐘 / MAP P.37

拿坡里爲兩西西里王國的首都，當時的波旁王朝查爾斯王爲符合首都形象及宣示權威，於1737年在現今的Piazza Trieste e Trento廣場旁打造一座聖卡洛劇院，並且以波旁王朝國王Carlo III的名字命名，是當時世界上最大的歌劇院。不料於1816年遭火神祝融肆虐，整棟建築物改建爲新古典主義風格，是歐洲最古老且尚在營運的劇院。

▲豪華氣派的劇院內部（圖片來源／粉絲頁：Hi！我是愛雪麗）

劇院外觀豪華，內部採用紅色天鵝絨輔以金色圖案，馬蹄形的氣派音樂廳第一層爲平面式座位，背後則是6層28個普通包廂及一個皇室包廂，總共有3,000個座位，僅次於米蘭的史卡拉劇院(Teatro alla Scala)。其華麗裝潢搭配音效很好的音響，使得聖卡洛劇院散發出令人著迷的魅力，不少音樂史上的重量級人物都將登上聖卡洛劇院視爲最驕傲的一件事。

11

擁有義大利凡爾賽宮美名

卡塞塔王宮

Reggia di Caserta

http www.reggiadicaserta.beniculturali.it／✉Viale Douhet, 2/a, Caserta CE, Napoli／☎(082)3448-084／🕘08:30～19:30，售票處於18:45關閉／休 週二、1/1、12/25／$ 全票€12、半票€6，博物館每個月第一個週日免費入場／➡從拿坡里中央車站搭火車到Caserta站，出站後右轉，找到花園入口右轉直走即進入王宮範圍／⌛約2～3小時／MAP P.37

卡塞塔王宮是義大利最古老的巴洛克式建築之一。爲與當時法國凡爾賽宮、西班牙馬德里王宮一爭高下，1752年波旁王朝國王Carlo III命設計「羅馬許願池」的義大利名建築師Luigi Vanvitelli打造皇宮。

宮殿格局成「田」字狀，內有1,200個房間，設有寶座廳、皇家寢室、禮拜堂、圖書館與宮廷劇院。後花園則是以長水道爲主體，兩側爲希臘羅馬神話故事的雕像，從雄偉的宮殿綿延至山丘上，完美結合宮殿、園林造景、狩獵小屋、天然林地，難怪有人讚美卡塞塔王宮的花園是「參考了凡爾賽花園，但美麗的程度卻遠超過凡爾賽花園」。1997年列入世界遺產名單。

▲花園的瀑布噴泉

▲採用大量雕刻做裝飾的海豚噴泉

綿延不絕的水道從山丘延伸至宮殿的那一端（以上圖片來源／粉絲頁：Hi！我是愛雪麗）

龐貝 Pompeii

世界遺產

瞬間被火山毀滅，保留古羅馬遺跡的考古重鎮

火山爆發那一刻最後痛苦掙扎的神態

昔日熱鬧海港城，卻因火山一夕變色

龐貝於西元前7世紀在沙諾河(Sarno)旁的小山丘上建城，為當時希臘商人與腓尼基人經常往來的繁榮港口，西元前89年歸屬羅馬帝國版圖，是個以製酒、產油致富的商港城市，氣候溫暖宜人，不少貴族、權貴在這談生意，過著享樂奢靡的生活，雖然人口有2萬，但妓院卻高達25間，當地出土的銀製酒杯上刻著「盡情享受生活吧，明天是捉摸不定的」，貼切地形容了當時龐貝的生活。

西元79年8月24日下午1點，維蘇威火山爆發，持續18小時，火山噴發物飛向東南方的龐貝，一夕之間毀滅這城市，瞬間高溫燒掉人們的肺、溶解肌肉，上千人被活埋，火山灰深達6公尺，使得整座城市原封不動保存了千年。

遺跡的發現吸引世人目光

直到16世紀建築師挖下水道引河水時發現有羅馬時期彩繪的古牆，17世紀又發現建築物上刻有「Pompeii」字樣，起初以為是古羅馬政治家龐培的住宅，但其實就是龐貝城遺跡。1748年那不勒斯王國皇室想找出具價值的金銀飾品或古代物品裝飾宮殿而挖掘龐貝，當時並沒有從學術考古的角度做研究。19世紀才由官方下令正式開挖，修復其中的建築、雕刻、繪畫、馬賽克製品，截至目前為止已挖掘70%。就在世人對龐貝遺跡有高度興趣之際，第二次世界大戰時同盟國卻懷疑德軍藏匿於此，於1943年進行多次轟炸，使得好不容易挖掘出來的建築物遭受嚴重破壞，目前看到的是修復後的狀態。

▲過去為法院所在地，如今僅剩梁柱讓後人想像

▲從龐貝古城就能看到維蘇威火山的雄偉姿態

1997年登入世界文化遺產

龐貝城完整保存了古羅馬帝國的生活狀態，大部分珍貴古物皆已收藏在國立拿坡里考古博物館。城內在不確定屋舍主人的狀況下，考古學家是根據屋舍出土的文物或當下的情況作命名，以利辨識。這麼珍貴的史蹟，使其與周圍的赫庫蘭尼姆、托雷安農濟亞塔於1997年被列入世界文化遺產。

封存千年，龐貝的最後一日

龐貝逐漸呈現在世人眼前，最令人驚心動魄的不是古羅馬建築，而是當時人們逃難時那驚悚的瞬間被記錄下來了。火山灰包覆著罹難者遺體，歷經1,900多年，這灰早已硬得跟石頭一樣，肉體腐爛後，內部僅剩下空殼，呈現死亡那一刻的姿態，困在屋裡逃不出來、痛苦掙扎等待死神降臨；還有一大群奔向海岸逃生的人，火山噴發物眨眼間就奪走了他們的生命。19世紀考古學家以石膏注入空殼，移除外殼後就是當時死亡的樣貌，現今研究人員為不破壞封存的遺骨，改以斷層掃瞄器解析，慢慢讓更多龐貝人的生活重見天日。

▲古城裡櫛次鱗比的屋舍與街道

▲維蘇威火山的周遭環境

▲漫步在古城別有一番滋味

交通資訊 Transportation

龐貝考古公園就位在龐貝火車站斜前方，不論從拿坡里或蘇連多，只需搭乘私鐵環維蘇威線即可抵達，非常便利。

【前往與離開】

搭火車

從拿坡里中央火車站(Napoli Garibaldi)出發，搭乘私鐵環維蘇威線往蘇連多方向，在Pompeii-Villa dei Misteri站下車，車程約半小時。

●Circumvesuviana私鐵環維蘇威線

http www.eavsrl.it/web

▲龐貝火車站外觀

【前往維蘇威國家公園】

從龐貝搭巴士

龐貝火車站外就能看到造型復古可愛的Tramvia del Vesuvio巴士，車上部分座位開窗，上山時隨著高度上升，這開窗座位也會比較冷。車上提供隨車解說服務(義語)，與EAV srl公車不同的是沿途若有不錯的風景，司機會停車讓大家下車拍照。

▲停在火車站前的 Tramvia del Vesuvio 巴士

●Tramvia del Vesuvio巴士

http www.tramvianapoli.com (選擇「Daily Transfer from Naples」→「Daily Transfer from Naples to Pompeii Ruins」) / 電話 (081)7776-750 / 時間 拿坡里機場出發08:10～11:00，拿坡里中央火車站出發09:15～12:15，龐貝火車站出發08:00～15:30 / $ 全票€8、小孩€6(皆未含登山門票) / 行車時間約55分鐘

從龐貝搭公車

EAV srl爲龐貝到維蘇威火山的公車，1天來回各10班，在龐貝考古公園Piazza Anfiteatro與Porta Marina兩個入口處搭乘，回程在Piazza Esedra下車。**請留意：**維蘇威火山國家公園09:00開門，最晚16:00關門，可搭乘的班次只有其中8班。另外，公車票價低廉，搭乘人數較多，加上車班時間間距長，這班沒搭到就要再等1個小時才有車，因此大家都抓準公車時間就下山，故建議去程下車前先確認預計回程車班時間及等車地方(也就是登山口)，才不會浪費時間等待。

●EAV srl公車

http www.eavsrl.it/web (選擇「Viaggiare」→「Orari Autobus」→「Pompei-Vesuvio」) / 電話 (081)7722-111 / 時間 08:00～17:40，每天發車，龐貝上下車 / $ 全票€2.7(車上買票) / 行車時間約1小時

▲前往維蘇威火山的 EAV srl 公車

從艾爾科拉諾搭巴士

維蘇威火山離艾爾科拉諾(Ercolano，赫庫蘭尼姆古城所在地)10公里，龐貝則爲30公里，若嫌從龐貝出發車程太遠，可搭私鐵到艾爾科拉諾搭乘Vesuvian Express，此巴士主要往返艾爾科拉諾和維蘇威火山之間，可在火車站附近的服務中心

購票，並於此搭車出發。每天09:30開始每40分鐘一班車，整趟旅程(包含爬火山)約2個多小時。

●**Vesuvian Express巴士**

http www.vesuvioexpress.info / ☎(081)7393-666 / ⏲每日09:30～18:00，每40分鐘一班車，艾爾科拉諾上下車 / $全票€20(包含來回車資與登山門票費) / ⌛行車時間約30～40分鐘

▲ Vesuvian Express 觀光巴士 (圖片來源 / Han Chen)

【前往艾爾科拉諾考古公園】

從拿坡里搭火車

從拿坡里中央火車站(Napoli Garibaldi)出發，搭乘私鐵環維蘇威線往蘇連多方向，在Ercolano scavi站下車，車程約10幾分鐘。

●**Circumvesuviana私鐵環維蘇威線**

http www.eavsrl.it/web

景點介紹

Pompeii

建議路線

Day 1

龐貝火車站入口處購票→城郊溫泉→海洋門與城門→阿波羅神殿→長方形柱廊大廳→市政中心→宙斯神殿→奧古斯都神殿→鮮活市場→市政中心糧倉→市場公共浴場→熟食店→農牧神之家→悲劇詩人之家→麵包烘焙坊→妓院→西里庫斯之家→斯達比亞浴場→小劇院→角鬥士訓練所→大劇院→競技場→離開，前往維蘇威火山

Day 2

造訪赫庫蘭尼姆

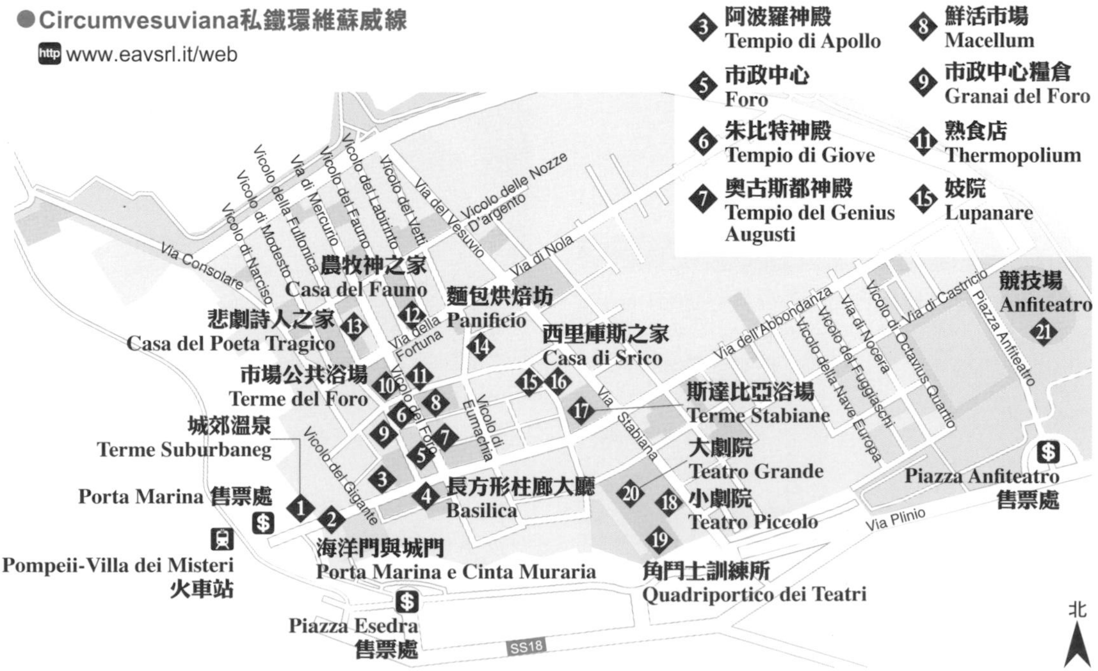

3 阿波羅神殿 Tempio di Apollo
5 市政中心 Foro
6 朱比特神殿 Tempio di Giove
7 奧古斯都神殿 Tempio del Genius Augusti
8 鮮活市場 Macellum
9 市政中心糧倉 Granai del Foro
11 熟食店 Thermopolium
15 妓院 Lupanare

Vicolo di Narciso
Vicolo di Modesto
Vicolo della Fullonica
Via di Mercurio
Vicolo del Fauno
Vicolo del Labirinto
Vicolo dei Vetti
Via del Vesuvio
Vicolo delle Nozze D'argento
Via di Nola
Via Consolare
農牧神之家 Casa del Fauno
麵包烘焙坊 Panificio
悲劇詩人之家 Casa del Poeta Tragico
Via della Fortuna
西里庫斯之家 Casa di Srico
市場公共浴場 Terme del Foro
Vicolo del Foro
Vicolo di Eumachia
Via Stabiana
城郊溫泉 Terme Suburbaneg
Vicolo del Gigante
斯達比亞浴場 Terme Stabiane
大劇院 Teatro Grande
Porta Marina 售票處
長方形柱廊大廳 Basilica
小劇院 Teatro Piccolo
Pompeii-Villa dei Misteri 火車站
海洋門與城門 Porta Marina e Cinta Muraria
角鬥士訓練所 Quadriportico dei Teatri
Piazza Esedra 售票處
SS18
Via dell'Abbondanza
Vicolo della Nave Europa
Vicolo dei Fuggiaschi
Via di Nocera
Vicolo di Octavius Quartio
Via di Castricio
Piazza Anfiteatro
競技場 Anfiteatro
Piazza Anfiteatro 售票處
Via Plinio
北

麼封千年的古城

龐貝考古公園 Parco Archeologico di Pompeii

http www.pompeiisites.org (點選English看英文頁面)／✉Via Villa dei Misteri 2, Pompei／☎(081)8575-347／🕒11/1～3/31：09:00～17:00(最後入場時間為15:30)；4/1～10/31：09:00～19:30(最後入場時間為18:00)，週末提早至08:30開放／休1/1、5/1、12/25／$全票€15、每個月第一個週日免費入場／➡私鐵環維蘇威線在Pompeii-Villa dei Misteri下車，出火車站右轉，步行約1分鐘，Porta Marina售票口就在左手邊／⌛約3～5小時／!?**1**.幅員遼闊的龐貝共有3個售票口，分別是Porta Marina, Piazza Esedra與Piazza Anfiteatro。 Porta Marina靠近火車站，許多遊客一下車就從這門口進入，鄰近的Piazzaa Esedra則是旅行團最常使用的出入口，若不想等候太久，可由Pizza Anfiteatro進入，先從競技場參觀。**2**.不能攜帶背包或行李箱入場。**3**.另有專人導覽與語音導覽租借，詳見官網「Tickets and Info」／MAP P.50

龐貝古城完整呈現古羅馬時期生活狀態，爲保護這珍貴遺址，並管理後續挖掘及研究工作，當地政府成立了龐貝考古公園。目前此考古公園是世界上遊客到訪量最大的考古遺址之一，2017年達340萬人。

▲鄰近火車站的 Porta Marina 入口

看點 1 城郊溫泉 Terme Suburbaneg

從火車站旁入口處的售票口就能看到整座城郊溫泉，屬於私人溫泉，內設一般冷、溫、熱溫泉房間外，尚有一個利用柴火從底部加熱的泳池。有趣的是更衣室牆上有著與妓院一樣的情色畫，並標注編號，意味著這家私人溫泉會館在宣傳店內有這些「特殊服務」。

▲位在售票處對面的城郊溫泉

貼心提醒

做好準備逛遺跡

城內面積遼闊、沒有遮蔽，夏天行走在裡面須做好防曬，身上準備水、食物，並穿雙舒適好鞋，才不會在欣賞遺址的過程中，受到外在因素影響旅遊雅致。另外，龐貝遺跡沒有解說牌，僅有不是很清楚的路名標示，每條街道都長很像，不太容易辨認，售票處僅提供英、義地圖及手冊，最好還是提前準備導覽資訊與清楚的地圖，不然在現場僅是霧裡看花，或是錯過精采之處會非常可惜。

海洋門與城門
Porta Marina e Cinta Muraria

古城有7道城門，其中位在西南方通往海邊的「海洋門」最爲壯觀，當年海岸尚未淤積前，船可直接行駛到城門下方。城門有兩個出入口，拱頂較高者作爲動物進出使用，較低者則是行人通道。由於城門所在處地勢較爲平坦，爲了防範外敵從這裡長驅直入，在城牆上興建12座瞭望塔以強化防禦。目前海洋門爲Porta Marina售票口通往古城的入口之一。

▲不論古今，海洋門皆是進龐貝古城的主要通道之一

阿波羅神殿
Tempio di Apollo

羅馬人相信每個神各有掌管的事務，每件事情都是神的旨意。龐貝人主要信仰爲阿波羅、維納斯及皇帝，並於海洋門到市政中心居民進出的主要道路兩旁建造神殿。

▲阿波羅神殿為當時的信仰中心之一

阿波羅神殿位在市政中心西側，興建於西元前6世紀，是龐貝最古老的廟宇，曾經翻修過，內部中間爲一個高起的祭台，四周爲庭院與柱廊，西側有根大理石柱立起來的日晷。面對神殿右邊爲阿波羅像，左邊是月亮女神黛安娜半身像。本來神殿裡矗立不少希臘神像，考古出土後便移至拿坡里國立考古博物館保存。

長方形柱廊大廳
Basilica

長方形柱廊大廳於西元前130～120年間興建，面積1,500平方公尺，爲法院所在地，開庭審理案件與商業簽署合約之用，也是市中心最大的建築物，更是古羅馬帝國最古老的公共建築之一。中央以大廳爲主，周圍28根帶有凹槽的愛奧尼克柱(Ionico)環繞，兩側則爲走廊，通道底部用木梯可爬上法官裁決區，若民眾有騷動想攻擊法官，便可將木梯移走，以保護法官安全。

▲長方形柱廊大廳裡的法官裁決區 (圖片來源 / Han Chen)

▲長方形柱廊大廳中庭的柱廊與雕像

市政中心
Foro

廣場是一座羅馬城市的政治與市民活動中心，周圍設有政府機關、市場、信仰中心，所有的公共事務都在這裡進行。廣場北面爲與維蘇威火山同一軸線上的朱比特神殿，西邊爲阿波羅神殿、東邊爲市場、店鋪與小神殿。廣場上也有銷售布匹、羊毛、修鞋或交換糧食的攤商。

▲這片廣闊的空地為當時龐貝人們的生活重心

朱比特神殿
Tempio di Giove

朱比特爲古羅馬神話裡的眾神之王，相當於希臘神話的宙斯。該廟爲龐貝政治與宗教中心，西元前80年落入羅馬疆土後，便將神殿基座墊高，讓路過民眾可一眼就看到神像，並改供奉羅馬三大保護神：朱比特、朱諾(羅馬神話天后)、密涅瓦(羅馬神話裡的月亮女神)，成爲「三神殿」。

▲廣場中心上的朱比特神殿 (圖片來源 / Han Chen)

知識充電站

從龐貝看先進的都市規畫

龐貝古城四面為4,800公尺長、由火山岩塊築起來的城牆，縱橫各兩條大道(縱向Via del Vesuvio接Via Stabiana與Via di Nocera，橫向Via della Fortuna接Via di Nola與Via della'abbondanza)，將城內劃分為9個區域，並將整座城劃為棋盤式街廓。

「市政中心」為龐貝古城的核心，神殿、市場、法院等重要政府機關都在這四周，街道由此向外延伸，其住宅、商店皆排列得錯落有致，使用厚厚的火山岩石板鋪設路面，兩側為人行道，中間為馬車通行的道路，從石塊上磨損的程度顯示出當時的車水馬龍，相當繁榮。而街道裡設有「踏腳石」，做為民眾橫越馬路使用，雨天時不會弄濕腳，雨水也能順著馬路下方的排水系統流出去。

▲街上的減速石減緩車速及人們跨越馬路使用

▲馬路下方的排水孔 (圖片來源 / Han Chen)

▲街道明顯區分為人行道與馬路

奧古斯都神殿 (維斯帕先神殿)
Tempio del Genius Augusti (Tempio di Vespasiano)

正對市政中心的維斯帕先神殿，原爲供奉奧古斯都皇帝(Augusti)的神殿，經由時代演替，供奉對象不斷的更換，在火山爆發前則是以維斯帕先皇帝(Vespasiano)爲主，而災難來臨時這裡尚未完成整修工作。四面高牆圍起來，中庭有個白色大理石祭台，石板上雕有祭祀場景，站在這裡可對皇帝或其他神明祭祀，兩側大型圓形迴廊則爲嵌有雕像的神龕。

▲祭拜歷代皇帝的神殿

鮮活市場
Macellum

爲販售生鮮魚肉的地方，入門右邊爲一排店鋪，牆上繪製日常生活、販售家禽、魚類，或神話主題的場景。中央12根柱子撐起的圓亭內設有很大的大理石平台，魚販在此處清理魚，汙水排放到底部水道，使得水道滿是魚刺、魚鱗，而內側高台爲兩側矗立雕像、供奉皇帝的祭壇。

▲市場中央的洗滌池遺址

市政中心糧倉
Granai del Foro

過去爲穀物和豆類市場，南邊近阿波羅神殿處設有「衡器與量器檢驗所」，檢驗商人所使用的容器、重量是否標準。西元前20年奧古斯都皇帝統一度量衡後，龐貝的衡器台被改爲符合羅馬標準。北邊一隅爲公廁，長條石頭上每隔一段距離開一個洞，並放上木頭當坐椅，下方有流動清水，這就是當時的馬桶，如廁後再用小海綿清洗。

如今糧倉爲考古倉庫，擺放從龐貝遺址出土的文物，如陶罐與用來裝油、酒、魚醬的大型容器。而最能呈現火山爆發之際那痛苦猙獰動作的岩漿人模型，就在這裡展示。

▲被捆綁在柱子上、來不及逃生的警衛犬

▲火山爆發之際人們痛苦的掙扎著

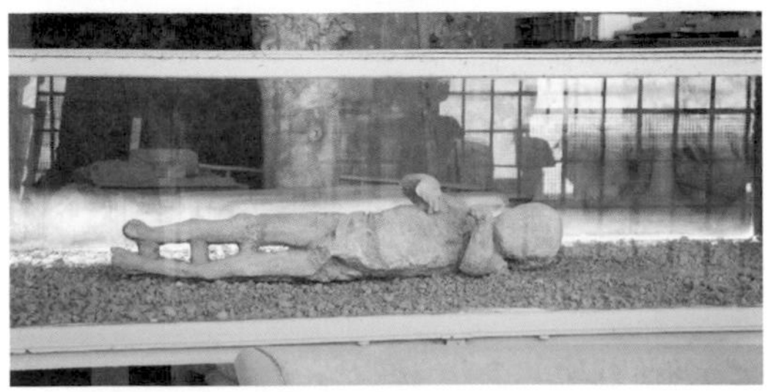
▲火山爆發時連小孩都無一倖免

市場公共浴場
Terme del Foro

只要是小有規模的城市，喜好泡澡的古羅馬人都會興建數個公共浴場，龐貝城內有4座。浴場內設不少雕像或裝飾，並將浴場對外開放，僅收半阿司(爲古羅馬錢幣，1阿司＝1杯葡萄酒價格)或甚至不收，這也難怪大眾將浴場(thermae)視爲「窮人的宮殿」。當時不分貧富，羅馬人習慣工作結束後來到這裡洗澡、按摩，富人還會帶奴隸在旁伺候，等身體放鬆後才去享用晚餐。所以對羅馬人來說，浴場不單僅是洗澡的用途，更是社交場所，適合談生意、朋友敘舊。

▲充滿精緻浮雕的溫水浴室

熟食店
Thermopolium

龐貝遺址裡常見到民宅或小店鋪面向大馬路，一般空間不大，只有1個房間，店鋪老闆或工匠一家人通常就住在房子樓上，未設有廚房，僅能在外用餐，從目前已出土的遺址裡，就發現街道內有不少熟食店(約有89家)，櫃檯有幾個圓圓的洞，老闆會將飲料、熟食放入嵌在洞口的大罐子裡，提供這些社會階級較低的民眾用餐。

◀熟食店內擺放罐子的櫃檯

知識充電站

羅馬浴場

所有羅馬浴場內部結構都差不多。男女溫泉池分別由兩個入口各自進入，設有更衣室、浴池、蒸氣室、按摩室。其中浴池又分為冷水、溫水、熱水，是個不折不扣的三溫暖。浴客們更衣後經過冷水浴室到溫水浴室塗油，再到熱水浴室享受蒸汽，等逼出汗後用刮身板清理身體、洗個舒服的熱水澡，再回到溫水浴室按摩、擦乾身體，最後到冷水浴室做清理，才到更衣室穿衣服，這樣才是一個完整的沐浴過程。

溫水、熱水浴室地板則用柱子支撐，下方呈中空狀態，讓中央供熱系統的熱氣可順著地板縫隙進到浴室裡面，以保持溫暖，由於地板溫度很高，當時都需要穿木拖鞋才有辦法走進去。冷水池為造型簡單的圓池，而熱水浴室一邊是熱水浴池，另一端則有半圓形拱頂，上面的天窗設有一個青銅片控制室內溫度，熱氣太多時可由此散熱。而拱頂下方則為大理石噴水池，身體出汗太熱時，浴客們飲用池中涼水降溫，讓自己感覺到舒服。

▲圓形冷水池

▲熱水浴室裡的洗頭盆

▲熱水浴室及其上方的排氣孔

農牧神之家 (法屋諾之家) Casa del Fauno

興建於2世紀的農牧神之家是龐貝富豪的別墅，占地3,000平方公尺。中庭是整個宅院的重心，由兩個前廳和一個柱廊庭院組成，作爲接待客人之用，周圍有多間裝飾華麗的接待室、浴室、廚房等。其中前廳矗立在收集雨水之蓄水池裡的「跳舞中農牧神雕像」(copy of the dancing Faun)，是此別墅被命名爲「農牧神之家」(Casa del Fauno)的由來。

當時社會相當流行以鑲嵌畫裝飾私人住宅，在豪宅中庭花園旁的迴廊有最出名的地板鑲嵌畫《伊蘇斯戰役》，約在西元前100年左右完成，描述亞歷山大在伊蘇斯戰場上追擊大流士三世的場景。現址的馬賽克作品與農牧神雕像爲複製品，原作目前保存在拿坡里國家考古博物館內。

▲最有名的伊蘇斯戰役地板鑲嵌畫

悲劇詩人之家 Casa del Poeta Tragico

前庭入口處地板有「Cave Canem」(小心有狗)字樣、有隻看起來狂吠不止的馬賽克黑狗圖案是悲劇詩人之家最大的特色。走進屋內的柱廊式院子，可發現前庭與用餐室牆上均有作工精美的馬賽克畫，其中一幅的主題描述劇場裡正上演希臘悲劇的場景，故以此作爲房屋的命名。

◀悲劇詩人之家最經典的黑狗圖案

▲農牧神之家前廳蓄水池裡的跳舞中農牧神雕像

麵包烘焙坊
Panificio

麵包製作是將小麥倒入石磨裡，由奴隸或驢子推拉轉動，再把磨碎的麵粉製成麵團，接著送入用磚石打造的柴燒烤爐中烘焙，故一般麵包烘焙坊都設有烤爐及石磨。完成的麵包則搬到烘焙坊另一處的櫃檯做銷售，從龐貝遺址裡約有30多家麵包烘焙坊，可以得知麵包店收入應該很不錯，麵包也是當時人們的主食之一。

▲麵包烘焙坊的烤爐及石磨

妓院
Lupanare

當年龐貝的港口有不少船隻停靠，各國船員下船後，語言不通的他們只要跟著大街上男性生殖器官的雕刻就能找到妓院了。

▲牆上令人臉紅紅的情色春宮圖

性開放的龐貝共有25間妓院，與民宅、旅館比鄰而居，毫不避諱，目前考古公園中僅開放壁畫最完整的1間。這間妓院上下兩層樓，樓上爲主人與奴隸的房間，樓下有5間磚砌床的房間和1間公共廁所，房間與走道僅用門簾遮蔽。房間牆上繪有各種情色春宮圖，說明了該名性工作者所提供的服務內容。當時的性工作者多爲希臘或東方的奴隸，收費約在2～8阿司之間，不分性別皆可提供服務，所以牆上也有以兩位男人爲主角的壁畫。

◀房內的磚砌床

知識充電站

崇拜陽具的特有文化

朱自清在《龐貝古城》一書提到：「龐貝的淫風似乎甚盛。他們崇拜男根，相信可以給人好運氣，倒不像後世人做不淨想。街上走，常見牆上橫安浙黑的男根；器具也常以此為飾。」龐貝人相信男性生殖器可以帶來好運，是一種「權力」、「地位」、「吉祥」的象徵，故城內的門上、麵包烤爐、街道上到處可看見男性生殖器的浮雕，並寫著「Hic habitat felicitas」(好運在這裡)。

▲象徵好運的男性生殖器

西里庫斯之家
Casa di Srico

這間大宅院合併了兩間房子作爲當時富豪普普留斯・偉迪烏斯・西里庫斯(P. Vedius Siricus)接待政商名流的空間，一走進屋內，入口處地板寫著「SALVE LUCRU」(財富歡迎你)，內有珍貴的大理石地板，牆上有著敘述特洛伊戰爭的精緻壁畫，讓客人能坐臥在這樣華麗的空間裡享受，飲酒作樂。而該宅院入口分爲兩處，一在妓院巷，另一個則在斯達比亞街。

▲西里庫斯之家花園一隅

▼西里庫斯之家屋內華麗壁畫

斯達比亞浴場
Terme Stabiane

爲城內最大也是最古老的浴場，興建於西元前2世紀，以鄰近「斯達比亞門」做命名。以3面都有柱廊的運動場爲中心，北面爲廁所，西面有游泳池，東面則是浴場。浴場內男女有別，不過格局相同，皆爲前廳、冷水浴池、溫水浴池，最後才是熱水浴池。男女浴室中間設置中央供熱系統做分隔，供熱給兩側浴池使用，其中一個角落特別展示當時地板下方以柱子撐起的空間，相當值得一看。

▲浴場的運動場（圖片來源／Han Chen）

▲浴場下方中空的地板（圖片來源／Han Chen）

▲男子更衣室裡有精緻的灰泥浮雕及放置衣服的凹槽（圖片來源／Han Chen）

知識充電站

源源不絕的安全用水，控制傳染疾病的發生

在羅馬帝國統治之下，龐貝古城的制度與建設皆承襲首都羅馬。為維持環境衛生，提供安全用水，只要是羅馬帝國統治的區域必定興建「羅馬水道」，水道數量視人口、水源地距離、地勢而定，龐貝則有1條水道。自山上興建水道引水至儲水槽，槽內依用途將水一分為三(在枯水期時這也是配水順序)：

- 公共使用：城市內的「共用水槽」之用。
- 皇帝使用：提供給皇室使用，由於當時認為公共浴場為皇帝修建後贈與人民使用，故公共浴場的用水也列在此項目。
- 私人使用：只要向主管機關申請，經同意後就能請技師拉管線至家中。

根據研究，羅馬帝國城市裡的民宅附近都有「共用水槽」，最遠僅離住家40公尺，為的是讓民眾方便取水。水槽多為方形水槽，水槽較高者為人們使用，較低者則為動物飲用，採24小時自由放流，多餘的水則順著水槽流進下方的下水道，以穩定地提供民眾清潔用水，只要是在此取水都是免費的，私人拉管線到家裡才需付費。

羅馬帝國統治期間的傳染病非常的少，這歸功於帝國強調境內興建水道提供安全用水，又建設公共浴場讓民眾以便宜價格保持身體清潔，才有辦法防範疾病的傳播。

▲街道源源不絕的公共用水

看點 18 小劇院
Teatro Piccolo

小型劇場為音樂廳，表演音樂歌唱、詩歌朗誦為主，整個空間採用彩色大理石做裝飾，階梯以男性造型的雕像代替柱子做支撐，相當精緻華麗，劇場可容納1,500位觀眾，當時設有木質屋頂強化聲音的傳遞效果，而舞台後方則為演員的休息室。

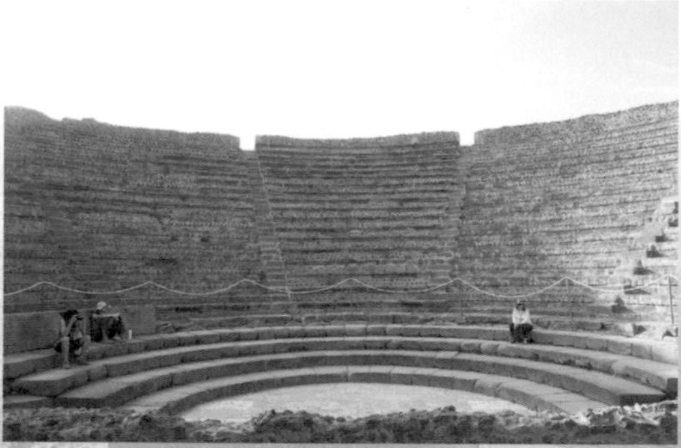

▲小型劇場空間呈現半圓形

看點 19 角鬥士訓練所
Quadriportico dei Teatri

位在大劇院舞台後方，中庭有74根多立克式(Dorico)凝灰岩柱廊，當表演中場時間或遇到下雨時，觀眾會在這區域休息聊天。西元62年地震過後才改為角鬥士的營房，東側樓上為角鬥士教練的房間，角鬥士們則是居住在柱廊周圍的小房間內。

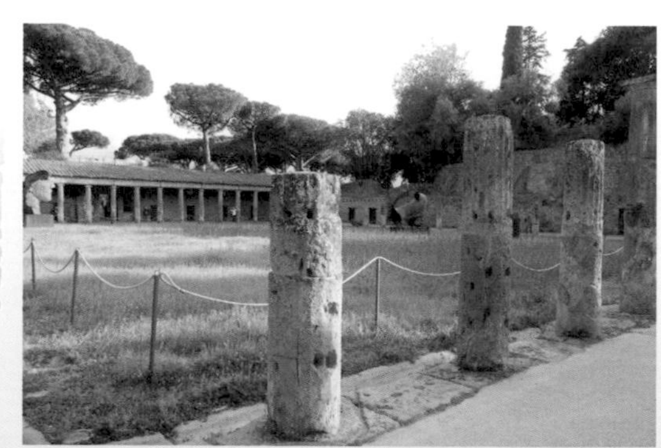

▲角鬥士訓練所的中庭

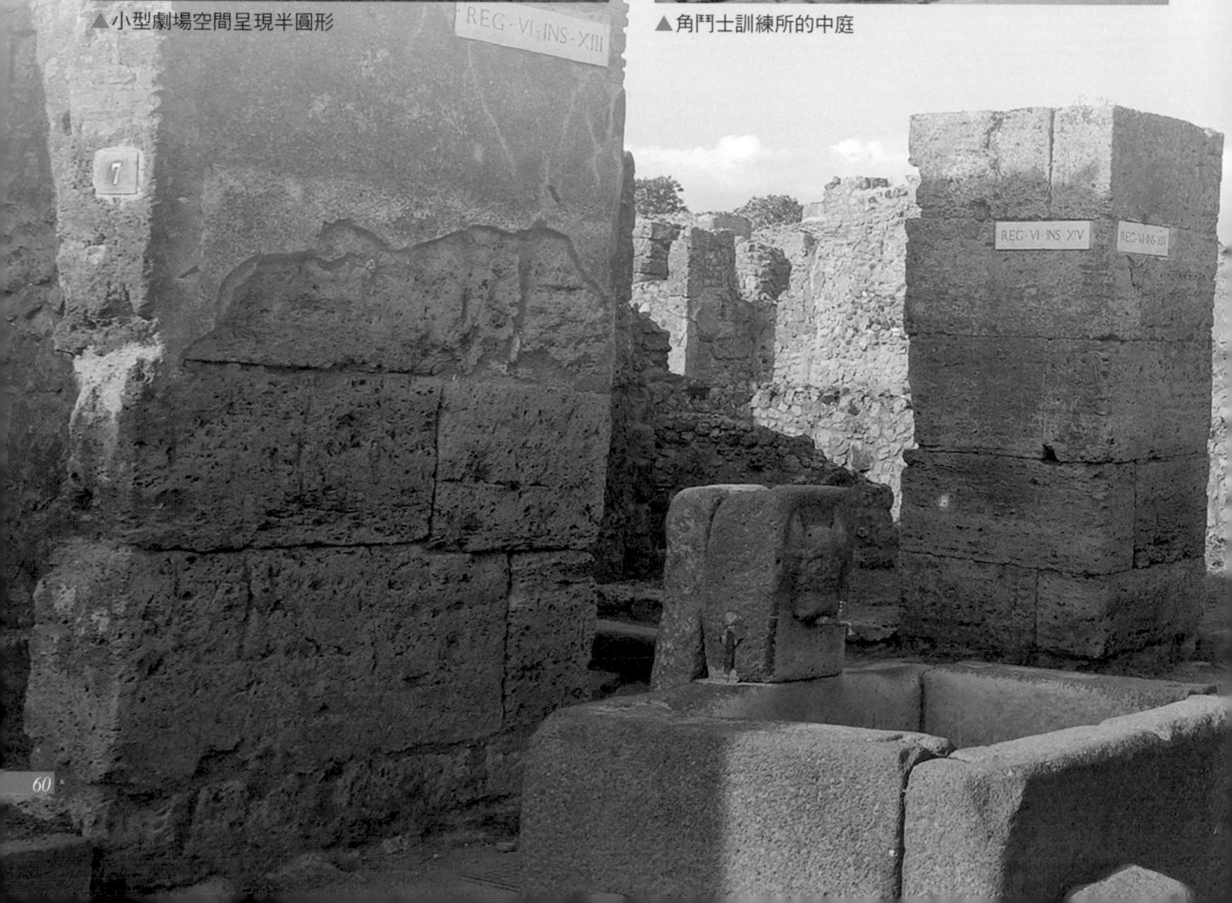

大劇院 Teatro Grande

大劇院爲戲劇廳，建於西元前2世紀，座位布局依山坡自然斜度興建，可容納5,000人，通道將座位區分爲3區，最底層大理石區爲政務官員座位區，藉由環形走廊與後方的觀眾席隔開，中間爲富人區，其餘的人坐後面。而舞台兩側則爲奧古斯都時期所增建的包廂區。演員在華麗背景牆前的舞台上表演古希臘、古羅馬時期的戲劇，若遇到天氣熱的時候，再以帆布覆蓋在座位區上方做隔熱。

▲依地勢而建的劇場空間

競技場 Anfiteatro

建於西元前80年的競技場爲古羅馬帝國最古老的劇場之一，可容納多達兩萬名觀眾，當時觀眾來自龐貝及周圍城市，故興建在交通便利的郊區。主要上演角鬥士對決、人類對猛獸、獅子對羚羊等血腥活動。場內藉由圍欄區隔觀眾席與表演區，圍欄上可以看到以角鬥士爲主題的繪畫，顯示觀看角鬥士比賽是當時很興盛的活動之一，但曾發生來自龐貝與奴切里尼兩地方的人，因過於熱衷比賽，導致發生鬥毆事件，使得競技場關閉數十年，西元62年的地震後才又重新開放。

▲競技場座位區（圖片來源／Han Chen）

△火山就倚靠在拿坡里灣旁

維蘇威國家公園

Parco Nazionale del Vesuvio

維蘇威火山位在距離拿坡里20公里的東南端，緊鄰拿坡里灣，海拔1,281公尺，為歐洲知名度最高的火山。在非洲板塊與歐亞板塊互相推擠之下，於2萬5千年前形成。歷史上有許多次噴發紀錄，最著名的則是西元62年5月發生大地震，震壞不少龐貝、赫庫蘭尼姆的建設，這些建設尚未修復完成，79年8月20日又發生連續4天小規模地震(火山爆發的前兆)。

摧毀龐貝與赫庫蘭尼姆

8月24日這天火山才真正爆發，山頂冒出熾熱火山灰與浮石的灰色蕈狀雲衝向天際，白晝變成黑夜，火山碎片互相衝擊下，天空出現一道道閃電，接著火山碎屑流如雪崩般無情地覆蓋了周圍城鎮，最後奔向拿坡里灣，將海岸線往外推了1公里遠，但是隨後又發生至少5起規模浩大的劇烈噴發。

起初火山爆發時，西北風將大量火山灰、高溫浮石吹向較遠的龐貝，落石襲擊了建築物、壓垮了屋頂，大小不一的石塊堆積在路上，造成逃難的困難。高溫引發大火，使整座龐貝城陷入火海，對硬體設施造成嚴重破壞，接下來的高溫毒氣、滾燙的火山碎屑流則奪走人們的性命，最後整座城市被火山灰覆蓋。

雖然赫庫蘭尼姆就位在山腳下，但風向有利於人們的逃命，只是接續而來的火山爆發並沒有放過這城市，一大群民眾聚集在海邊等待救援，這

▲火山沿途荒涼，其步道質地鬆散，走起來塵土飛揚

▲山頂為一個巨大且封閉的火山口

時火山噴發物積在海灣裡，造成救援船隻無法靠近岸邊，最後火山口整個倒塌，火山碎屑流直奔赫庫蘭尼姆，不出5分鐘就把整座城市淹埋了，所有屍骸瞬間碳化，再流向拿坡里灣。後來幾次的火山碎屑流一層一層地覆蓋了這個城市，最後被埋在如石頭一樣硬、深達25公尺的地底下。

居民與活火山的威脅共存

目前火山最後一次的噴發紀錄是1944年，令人擔憂的是拿坡里近在咫尺，火山至今已沉寂70多年，處於休眠的狀態，就怕能量未陸續釋放的狀態下，將來會引發更嚴重的災難，後果就不堪設想。無奈沒能力搬走的附近居民，須仰賴火山灰帶來的肥沃土壤種植農作物生存，故只能依靠科學家持續監控。目前維蘇威火山仍是世界上最危險的火山之一。

參觀火山國家公園

火山周圍設置步道，可徒步抵達火山口，單程約30分鐘。步道由質地鬆散的火山灰及碎石組成，不容易行走，上山幾乎是「走兩步、退一步」，下山則要小心跌倒。沿途無遮蔽物，有時風大，造成溫度低或是揚起一陣陣灰塵。登頂後可繞火山一周。看著荒涼的火山與另一側瑰麗的拿坡里灣，思緒不由自主地掉入1,900多年前，當火山爆發時，火山碎屑流如何摧毀赫庫蘭尼姆與龐貝這兩大城市，奪走人們的性命……想到這裡曾發生這些事，不禁感嘆大自然的無情及人類生命的脆弱。

知識充電站

火山小常識

火山噴發型態分為「寧靜式噴發」(Quiet eruption)與「爆裂式噴發」(Explosive eruption)。前者指的是岩漿的黏滯性小，以緩慢溢流方式噴發，流速慢，對當地帶來的災害較小，火山外觀為寬廣平緩的山形，像是個大盾牌，故稱為「盾狀火山」，像夏威夷群島的火山。而後者指的是岩漿的黏滯性大、流動不易，使得內部氣體壓力過大，累積到一定程度，即以爆炸方式噴發，產生少量熔岩、大量蒸汽、火山灰、火山碎屑造成災害。而一次次的噴發所產生的熔岩流一層一層堆積在火山口，故火山外觀有著對稱典雅的火山錐，像日本富士山、義大利維蘇威火山、西西里島埃特納火山就屬於這種「層狀火山」。

維蘇威火山擁有明顯的火山錐

http www.vesuviopark.it / ✉ Palazzo Mediceo Via Palazzo del Principe, Ottaviano / ☎ (081)8653-911 / ⏲ 每日09:00起。3月與10月至16:00，4～6月與9月至17:00，7～8月至18:00，11～2月至15:00 / $ 全票€10，優待票€8，120公分以下小朋友免費 / ⌛ 約1～2小時 / ⁉ **1**.參觀前，需準備好穿、好走的鞋子，與帽子、墨鏡、防風外套。**2**.火山隸屬「維蘇威國家公園」管轄，管理處於山腳下設置售票窗口，不論自行開車(車停在停車場再步行上山)或是搭巴士皆需於此購票(巴士司機會在這裡讓大家下車)，再前往半山腰的登山口，剩下200～300公尺則是靠步行到火山口 / MAP P.11、27

同場加映　火山灰燼下的貴族度假勝地

從街道可看出當時的規模及興盛程度
（圖片來源／粉絲頁：嗯嗯。莉莉嗯 Touch and Life）

艾爾科拉諾考古公園

Ercolano Archaeological Park

赫庫蘭尼姆古城(Herculaneum)位在今日的艾爾科拉諾(Ercolano)。傳說是希臘神話大力士海克力斯(Hercules)興建，西元前80年與龐貝一同淪為羅馬帝國殖民地，當時人口約5,000人，與龐貝不同的是，這裡為貴族度假區，建築了不少樓高2～3層裝飾精美的別墅。

火山掩埋近1,700年才又重見天日

西元79年維蘇威火山爆發，位在山腳下的赫庫蘭尼姆也無倖免於難，直到1738年西班牙工程師Roque Joaqu n de Alcubierre協助國王修復宮殿時意外地發現了它，在國王許可之下，首度進行了古城的挖掘。10年後，由於龐貝古城的挖掘工作也開始動工，相對埋得較深的赫庫蘭尼姆，挖掘順序就只能放在龐貝之後。開挖初期，考古學家僅在遺址發現32具骨骸，以為所有居民已順利逃出，沒想到沿著火山碎屑流一路往海邊找，才在舊港灣處發現了完整的骨骸群。

從遺跡看過往的富裕生活

赫庫蘭尼姆規模不大，目前出土面積也不及龐貝(目前僅有25%開挖出來)，但卻保存得相當好，這時由於火山岩漿與火山灰覆蓋整座城市，高溫讓生物瞬間死亡，形成「碳化作用」，反而保留了有機物，像是建築物裡的木頭、人骨遺骸、當時的食物或使用的家具，房屋樓層並未坍塌的太嚴重，連門窗都能開關，屋內有鮮豔的馬

▲一處船屋裡發現大量人骨遺骸
（圖片來源／粉絲頁：嗯嗯。莉莉嗯 Touch and Life）

▲赫庫蘭尼姆整座城市保存相當完好 (圖片來源／粉絲頁：嗯嗯。莉莉嗯 Touch and Life)

賽克鑲嵌畫、珍貴龐貝紅繪製的立體寫實壁畫，處處可見使用彩色大理石裝飾的別墅，看得出來這裡的居民比龐貝更為富有、更會享受生活。而比起龐貝僅剩下梁柱、牆面，這裡也更能具體傳遞古羅馬時期的生活情形。

園區內的船屋(Boat house)原為擺放船隻的地方，但今日所見只剩下人骨，推斷當時的船隻或許已載人避難去了。而火山爆發時一群人沿著小山坡逃難到碼頭，並躲在船屋裡，結果被高溫毒氣奪命。現在船屋可看到一堆人骨遺骸，怵目驚心，深刻體會到災難來臨時那種死亡的恐懼。

至今已出土4個行政區

由於火山噴發物形成堅硬的岩石，又深埋25公尺之下，上方又有現代城市，使得挖掘工作相當困難，至今僅挖掘出4個行政區，許多的遺跡仍埋在地下，且已挖掘出土的建築物受到侵蝕，甚至遭到沒道德心的遊客塗鴉、破壞，故目前挖掘工作暫時停止，先以修復遭受破壞的遺址為優先。出土遺物現保存在拿坡里國家考古博物館。

而龐貝與赫庫蘭尼姆陸續出土時，不但激發人們對於考古學的興趣，也帶動18世紀的人提倡回歸古羅馬、古希臘時代的想法，於是就有「新古典主義」的興起，這股崇拜古典風格的藝術風潮，影響了當時的繪畫、文學、雕刻、建築(甚至小到家具樣式)，成為一股流行的新復古運動。

http ercolano.beniculturali.it／✉ Corso Resina, Ercolano／☎ (081)7777-008／🕒 11～3月08:30～17:00(最後入場時間為15:30)，4～10月08:30～19:30(最後入場時間為18:00)／休 1/1、12/25／$ 全票€11、半票€5.5，每個月第一個週日免費入場／➡ 搭私鐵環維蘇威線在Ercolano Scavi火車站下車，出站後沿著Via IV November走到底，約400公尺就能到入口／⌛ 約3～4小時／MAP P.27

蘇連多

Sorrento 走訪阿瑪菲海岸的第一站

蘇連多整座城市矗立在高聳山壁上，俯瞰拿坡里海灣

時尚悠閒的 度假小鎮

自古以來有不少文人雅士前仆後繼造訪蘇連多，像是拜倫、尼采、歌德都曾駐足過這裡，而20世紀初義大利知名歌曲〈歸來吧！蘇連多〉(Torna a Surriento)描述蘇連多瑰麗海岸風光，更讓這小鎮知名度大增，成為不少歐美人士夏日度假的首選。

整座城鎮位在蘇連多半島的濱海陡峭山壁上，俯瞰拿坡里灣，距離拿坡里約1小時車程。身為典型義大利觀光小鎮的蘇連多，市容與拿坡里形成對比，街道乾淨，有不少大小知名店家，也有販售檸檬冰沙的小攤，走在街上讓人覺得安全舒服，加上位在阿瑪菲、卡布里島之間，住宿價格較低、選擇也多，是通往南義各大知名景點的交通中心，故有不少自助旅行者會捨棄拿坡里而選擇住在蘇連多，

▲皮克拉碼頭適合欣賞夕陽下的維蘇威火山

再以此為中心放射狀地造訪阿瑪菲海岸、卡布里島、龐貝等地。

南義最美的夕陽海岸

以義大利詩人命名的塔索廣場(Piazza Tasso)為整個城市的中心點，鄰近火車站與碼頭，從廣場旁的樓梯是通往皮克拉碼頭(Marina Piccola)的捷徑，廣場周圍也有許多旅館、餐廳、名店，入夜後旅客都會來到塔索廣場逛逛Corso Italia大道上的紀念品店或是特色小店，整個城鎮好不熱鬧。

閒暇之餘不妨抓緊夕陽西下的時間，到港邊的市民公園(Villa Comunale)或皮克拉碼頭欣賞拿坡里海灣的落日餘暉，湛藍的海灣依偎著維蘇威火山，在緩緩落下的光線照耀下，紅色、橘色、紫色交互變化，宛若一幅幅精緻繽紛的絕美畫作，令人讚嘆、美不勝收。

▲蘇連多皮克拉碼頭

交通資訊 Transportation

蘇連多地處阿瑪菲海岸、卡布里島、龐貝、拿坡里等知名景點中央地帶，治安很好、景色優美，非常適合作為住宿的選擇，僅需從拿坡里搭火車、巴士即可抵達，交通相當便利。

【前往與離開】

搭火車

私鐵Circumvesuviana環維蘇威線從拿坡里中央火車站出發，行經龐貝火車站(Pompei Scavi)，最後抵達蘇連多火車站(Sorrento)，車程約1小時，平均30分鐘一班車，單程€4.5、速度又快，是最多旅人選擇搭乘的交通工具。

一般環維蘇威線火車沒有冷氣，夏天搭乘時車廂內較為悶熱，不妨選擇夏季營運、有冷氣、乾淨明亮但座位少的「坎帕尼亞列車」(Campania Express)，從拿坡里中央火車站出發，沿途僅停靠艾爾科拉諾火車站(Ercolano-Scavi)與龐貝火車站(Pompei Scavi dei Misteri)兩個大站就抵達蘇連多，車程大約50分鐘。車票皆可在火車站櫃檯購買。

●Circumvesuviana私鐵環維蘇威線

http www.eavsrl.it/web / ☎(081)7222-300 / $拿坡里與蘇連多之間單程€4.5 / ⌛行車時間約1小時

坎帕尼亞列車車廂有著明顯的標誌供乘客辨識 ▶

▲蘇連多火車站外觀

搭巴士

若不打算進拿坡里市區，可直接搭乘Curreri長途巴士從拿坡里機場出發，途經龐貝，最後抵達蘇連多火車站，車程約75分鐘，每天8班，單程€10，可上車購票，是直達蘇連多的便利選擇。

●Curreri Bus

http www.sorrentoinsider.com (查詢車次時間，選擇「Getting to Sorrento」→「Naples Capodichino Airport Bus Schedules」)

【市區交通】

徒步／搭巴士

蘇連多市區不大，用步行就能走完，只是皮克拉碼頭的公車站(Sorrento Marina Piccola)位在懸崖濱海處，高低落差很大，攜帶行李箱或是大型推車的旅客，從蘇連多火車站的公車站(Sorrento Circum)到碼頭就很不方便，建議搭乘當地EAV公車的Massalubrense-Sorrento-Meta路線，上下坡會比較方便。

●EAV Bus

http www.sorrentotourism.com/en (查詢車次時間，選擇「Travel by public services」→「EAV Bus services: lines to/From Meta-Massa L.-Sorrento Marina Piccola-Sorrento Marina Grande」) / $單程€1.2

【前往阿瑪菲海岸】

從蘇連多往波西塔諾(Positano)、阿瑪菲(Amalfi)、拉維洛(Ravello)，最好的交通方式是搭巴士與渡輪。

搭巴士

蘇連多火車站前迷你廣場搭乘SITA SUD巴士，約半小時一班車，可在櫃檯或是Tabacchi雜貨店購票，若沒有過夜計畫，買1日票較划算，不過沿途容易塞車，建議多抓點搭車時間比較好，去程選擇坐巴士右邊才能看到沿途海岸美景。

只是蘇連多往阿瑪菲海岸的SS163公路狹窄蜿蜒，有不少大巴士及在地老手穿梭其中，加上市區的「交通管制區域」(Zone a Traffico Limitato，簡稱ZTL)，建議還是搭乘巴士比較安全。另外，山路易暈車，可事先服用暈車藥(可在當地藥局購買，暈車藥義大利文爲Farmaco antinausea o per il mal d'auto)，才有好心情欣賞風景。

通常巴士乘客很多，下車後要再上車不容易，若打算阿瑪菲海岸1日遊，可一早從蘇連多出發，搭巴士在波西塔諾下車，沿著小鎮逛到海邊碼頭再搭船往阿瑪菲，有時間再搭巴士到拉維洛，如此一來可欣賞到陸路及海路的美景(往拉維洛需在阿瑪菲公車總站，換當地公車上山)。

●SITA SUD巴士

http www.sorrentotourism.com/en (選擇「Travel by Public services」→「Sita Bus service Amalfi Coast」) / ☎ (081)8074-033 / $ 1日票€8 / ⌛往波西塔諾車程約40～50分鐘，往阿瑪菲車程約100分鐘

▲蘇連多火車站前方就是往波西塔諾、阿瑪菲、拉維洛的巴士搭乘處

搭渡輪

從蘇連多往波西塔諾與阿瑪菲碼頭(Molo Pennello)的船僅於每年4～10月行駛，單程40分鐘，票價約€17～20。搭船不但能避開SS163海岸公路的塞車，還能從海上欣賞世界遺產阿瑪菲海岸的絢麗風光。

●Alilauro

http www.alilauro.it/en

●Alicost

http www.alicost.it

【前往卡布里島】

搭渡輪

蘇連多往返卡布里島的渡輪公司，每天都有行駛，以每年4～10月船班最密集，冬天則會減班或停駛，航行時間約20～30分鐘。其中票價最便宜的是Caremar，不過回程發船的時間落差較大。其他票價則較貴，但船班選擇較多。建議依船班時間購買早去晚回的船票(去回各買不同船運公司的票)，回程若剛好碰上日落時間，可在船上欣賞維蘇威火山及蘇連多港口的夕陽。

●Caremar

http shop.caremar.it / $ 單程€16，來回€29.5

●Snav

http www.snav.it/en

●NLG

http www.navlib.it/eng

▲皮克拉碼頭往卡布里島售票處

▲ Caremar 船舶停靠皮克拉碼頭

貼心提醒

從皮克拉碼頭購票處走到搭船處至少需要10分鐘步程，請大家預留多點時間，避免在碼頭狼狽地奔跑。

餐廳推薦 Restaurant

美到不可思議的百年花園餐廳

'O Parrucchiano

http www.parrucchiano.com/en / ✉ Corso Italia 71, Sorrento / ☎ (081)8781-321 / ⌚ 午餐12:00～15:00、晚餐19:00～23:30 / 休 11/15～3/15期間的週三 / $ €20～50 / ➡ 從蘇連多火車站，沿著Corso Italia大道，穿過塔索廣場再步行7分鐘可抵達 / MAP P.73 ❸

帕若奇亞諾花園餐廳於1886年創建，主推地中海風味的菜肴，擺盤精美，食物相當美味。整座餐廳置身在令人陶醉的花園裡，從入口拾階而上，植物與骨董家具錯落於各個角落，創造出令人驚豔的視覺效果。

最上層是最大的用餐空間，像個溫室般周圍種滿了檸檬、柑橘、繡球花等植物，白天的餐廳像是陽光女孩般地熱情，晚間在精心的燈光設計下則像個充滿魅力的成熟女人，吸引大家坐進來欣賞她嬌媚的姿態，深深令人著迷。非常適合作爲約會、蜜月、求婚、慶祝結婚紀念日的好地方。

▲地中海烹飪方式的海鮮大餐

▲華麗高貴的用餐環境

住宿推薦 Accommodation

鄰近市中心的住宿點

Hotel Tourist

http www.hoteltouristsorrento.com/en / ✉ Corso Italia 315, Sorrento / ☎ (081)8782-086 / ➡ 從蘇連多火車站正門右轉，沿著Corso Italia大道走10分鐘 / MAP P.73 ❹

旅行者旅館位在蘇連多市中心，離火車站不遠，交通相當便利。旅館裡有游泳池，其周圍有著種植柑橘類植物的美麗花園，部分朝花園的房間也能從陽台欣賞到中庭景色。房間空間大，住在頂樓還可以眺望維蘇威火山及蘇連多港灣夜景。雖然旅館內僅是基本住宿環境，但乾淨衛生又附早餐、價格也不貴，成爲不少預算有限的義大利人的選擇。

▲旅館提供精緻早餐

▲房間簡單乾淨

▲享用早餐的環境相當寬敞

火車站正前方的熱門住宿

Hotel Nice

http www.hotelnicesorrento.com／✉ Corso Italia 257, Sorrento／☎(081)8781-650／➡從蘇連多火車站正門出來左轉轉角處／MAP P.73 ❺

旅館位在火車站前方，雖然不算位在鬧區，但交通相當便利，周圍有超市、餐廳、前往阿瑪菲海岸的公車站，距離往卡布里島的皮克拉碼頭也不遠，想去Corso Italia大道逛街更是方便。

櫃檯人員流暢的英文爲旅客解決各種旅遊問題，且不論是入住前一天，或是退房當天皆可免費寄放行李。計畫阿瑪菲海岸兩日遊的朋友可將大行李箱先寄放在旅館裡，再帶著簡單衣物到阿瑪菲過夜，即使是當天往返卡布里島或阿瑪菲海岸，旅館便利的地點也讓旅人省了不少事。

服務貼心，加上價格不貴，難怪深受不少亞洲背包客的喜愛，在旅遊旺季幾乎無空房，若想訂房手腳要快，以免向隅。

▲住宿空間明亮舒適

▲地下室餐廳為享用早餐的空間

知識充電站

象徵南義熱情生命力的檸檬

遠離觀光鬧區，走在蘇連多、卡布里島、阿瑪菲海岸巷弄裡，放眼望去家家戶戶皆種植檸檬，尤其每年3～4月正值檸檬結果季節，豔陽高照下黃澄澄的檸檬結實累累、帶點柑橘香，讓每一個從檸檬樹下走過的人都不忘抬頭讚嘆它們的美，形成南義很典型的鄉村風光。

一般印象中的檸檬是如雞蛋大小，分成綠皮或黃皮，但南義這一帶的檸檬屬於Femminello Santa Teresa(又稱為Sorrento Lemon)黃色品種，在地居民不噴灑農藥採自然方式種植，每顆檸檬尺寸比一個成人的拳頭還大，皮厚、香氣十足，口味上不太酸還略帶甜味。適合製作成檸檬酒(Limoncello)，或是夏日最解熱消暑的檸檬冰沙、檸檬柳橙汁。

此外，觀光鬧區裡也有不少檸檬主題的紀念品店，販售檸檬糖、手工檸檬香皂，或是精緻彩繪的檸檬陶器品等等。

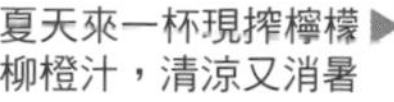

夏天來一杯現搾檸檬▶柳橙汁，清涼又消暑

▲蘇連多街頭小店多半會販售檸檬相關產品，整家店用檸檬裝飾得很繽紛

景點介紹

Sorrento

1

眺望蘇連多夕陽最佳位置

皮克拉碼頭 Marina Piccola

http www.portiditalia.it／✉Via Marina Piccola, Sorrento／➡從塔索廣場(Piazza Tasso)面對旗桿處左手邊陡峭樓梯走下去，沿著Via Luigi de Maio走往海邊即可抵達。若不走樓梯，則可搭乘市民公園(Villa Comunale)旁的電梯下去，每天07:30開始營業，1次€1／⌛約0.5～1小時／MAP P.73

皮克拉碼頭是蘇連多前往卡布里島主要的港口，位在蘇連多半島面對拿坡里海灣處，視野相當遼闊。在天氣晴朗時，非常適合在這裡欣賞獨一無二的拿坡里夕陽，及隨著夕陽變化顏色的維蘇威火山。

▲在皮克拉碼頭，時常可見湧進前往卡布里島的人群

Day 1

參觀卡塔爾多檸檬花園→傍晚到皮克拉碼頭看夕陽→帕若奇亞諾花園餐廳用餐→逛Corso Italia大街

▲卡塔爾多檸檬花園

傍晚時可以考慮先到碼頭欣賞美麗的晚霞，再前往餐廳用餐，讓整趟旅程有更豐富的回憶。

▲從 Corso Italia 大道旁的階梯走下去，便可往皮克拉碼頭

皮克拉碼頭夕陽美景

2

蘇連多美麗的祕密花園

卡塔爾多檸檬花園
I Giardini di Cataldo

http www.igiardinidicataldo.it/gb / ✉Corso Italia 267, Sorrento(入口在販售部對面) / ☎ (081)8781-888 / $ 免費入場 / ➡ 從蘇連多火車站，沿著Corso Italia大道步行10分鐘，花園入口處位在I Giardini Cataldo 1冰淇淋店對面(可詢問冰淇淋店員) / ⌛ 約1小時 / MAP P.73

花園自19世紀以來，就由艾斯波西塔Esposito家族採用傳統古法照料植栽，以供應伊克斯西爾維多利亞大酒店(Grand Hotel Excelsior Vittoria)，家族後代繼承後，就致力於提高柑橘作物的產量，並採用無毒自然方式種植，將生產的檸檬製成檸檬酒、果醬、冰淇淋、檸檬冰沙等產品，如今現場還開放釀酒過程讓大家參觀，並提供檸檬酒、檸檬果醬試吃，讓旅客對他們產品有更深刻的體會與印象。

花園有著安靜悠閒的舒適感，散步在枝葉扶疏的檸檬林中非常舒服。雖然無法親自採收檸檬，但能參觀這樣的環境已是相當滿足，逛街累了不妨就來這裡走走，轉換一下旅遊的心情。

▲卡塔爾多檸檬花園入口

▲花園非常舒服，很適合悠閒散步其中

▲花園裡有著販售各類產品及提供試飲的小攤

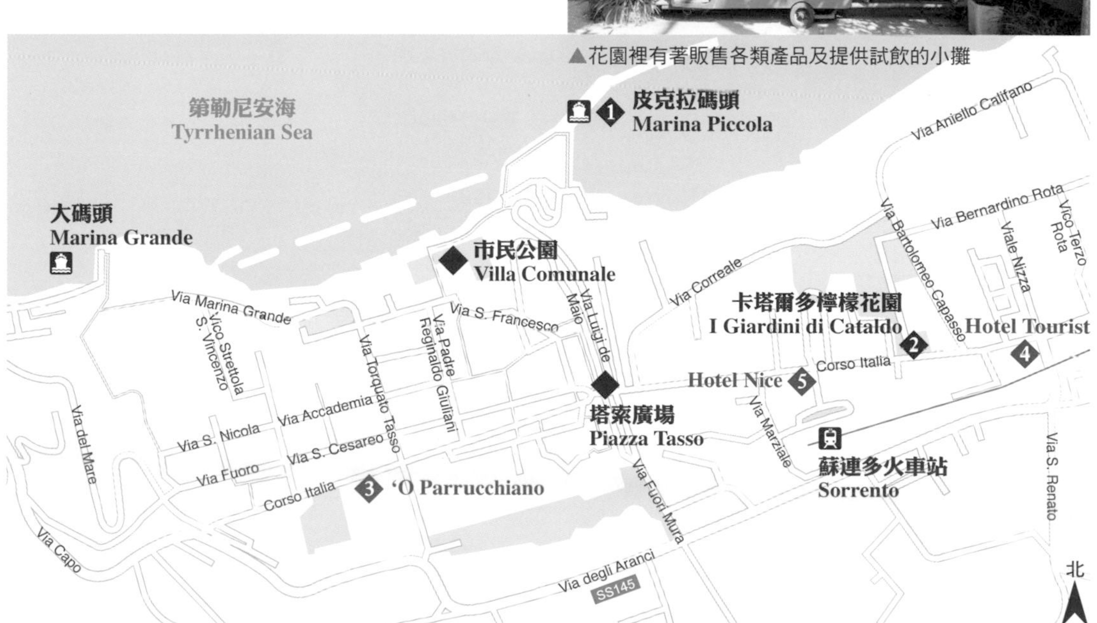

波西塔諾 Positano

世界遺產

歐洲最美的海岸線

阿瑪菲海岸最經典的角度

曾為阿瑪菲共和國的 重要港口

波西塔諾過去的命運就像它小鎮裡的巷弄般曲折起伏。

中世紀時曾經是阿瑪菲共和國的港口，在比薩共和國掠奪之下，為強化防禦工事，與鄰近的阿瑪菲一樣興建狹窄蜿蜒的巷弄，讓敵人無法直接長驅直入，並另建數個瞭望台、防禦城牆。1343年遭受海嘯摧毀、15世紀遭受海盜襲擊，16～17世紀城鎮才又到達繁榮巔峰。隨著義大利的統一及新的商業路線開放，這城市於19世紀中逐漸失去重要性，淪為不起眼的小漁村，人口漸漸外流，直到20世紀一位美國諾貝爾文學獎得主約翰·史坦貝克(John Steinbeck)來此讚嘆：「波西塔諾的美會深深抓住人心。」、「那是個夢幻之地，直到你離開後才會覺得真實。」加上電影《托斯卡尼豔陽下》的加持，才使得波西塔諾重新為人所知。

▲波西塔諾千村萬落的屋舍沿著海邊山坡而建

▲波西塔諾宛如彩色小鎮

用心維護與保存的美麗小鎮

在阿瑪菲海岸的沿海城鎮中風景最美的莫過於波西塔諾，這是一個內凹的小港灣、四面環山，只有SS163沿海公路將這小鎮與蘇連多、阿瑪菲前後串連在一起，也將小鎮劃分為二，山上的屋舍比較保有過去傳統風格，靠近海邊一帶則是裝飾成色彩繽紛的店家，是城鎮的生活重心。為避免大型遊覽車直接駛入村莊而破壞這難得一見的景致，故村莊內保留過去的小巷弄樣貌，沒有街道只有階梯供上下穿梭，瀏覽小鎮風光。過去有藝術家、文人雅士陸續造訪這個小鎮，他們稱讚波西塔諾為「歐洲最美麗的海岸線」。

如今，海岸公路旁有著無限延伸、景色原始又壯麗的海岸線，嚴格的建築限建、更新，幾乎看不到現代化建築，整個小鎮保留幾世紀前的樣貌，使得波西塔諾成為南義最受歡迎的景點之一。也由於這裡擁有阿瑪菲海岸最大的海灘，不少歐美人士喜歡來這裡欣賞風景與做日光浴，而當地店家多以販售當地特產為主，例如當地風景畫作、陶瓷器、亞麻衣物及真皮涼鞋等。

交通資訊 Transportation

【前往與離開】

搭巴士

從蘇連多搭乘SITA SUD巴士至波西塔諾需要40～50分鐘(若遇到旅遊旺季，這裡易塞車，需要耗費更多時間)，在波西塔諾這城鎮停留兩站，第一站爲位在半山腰的Chiesa Nuova站，第二站則是靠近海邊的Sponda站。走法有三種，一種是在Chiesa Nuova站下車，一路下坡逛完小鎮後從Sponda站上車前往阿瑪菲。第二種是在Sponda站下車逛完小鎮，一路走到海邊搭船前往阿瑪菲。最後一種是都在Sponda站上下車。

在蘇連多上車後，若想看到阿瑪菲海岸公路最美的風景，去程與司機坐不同側的靠窗座位，回程則是坐與司機同側，就能從窗外欣賞到這令許多文人雅士所讚嘆的風景了。

●SITA SUD巴士

http www.sorrentotourism.com/en (選擇「Travel by Public services」→「Sita Bus service Amalfi Coast」) / ☎(081)8074-033

▲SITA SUD 巴士在波西塔諾的 Sponda 站

▲公路部分路段相當狹窄，考驗著駕駛的功力

▲沿海公路風光旖旎，令人過目難忘

【市區交通】

徒步

由於波西塔諾只有階梯，即使店家運送物品亦需仰賴推車送，所以遊客只能靠著步行，漫步在這擁有濃厚中世紀氛圍的小城鎮裡。想悠哉地逛紀念品店或是欣賞風景，記得幫自己準備舒適的平底鞋，才不會從山上走到海邊時，因腳部疼痛而掃了遊玩的興致。

▲城鎮內盡是羊腸小徑與階梯

貼心提醒

波西塔諾最美的角度

從巴士Sponda站下車後，沿著Via Cristoforo Colombo大道就能看到波西塔諾地標「聖母教堂」(Chiesa di Santa Maria Assunta)，及阿瑪菲海岸最大的海灘「大海灘」(Spiaggia Grande)，而這個角度正是欣賞波西塔諾整個城鎮最美、最完整的地點。最適合拍照的時間是在中午以前，推薦大家不要錯過這個好地方。

適合拍全景的 Via Cristoforo Colombo 大道 ▶

▲波西塔諾處處是美景

【前往阿瑪菲海岸】

搭渡輪

行駛於蘇連多、波西塔諾、阿瑪菲這3個地方的船僅於每年4～10月行駛，波西塔諾的碼頭就在大海灘旁，從這裡到與阿瑪菲之間僅需20分鐘，單程€8，直接在碼頭購票及搭船。由於船班間隔時間不一定，若有計畫搭船到阿瑪菲，一到海灘時先到碼頭購票，確定乘船時間後再到海灘散步遊玩，這樣才不會等船等很久。

● **Travelmar**

http www.travelmar.it/en

● **Alicost**

http www.alicost.it

貼心提醒

順暢玩波西塔諾的方法

碼頭位在整個城鎮的最下方，若搭船來波西塔諾且想逛街就必須得拾階而上，比較辛苦，故建議搭巴士到這裡，一路往下逛到海邊後，再搭船前往阿瑪菲、蘇連多，路線比較順暢輕鬆。

▲搭渡輪從海上看波西塔諾有另一種角度之美

▲波西塔諾碼頭不大，就在大海灘旁邊

餐廳推薦 Restaurant

在地平實好滋味

Collina Positano Bakery

http www.collinabakery.it / ✉ Via Cristoforo Colombo, 1/3, Positano / ☎ (089)8754-33 / 🕘 每天07:30～00:00 / 休 11月至隔年3月關閉 / ➡ 波西塔諾巴士Sponda站沿著Via Cristoforo Colombo大道走，餐廳在左手邊，咖啡店在右手邊 / MAP P.78 ❹

我們在紀念品店家推薦之下來到柯琳娜餐廳，雖然沒有俯瞰整個波西塔諾全景的好位子，但價格平實，披薩與海鮮麵口味都不錯，親切的服務人員能講英文，又很喜歡逗小孩玩，是一家相當友善的餐廳。

餐廳斜對面是走清新風格的柯琳娜咖啡店，店內空間不大，販售著咖啡、甜點、麵包、冰淇淋、檸檬冰沙、飲料，種類很多，價格也不貴。吃完正餐後非常適合來咖啡店點杯咖啡或一杯餐後酒解膩，小孩也能在這裡品嘗到好吃的冰淇淋或蛋糕當甜點，讓味蕾充分得到滿足。

▲咖啡店正門

▲餐廳海鮮麵採用大量海鮮烹飪而成，麵條吸收湯汁，那滋味令人回味

▲咖啡店內有多樣點心做選擇

景點介紹

Positano

Day 1

從蘇連多搭巴士欣賞沿途風光→波西塔諾巴士 Sponda 站下車→在 Via Cristoforo Colombo 大道上拍波西塔諾全景→沿著 Via Cristoforo Colombo 大道逛街→逛慕里尼街→參觀聖母教堂→大海灘做日光浴→波西塔諾碼頭搭船前往阿瑪菲

1

阿瑪菲海岸最大的沙灘

大海灘
Spiaggia Grande

➡沿著慕里尼購物街(Via dei Mulini)一路往海邊走，在Via Marina Grande旁／⌛約0.5～1小時／MAP P.78

海浪在波西塔諾海岸內凹的海灣形成一個沙灘，在地中海暖暖的陽光照射下，柔軟的細沙讓人想坐在沙灘上發呆，聽著優雅的海浪聲，不禁放鬆起來，很有度假的感覺。抬頭仰望波西塔諾層層疊疊的屋舍，向海平線望去則是湛藍的海水，景色優美，讓人流連忘返；不少歐美人士把這裡視爲做日光浴的首選之處。

▲從大海灘欣賞繽紛小鎮

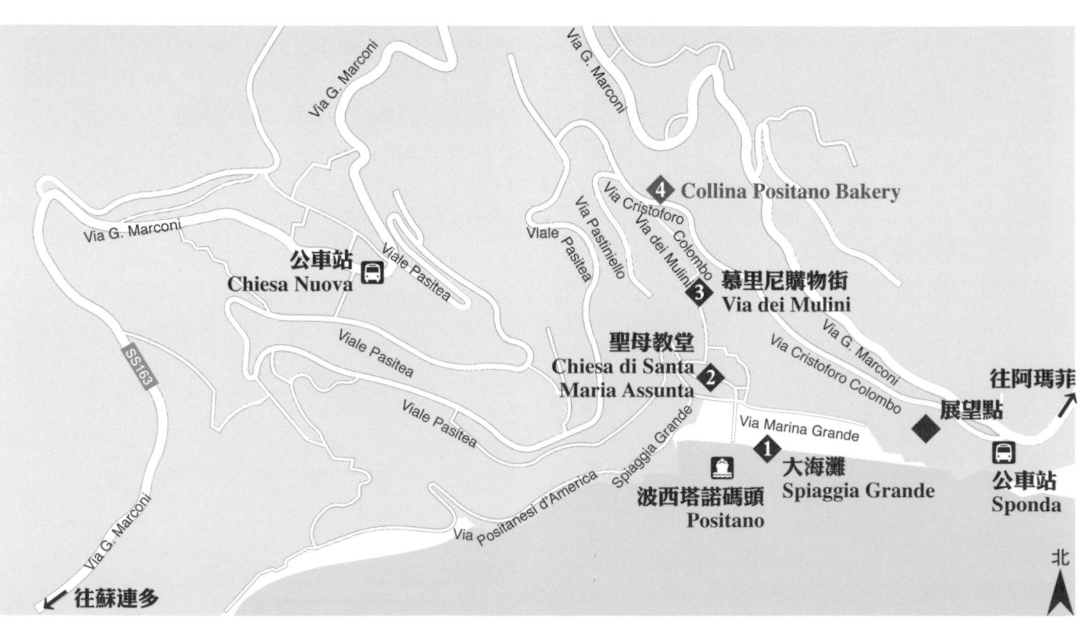

2 波西塔諾代表性地標

聖母教堂

Chiesa di Santa Maria Assunta

http www.positanonline.it (選擇「Comune」>「Chiese e monumenti」>「Chiese SM Assunta」)/✉Via Marina Grande, Positano/☎(089)8754-80/⏰每日08:00～12:00、16:00～20:00/➡在大海灘旁/⌛約0.5小時/MAP P.78

過去土耳其船隻航行至此時，水手聽到偷來的聖母畫像發出「放我下去、放我下去」的聲音，爲求平安，就快快將聖母畫像放在這海邊，使得聖母成了波西塔諾的主要信仰。而位在大海灘旁的聖母教堂，頂著繽紛的綠色、黃色、藍色磁磚鑲嵌的拜占庭式大圓頂，是波西塔諾的吸睛地標。主祭壇上是13世紀拜占庭風格的黑面聖母與聖嬰，內部爲古典風格的教堂形式，聖母教堂不但是信仰中心，也是當地人舉辦婚禮的場所，幸運的話或許會巧遇正在交換誓言的新人唷！

▲聖母教堂的圓頂是攝影愛好者取景的重點之一

3 目不暇給的紀念品購物區

慕里尼購物街

Via dei Mulini

➡波西塔諾巴士Sponda站沿著Via Cristoforo Colombo大道往下走，即可銜接慕里尼街/⌛約1～2小時/MAP P.78

小鎭有很多精品店與紀念品店，販售以波西塔諾爲主題的油畫、款式多樣的眞皮涼鞋，還有陶藝品、亞麻衣服、墨鏡、首飾、檸檬相關產品等等，選擇很多，不過都價格不菲(波西塔諾是阿瑪菲物價最高的小鎭)。商店主要集中在慕里尼購物街上，餐廳則是集中在視野好的Via Cristoforo Colombo大道旁。

色彩繽紛的檸檬主題陶瓷店▶

▲購物街上的紫藤花開，將街道裝飾得更美

阿瑪菲 Amalfi

世界遺產

昔日阿瑪菲海上共和國首都

清晨的阿瑪菲少了吵雜的人群卻多了一份寧靜

地理位置優異，曾為海上強國

義大利南部必訪的迷人小鎮阿瑪菲，位在海邊的山谷裡，被壯觀的懸崖與海岸所包圍，大部分的房屋依山而建，整個城鎮面積不大，是羅盤發明者佛拉維歐·吉歐伊亞(Flavio Gioia)的故鄉。

很難想像這個小鎮在中世紀時期是海上強國阿瑪菲共和國的首都，人口曾達7萬多人。這是由於其位在地中海旁、義大利半島的鞋頭附近，本身有天然港灣，地理條件有利於掌控過去埃及、拜占庭及地中海一帶的貿易，在9～13世紀是重要的貿易城市。

阿瑪菲憑藉航海優勢，10世紀脫離拜占庭帝國，成立「阿瑪菲共和國」，是義大利第一個海上共和國，並與當時的威尼斯、比薩、熱那亞並稱為「義大利中世紀4大海上共和國」。

▲阿瑪菲海灘一到夏天就擠滿做日光浴的人

只是好景不常，12世紀被比薩共和國攻下，加上14世紀大地震引發的海嘯與瘟疫襲擊，削減了阿瑪菲港口的重要性，如今人口僅剩5,500人左右。

風景迤邐，1995年列入世界遺產

而知名的「阿瑪菲海岸」指的是蘇連多至薩雷諾(Salerno)之間50多公里的海岸線，一邊是綿延不斷的翠綠山巒，另一端則是筆直入海的斷崖。這樣的巍峨地形造就了許多風景迤邐的小鎮，像是波西塔諾、拉維洛(Ravello)、米諾利(Minori)，以及名氣最高、與海岸同名的小鎮阿瑪菲。

阿瑪菲迷人的海岸風光使其於1995年列入世界遺產，也被國家地理雜誌評選為「旅人此生必遊的50個景點之一」，知名度大增，觀光客絡繹不絕。

▲從海上欣賞阿瑪菲優雅的姿態

交通資訊 Transportation

【前往與離開】

搭巴士

從蘇連多搭乘SITA巴士行經波西塔諾抵達阿瑪菲，需要1.5小時(若旅遊旺季易塞車，需要更多時間)，巴士最後一站就是在阿瑪菲碼頭、佛拉維歐·吉歐伊亞廣場(Piazza Flavio Gioia)旁的巴士總站(站名爲Amalfi)。旅遊旺季時回程搭巴士人潮眾多，盡量提早前往巴士總站買票並排隊等車，比較容易有位子可坐。容易暈車的朋友，記得上車前30分鐘先服用暈車藥會比較舒服。

●SITA SUD巴士

http www.sorrentotourism.com/en (選擇「Travel by Public services」→「Sita Bus service Amalfi Coast」) / ☎(081)8074-033

搭渡輪

請參考波西塔諾「前往阿瑪菲海岸」的資訊(P.77)。由於海路與陸路的風景很不同，建議蘇連多、波西塔諾、阿瑪菲這3處的路線可交叉規畫，也就是一段搭巴士、一段搭船，才能從陸地及海上欣賞到阿瑪菲海岸最旖麗的景色。

▲阿瑪菲位在港邊的SITA巴士總站

▲海灘旁邊的阿瑪菲碼頭(Molo Pennello)

▲ Piazza Flavio Gioia 廣場是阿瑪菲小鎮的入口處，兩旁有 Tabacchi 雜貨店及旅館

【市區交通】

徒步

阿瑪菲城鎮不大，鬧區位大教堂廣場(Piazza di Duomo)周圍，紀念品店、餐廳及旅館多半位在勞倫佐大道(Via Lorenzo D'Amalfi)兩側，雖然沒有寬闊的大馬路，但旅遊旺季時與旅客們摩肩擦踵地輪流逛著小店倒也是一種樂趣，若不逛街，徒步1小時就能來回走完。

城鎮內盡是羊腸小徑與階梯▶

【前往拉維洛】

從阿瑪菲搭巴士

前往拉維洛是在佛拉維歐·吉歐伊亞廣場的SITA車站搭巴士，搭到拉維洛山洞口下車，接著再步行走進小鎮裡。車票可在廣場附近的Tabacchi雜貨店購買，若沒有過夜計畫，可直接買來回票比較方便。

另外，拉維洛小鎮內禁止車輛通行，若是開車前往，僅能停在山洞門口外，不過還是建議搭巴士前往比較方便。

▲位在阿瑪菲 Piazza Flavio Gioia 廣場旁，前往拉維洛的SITA 巴士站

● **SITA SUD巴士**

http www.sorrentotourism.com/en (選擇「Travel by Public services」→「Sita Bus service Amalfi Coast」) / (081)8074-033 / 每小時一班車 / $ 從阿瑪菲至拉維洛單程€1.2 / 行車時間約30分鐘

▲拉維洛巴士站上下車處，過了這山洞就可進到小鎮裡

貼心提醒

適合造訪阿瑪菲海岸的季節

阿瑪菲海岸最佳的旅遊季節在4～6月春末夏初之際，陽光溫暖、遊客較少，總能在蜿蜒小巷弄中發現繽紛奪目的花朵，這時很適合坐在露天咖啡座享受地中海暖陽及美景，消費也普遍低於7、8月。

不過喜歡參加當地活動或是享受夜生活的朋友，則是可以考慮7、8月來到阿瑪菲海岸，這時會有許多音樂會，例如拉維洛音樂節。而冬天的阿瑪菲海岸非常冷清，大部分店家都關門休息，天氣也比較濕冷。

餐廳推薦 Restaurant

在地人推崇的海鮮餐廳

Ristorante IL Tari

http www.amalfiristorantetari.it / ✉ Via Pietro Capuano, 9/11, Amalfi / (089)8718-32 / 週一、週三～日 11:00～15:00、18:00～22:00 / 休 週二 / ➡ 沿著勞倫佐大道接Via Pietro Capuano走10分鐘，餐廳在左手邊 / MAP P.85 ❸

距離阿瑪菲主教堂不遠的塔瑞餐廳從1970年代開始營業，強調使用阿瑪菲海岸當季食材入菜，新鮮的海鮮與當令蔬果在傳統烹飪手法下，更顯出食物的原味及鮮甜。

喜歡海鮮的朋友更不能錯過「今日海鮮推薦」，店家將當日最新鮮的魚貨擺在放滿碎冰的透明推車裡，點菜除了菜單裡的選擇外，還可以參考推車上的海鮮，不過記得，要點推車上的魚請先確認價格，才不會結帳時看到超乎預期的帳單。用心的經營使得這家餐廳在用餐時間總是高朋滿座，價格不貴，深得在地人的推薦。

▲餐廳門口

▲坐在餐廳用餐，彷彿可以看到阿瑪菲全景

▲阿瑪菲常見的海鮮餐點

住宿推薦
Accommodation

阿瑪菲山谷風光盡收眼底

Villa Annalara Hotel

www.villaannalara.it (頁面右上可選擇切換成英文) / Via delle Cartiere, 1, Amalfi / (089)8711-47 / 沿著勞倫佐大道接Via Pietro Capuano、Via Cardinale Marino del Giudice走30分鐘，旅館在左手邊 / MAP P.85 4

旅館位在阿瑪菲山谷深處，從Piazza Flavio廣場我們帶著行李與推車走了30分鐘，在Google map指引之下，就在一度以為不會有旅館的地方，它竟然就出現了。進入旅館前，要先經過花園小徑再轉搭電梯上樓。當電梯門開啓的那剎那，映入眼簾的是一座位在小山丘上的花園，從這裡可以眺望整個阿瑪菲山谷，看到遼闊美景，你會知道選對旅館了！

旅館不僅位置好、視野佳，內部陳設更是用心。每間房間皆以義大利常見的花朵命名，例如薰衣草房，以優雅的淡紫色為主色調，輔以薰衣草圖樣作點綴，一拉開門簾就能看到阿瑪菲的山景，整個氛圍讓人舒服到不想出門，只想在這裡靜靜地待著、放鬆。房間採雙門設計，除了可以從櫃檯旁進出外，也能直接從另外一扇門通往大平台。

莉莉安心情寫真

住宿阿瑪菲的隔日，當清晨天剛露出魚肚白時，一切純淨地令人心曠神怡。剛開始，整個山谷還籠罩在山的陰影裡，等到太陽緩緩上升，嘩！頓時間小鎮從深沉的黑轉為令人充滿希望的繽紛色彩，一下子山谷突然明亮了起來，彷彿吹著起床號，呼喚著大家趕緊離開床褥，快快來欣賞這難得一見的奇景。

而入夜後當喧鬧人潮逐漸散去，山谷又恢復了應有的靜謐。巷弄內燈火通明，湛藍色的天空中，星星對我們不停眨眨眼，讓阿瑪菲的夜充滿了神祕、讓人目不轉睛的魅力。

▲入夜後的阿瑪菲充滿神祕感

▲坐在陽台就能眺望整座山谷

▲安娜拉拉旅館恬適的住宿環境

▲處處可以看到旅館的用心布置

景點介紹
Amalfi

Day 1

中午從波西塔諾搭船前往阿瑪菲→從Piazza Flavio廣場逛Via Lorenzo D'Amalfi大街→阿瑪菲主教堂→走到山谷最深處的制高點俯瞰整個小鎮風貌

Day 2

在Piazza Flavio廣場搭巴士前往拉維洛主教堂廣場→魯夫洛別墅→欽伯內別墅

1

阿瑪菲最顯著的地標

阿瑪菲主教堂 Amalfi Duomo

✉Via Duca Mansone I, 84011, Amalfi / ☎(089)871324 / ⏲3～6月09:00～18:45，7～9月09:00～19:45，11～2月10:00～13:00、14:30～16:30 / $教堂免費，博物館及修道院€3 / ➡在Piazza di Duomo旁 / ⌛約0.5～1小時 / MAP P.85

一進到阿瑪菲小鎮，站在大教堂廣場(Piazza di Duomo)，目光就被前有62個階梯、氣勢雄偉的主教堂給吸引過去。1206年十字軍東征從君士坦丁堡帶回耶穌第一位門徒安德魯(Saint Andrew)的遺骨，供奉在教堂裡，成爲教堂主要信仰。而建築物本身歷經多個世紀，在形式上留下不同時代的建築風格。

9世紀原爲一座耶穌十字教堂(Basilica del Crocifisso)，11世紀當地商人從君士坦丁堡訂製拜占庭樣式的青銅門作爲教堂大門，13世紀興建了左側阿拉伯諾曼式的雙色石鐘塔，大教堂(Cattedrale)主體是晚期所興建的巴洛克風格，而令人印象深刻的幾何圖案教堂立面則是在19世紀重建，多重堆疊之下形成具有強烈混搭風格的教堂，走在其中彷彿一一見證中世紀以來的建築史。

裡面最迷人之處在於「天堂中庭」(Chiostro del Paradiso)，帶有濃厚的摩爾式阿拉伯風情，迴廊以雪白的尖拱、雙柱組合而成的，其所呈現的光與影十分迷人，而中庭裡爲過去當地貴族墓園，壁龕還殘留14世紀的壁畫，值得慢慢欣賞。

▲入夜後的阿瑪菲主教堂更顯得風情萬種

2

體驗阿瑪菲生活風情

勞倫佐大道
Via Lorenzo D'Amalfi

從Piazza Flavio廣場進入／約1～2小時／MAP P.85

阿瑪菲曾爲王公貴族的度假勝地，知名度大開之後，現在則成爲全世界旅人最嚮往的朝聖景點之一。

勞倫佐大道爲阿瑪菲主要購物街，雖說是大道，與其他義大利街道相比，充其量只能說是穿梭在小鎮裡的小巷子，小到車輛經過時行人都需要靠兩邊立正或是閃躲進小店才行。兩旁盡是檸檬造型陶製品、以阿瑪菲或波西塔諾風景爲主的油畫、皮製品等紀念品店，也不乏在地人常逛的魚店、蔬菜攤等等，幾乎旅客逛的與在地人生活所需都集中在這條街上，所以來到阿瑪菲別只是急著逛紀念品店，不妨走訪菜攤、魚店、雜貨店、超市等，更有助於了解在地人眞實生活的一面唷！

有趣的是，在勞倫佐大道巷弄最狹窄之處，兩側建築物最高樓層架有小通道互連，以利於高樓層住戶能直接往來，不需要再走到1樓才能進到對面。大道旁不起眼的轉角處也設有兩個精巧可愛的小水池，其中一個還是阿瑪菲小鎮的迷你版，非常可愛，是相當用心的設計。

阿瑪菲雖然只是小鎮，但卻是很適合慢慢走、仔細挖掘有趣事物的地方！

貼心提醒

紀念品不急著下手

阿瑪菲大大小小紀念品店不少，價格低於波西塔諾，但同樣商品越靠近Piazza di Duomo廣場的鬧區，價格越貴，反之，越往山裡走，價格越有彈性或是低廉，有心想挖寶的人不妨貨比三家才不吃虧。

▲在不起眼的角落總有令人眼睛一亮的精心設計

▲狹窄的勞倫佐大道

▲勞倫佐大道上的菜攤，販售著時令蔬果

▲拉維洛居高臨下的無敵海景

拉維洛
Ravello

擁有「最靠近天堂的地方」之美名的拉維洛，傳說是原來住在羅馬殖民地的人民遭受野蠻人入侵，不得已之下只好逃到高地生活，後來9世紀成為一群貴族為了反抗當時統治者權威的避難場所。

位在阿瑪菲後方山丘上的拉維洛，居高臨下視野極佳，海景壯闊，擁有俯瞰大海的絕佳懸崖花園，自古以來深受王公貴族、追求靈感的知識分子、藝術家、名人的喜愛，不少人在這興建度假別墅。

吸引無數愛樂迷的拉維洛音樂節

德國知名歌劇家華格納(Wihelm Richard Wagner)曾一度待過這裡，於此獲得靈感譜出優美的樂章，為紀念此事，拉維洛6月底～9月底都會在魯夫洛別墅(Villa Rufolo)舉辦「拉維洛音樂節」(Festival Musicale di Ravello)，露天舞台搭配阿瑪菲海岸巍峨山脈與湛藍的無敵海景，在徐徐涼風吹拂下，耳邊傳來氣勢磅礴的交響樂，創造視覺與聽覺的雙重饗宴，每年都吸引全世界的愛樂迷前來朝聖。

!? 拉維洛城鎮不大，小鎮重心及紀念品店位在主教堂廣場(Piazza Duomo)，魯夫洛別墅位在廣場旁，餐廳和旅館則散布在前往欽伯內別墅(Villa Cimbrone)的路上。通往欽伯內別墅有兩條路，一條全是階梯，一條則是有斜坡與階梯，兩者皆需要徒步30分鐘才能抵達，後者適合帶推車或行李箱的旅人

城鎮內通往欽伯內別墅的階梯與爬坡▶

知識充電站

上百年歷史的階梯式山坡

當地農人將阿瑪菲海岸山坡以階梯方式開發葡萄園及果園，呈梯田樣貌，山腰則開墾為放牧區。聯合國教科文組織敘述：「阿瑪菲海岸建築記錄著從中世紀以來遷移的歷史，顯示人們善於利用不同地形，建構建築與自然田園風光所結合而成的壯麗景致。」因這裡擁有崎嶇地形及其景觀獨特性，於1995年列入世界遺產名單。站在拉維洛更能看到這個循著等高線開墾，農園遍布整座山頭、甚至筆直入海的奇觀。

▲阿瑪菲海岸順著等高線開墾葡萄園及果園，形成罕見的地理風貌

❶

拉維洛音樂節主場地

魯夫洛別墅 Villa Rufolo

http 別墅：villarufolo.com，拉維洛音樂節：www.ravellofestival.com / ✉ Piazza Duomo, Ravello / ☎ (089)8576-21 / ⏲ 每日09:00～19:00 / $ 別墅入場費€7，音樂節門票€25～70不等 / ➡ 在Piazza di Duomo旁 / ⌛ 約1～2小時 / MAP P.88

魯夫洛別墅結合阿拉伯式、諾曼式、哥德式的建築風格，內有著如天堂般的花園與摩爾式風格的中庭迴廊。13世紀時由財力雄厚的魯夫洛家族所建，曾招待過多位教宗與安茹國王查理一世，隨著阿瑪菲共和國的衰落，家族也跟著沒落，只好變賣家產求生存。18世紀的擁有者曾爲了符合自己居住需求，大肆破壞了別墅內原有的建築，後來19世紀中淪爲廢墟，由蘇格蘭人雷德男爵(Sir Francis Nevile Reide)購入，再大規模修復才有今日的模樣。

德國歌劇家華格納1880年參觀魯夫洛別墅時，因此地的美景使其得到了作曲靈感，讚歎終於找到宛如歌劇裡的神祕庭院，因此寫下他人生最後一部歌劇《帕西

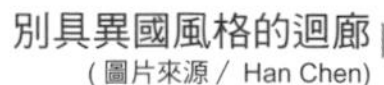

別具異國風格的迴廊 ▶
(圖片來源 / Han Chen)

▲魯夫洛別墅綠樹成蔭的大道

法爾》第二幕。為紀念華格納，拉維洛在1953年於魯夫洛別墅最宏偉的懸崖露台上舉辦了「夏季華格納音樂節」，演變成今日的拉維諾音樂節。

▲濱海花園（圖片來源／ Han Chen）

2

義大利最美的莊園

欽伯內別墅 Villa Cimbrone

http www.hotelvillacimbrone.com (選擇「Villa」→「Gardens」)／✉Via S. Chiara, 26, Ravello／☎(089) 8574-59／⏰09:00～直到日落／$€7／➡從Piazza Duomo沿著Via dei Rufolo轉進Via San Francesco，於Via Santa Chiara向左轉，走300公尺即抵達欽伯內別墅／⌛約1～2小時／MAP P.88

欽伯內別墅位在拉維洛獨立山頭上，擁有270度寬闊的視野，是俯瞰整個阿瑪菲海岸的最佳地點。11世紀由Acconciajoco家族興建，但當初的建築樣式已經不存在了，目前的別墅是20世紀由英國貴族格林姆索普男爵(Grimthorpe)購入，當時原本為被遺棄的農舍，在參考古羅馬莊園、義大利與英國多處庭園造景後重新設計，可惜在二戰時再度荒廢，未受整理的花木完全走樣，後來借助國際園藝專家與植物學家的建議，才使別墅花園恢復樣貌，難怪有人稱欽伯內別墅為「義大利最美的莊園」。

花園內有涼亭、庭院造景、水池噴泉、大理石與青銅雕像，一個轉身眼前景致又有不同變化，給人目不暇給、美不勝收的驚歎。這裡最經典的角度是Terrazzo dell'Infinito大露台，站在欄杆邊緣，壯闊的阿瑪菲海岸與階梯式葡萄園全景盡收眼底，如夢似幻，千里迢迢暈車暈很久，就為了親見這個號稱全世界最美的景觀之一，果真值得！目前別墅裡有家5星級飯店Villa Cimbrone，不過沒有對外開放參觀。

▲別墅內庭園造景與一旁的五星級飯店

▲別墅門口旁的修道院中庭

▲擺滿半身古典雕像的大露台

卡布里島 Capri

藍洞之外，還有不少秀麗風光

卡布里島著名的情人岩

壯麗地景，自古就是
度假勝地

▲從山頂上俯瞰位在東南端的情人岩

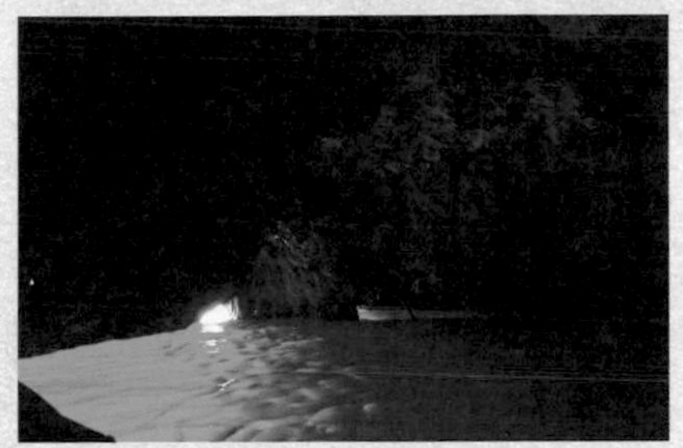
▲藍洞是卡布里島最吸睛的景點

「那令人留戀的卡布里呀，那令人陶醉的景色多美！」〈卡布里島〉(Isle of Capri)這首輕快旋律的歌曲是不少人對於這座島的第一印象。

位在拿波里港灣、蘇連多半島的外海，在大自然巧奪天工之下，卡布里島擁有怪石嶙峋、碧海藍天的壯麗景色，以及世界級罕見的藍洞景觀，自古羅馬時期就是王公貴族最喜歡的度假勝地。奧古斯都大帝(Augustus)曾把這裡當私人運動場；提比留皇帝(Tiberius)擁有專屬度假別墅；19世紀追求「大旅行」(grand tour)的歐洲貴族更將這裡作為旅行的首選地區……時至今日，卡布里的迷人風光依舊深深吸引著全球旅人前來朝聖。

兩個小鎮，兩座碼頭

卡布里島上有兩個小鎮，一是東邊的卡布里鎮(Capri)，是整座島嶼的政治與經濟重心，街上盡是名牌店，是南義數一數二高消費地區。另一個則是在西邊的安娜卡布里鎮(Anacapri)，位在地勢較高的山頭上，制高點索拉羅山(Monte Solaro)能把卡布里全島一覽無遺。島上也有兩座碼頭，一為往來蘇連多、參觀藍洞或環島的主要港口「大碼頭」(Marina Grande)，另一個為位在南部的「小碼頭」(Marina Piccola)。

▲有著彩色房屋的大碼頭

交通資訊 Transportation

【前往與離開】

從蘇連多搭船

船班資訊，見蘇連多的交通介紹P.69。

從拿坡里搭船

拿波里Molo Beverello碼頭也有船公司航行至卡布里島，30～60分鐘一班船，航程時間爲50～80分鐘，價格約€20～23左右，平常都有行駛，旅遊淡季時船班會減少。

●NLG(水翼船)
http wwww.navlib.it/eng/index.asp

●SSNAV(水翼船)
http www.snav.it/en

●Carmar(渡輪)
http shop.caremar.it

●Alilauro(渡輪)
http www.alilauro.it

●Sippic公車
http www.capri.net (選擇「Getting to Capri」→「Bus & Funicular Schedules」→Route選擇往卡布里「Marina Grande-Capri (Bus Via S. Costanzo)」或往安娜卡布里「Marina Grande-Anacapri」) / 時間 經卡布里公車05:45～00:15(車程約15分鐘)，直達安娜卡布里公車05:45～21:10 / $ 全票€2

●Sippic纜車
http www.capri.net/en (選擇「Getting to Capri」→「Bus & Funicular Schedules」→Route選擇「Marina Grande-Capri (Funicolare)」) / 時間 06:30～21:30，車程約5分鐘 / $ 全票€2

▲大碼頭往卡布里鎮的公車站牌

▲位在大碼頭旁的纜車站

搭乘纜車上山體驗不同風情▶

【市區交通】

搭公車／徒步

大碼頭下船處僅爲海邊熱鬧小街，卡布里鎮位在半山腰，需在大碼頭附近的公車站或纜車站搭車。往卡布里鎮的公車車程約10～15分鐘，主要停靠在烏格利亞廣場(Piazza Ungheria)。纜車則是5分鐘抵達溫貝多一世廣場(Piazza Umberto I)，速度比公車快，還不需要排隊等車，缺點是冬天不營運。另一個選擇是徒步約2.25公里，在巷弄間穿梭爬坡上山。

而前往安娜卡布里鎮的公車分成「經卡布里」或是「直達安娜卡布里」，後者在碼頭售票口坡度較高的公車站等車，於維多利亞廣場(Piazza Vittoria)下車。車票皆可以在公車總站或纜車站購買。

【前往藍洞】

搭船／公車

前往藍洞有兩種方式，一是搭公車，時間較長，但最經濟，可從大碼頭或卡布里鎮市區搭公車至安娜卡布里鎮(約30分鐘)，再換往「Grotta Azzurra」的公車(約20分鐘)。二是搭船，其中又分爲「直接往藍洞」與「藍洞加環島」。

前者僅爲搭船直奔藍洞排隊進入，適合時間急迫者；時間充裕則可考慮參加後者行程，雖然費用多一些，不過能從海上欣賞到卡布里島碧海藍天的面貌，又能參觀藍洞，相當值回票價。卡布里大碼頭港口附近就有數個售票亭提供這兩種行程；乘船票價資訊見P.98。

●Laser Capri船公司
http www.lasercapri.com

●Capri Cruise船公司
http www.capricruise.com

景點介紹

Capri

Route 1

搭船去藍洞：在大碼頭登船環島或直奔藍洞→卡布里鎮（溫貝多一世廣場、奧古斯都花園）→安娜卡布里鎮搭纜車登山

Route 2

搭公車去藍洞：大碼頭搭公車至藍洞→安娜卡布里鎮搭纜車登山→卡布里鎮（溫貝多一世廣場、奧古斯都花園）

藍洞旅遊需知

最適合造訪藍洞的季節在4～10月，11～3月因海浪較大，一般來說關閉機率很高，除非當天風平浪靜，早上就比較有機會進洞參觀，規畫行程時建議先參考卡布里島的漲潮時間，相關資訊可在大碼頭詢問或致電卡布里旅遊局(081)8370-686。

另外，一般環島程船票價為€17～18，但有的船公司會比較便宜。貨比三家不吃虧，建議在大碼頭多方比較，再下手買票。

最後提醒大家，雖然環島所搭乘的船比較穩固，不過在藍洞洞口等候時，大船會關掉馬達，容易造成暈船，而換搭小船時也可能會因海浪導致暈船。建議容易有此症狀者，搭船前30分鐘先服用暈船藥。

▲從索拉羅山俯瞰卡布里鎮與情人岩

5 藍洞 Grotta Azzurra
Via Grotta Azzurra
大碼頭 Marina Grande
朱比特別墅 Villa Jovis
維多利亞廣場 Piazza Vittoria
6 乘船環卡布里島 Giro dell'Isola
Via Tuoro
Via Giuseppe Orlandi
Viale T. De Tommaso
Via Provinciale Anacapri
Via Marina Grande
Via Don Giobbe Ruocco
Via Pagliaro
纜車
白洞 Grotta Bianca
3 安娜卡布里鎮 Anacapri
坐椅式升降纜車
溫貝多一世廣場 Piazza Umberto I
1 卡布里鎮 Capri Town
Via Marina Piccola
2 奧古斯都花園 Giardini di Augusto
Via Krupp
Str. Faro di Carena
小碼頭 Marina Piccola
索拉羅山
4 Monte Solaro
薩勒諾灣 Gulf of Salerno
綠洞 Grotta Verde
情人岩 Faraglioni di Capri
燈塔 Punta Carena
北

1

精品名店匯集於此

卡布里鎮 Capri Town

➡從大碼頭搭公車、纜車，或徒步上山 / MAP P.93

沿著Via Roma來到卡布里鎮最熱鬧的地區——溫貝多一世廣場(Piazza Umberto I)，周圍有許多大大小小的咖啡吧與精品店，廣場一隅是卡布里島由東往西眺望整座島嶼與大碼頭的最佳角度，而廣場旁不起眼的建築物裡則是纜車(Funicolare)入口處。

往東北沿著Via Tiberio來到卡布里島第二高峰Monte Tiberio，這兒有保存最完整、興建於1世紀的羅馬式別墅Villa Jovis，此爲羅馬提比留皇帝的度假行宮，也是他生命最後10年度過的地方，內有皇帝私人空間、浴室、接待區、傭人房與廚房，由於卡布里島缺淡水，當時的羅馬工程師設計一套複雜且龐大的雨水收集系統供水給別墅使用，故裡頭有不少儲存雨水的蓄水池。當初提比留皇帝最喜歡在這裡與少男少女過著放蕩的生活，當對這些青少年厭倦時，就把人從花園最末端330公尺高的Salto di Tiberio懸崖上丟入大海。

▲位在卡布里鎮溫貝多一世廣場的纜車站

▲溫貝多一世廣場夜景 (圖片來源 / Han Chen)

▲卡布里鎮一隅 (圖片來源 / Han Chen)

2

180度無敵海景一覽無遺

奧古斯都花園 Giardini di Augusto

http www.capri.com (選擇「Sights and Activities」→「Sights」→「Augustus Gardens-Via Krupp」) / ✉ Via Matteotti, 2, Capri / ☎ (081)8386-214 / ⏲ 3/1～11/15每日09:00～19:30開放 / $ 全票€1，11歲以下孩童免費 / ➡從卡布里鎮的溫貝多一世廣場走Via Vittorio Emanuele接Via Federico Serena，再右轉Via Matteotti，就在右手邊 / ⌛約1～2小時 / MAP P.93

若想一次看到卡布里島南端的薩勒諾灣(Gulf of Salerno)、最高峰索拉羅山(Monte Solaro)與美麗的情人岩(Faraglioni di Capri)，那麼奧古斯都花園是最棒的選擇！最佳的參觀時間爲清晨或下午傍晚，人潮比較少一些。

奧古斯都花園距離卡布里鎮市區不遠，是個全景式露台的植物園，擁有180度卡布里島南部無敵海景。以「奧古斯都」命名的花園其實是德國富豪Friedrich Alfred Krupp於20世紀初興建，本名爲克魯伯花園，1918年才改名爲奧古斯都花園，打響這花園的名聲。

爲了從花園直通小碼頭搭遊艇，由富豪委任的工程師在懸崖峭壁上打造一條彎彎曲曲的小徑，彎度幾乎重疊在一起，煞是壯觀，不過由於擔心落石危險，目前通道已關閉，僅能從花園一隅看到這奇觀。

▲奧古斯都花園一隅 (圖片來源 / Han Chen)

▲花園後方通往小碼頭的蜿蜒小徑(圖片來源 / Han Chen)

島上鬧中取靜的好地方

安娜卡布里鎮 Anacapri

➡從大碼頭或卡布里鎮搭乘往安娜卡布里鎮方向的公車，在Piazza Vittoria廣場下車／MAP P.93

距離卡布里鎮3公里，安娜卡布里鎮位在更高的地勢(Anacapri原意爲「在卡布里之上」)，坐落在Monte Solaro索拉羅山坡上。維多利亞廣場(Piazza Vittoria)及周圍巷弄爲主要鬧區，其他地方則爲住宅區，相較於卡布里鎮，這裡也有紀念品店、餐廳，但少了擁擠的人潮，空間、價格也親民許多，顯得安靜、舒服，可享受到卡布里島最眞實的一面。

安娜卡布里鎮也有不少販售紀念品的小店▶

▲ Piazza Vittoria 廣場周圍小巷顯得特別安靜舒適

▲安娜卡布里鎮的重心為 Piazza Vittoria 廣場

欣賞卡布里島最美麗的全景

索拉羅山 Monte Solaro

山頂纜車站： http www.capriseggiovia.it／✉ Via Caposcuro, 10, Anacapri／☎(081)8371-438／🕒3～4月09:30～16:00、11～2月09:30～15:30，5～10月09:30～17:00／$全票來回€12、單程€9／➡從大碼頭搭公車至安娜卡布里鎮，在Piazza Vittoria廣場下車，纜車站位在廣場右手邊／⌛約1.5小時／MAP P.93

卡布里島最高峰，海拔589公尺，這裡的視野包含整座卡布里島、拿坡里海灣，還能看到清澈見底的海水。上山頂最簡單的方式是搭乘坐椅式升降纜車(seggiovia)，只要12分鐘就能抵達，另一種選擇是徒步上下山。隨著纜車高度爬升，島上屋舍、森林、海景全部一覽無遺，速度不快，只要陽光不是太強烈，徐徐涼風吹來是種舒服的享受。纜車爲單人成人座位，若有幼兒同行，最好用背巾背在身上，不然徒手抱著相當危險。

山頂有座廢棄城堡改建的咖啡吧，從瞭望台往東看，能欣賞到情人岩經典角度，

索拉羅山纜車入口▶

▲搭乘纜車欣賞卡布里島美景

只是山頂經常雲霧繚繞，此刻情人岩清楚可見，下一刻就可能會害羞地躲進雲霧中。

▲湛藍的海水一覽無遺

▲山頂雕像與海景構成最美的一幅畫

5

盪漾迷眩藍光的洞穴

藍洞

Grotta Azzurra

大多集中在4～10月09:00～17:00開放，其他時間需視潮汐狀況而定 / **1**.乘船前往藍洞€15，藍洞加環島€18；**2**.進入藍洞：搭小船€10，藍洞門票€4(搭小船及藍洞門票不包含在環島船票中，需在進洞前買票)；**3**.入藍洞6歲以下免費，每個月的第一個週日免門票，僅需支付搭小船費用 / 環島約1小時、排隊進藍洞平均約30～90分鐘不等，入洞約停留5分鐘 / MAP P.93

藍洞爲長60公尺、寬25公尺的天然洞穴，曾爲羅馬皇帝提比略私人泳池，直到1826年被瑞士藝術家與波蘭詩人發現這裡，才又讓藍洞的獨特魅力重新展現於世人面前。

由於其洞口的特殊結構，陽光從洞口進入，光線經過海水的過濾，吸收紅色色調，留下藍色色調，再從洞內水底向上反射，使得洞內海水呈現神祕迷人的銀藍色光芒。由於光的強度取決於陽光射入的角度與強弱，一天裡中午陽光最強(尤其12:00～14:00)，洞內光線也最藍最美，這時人

▲藍洞洞口外等待進入的船隻

潮最多，反之，陰天或進入時間太早(11:00以前)或太晚(15:00過後)，光線較弱，洞內就變得比較不藍了。

洞口高約1公尺，比一般成人身高還低，常淹沒在一來一往的海浪中，一旦漲潮或是浪大，洞口變小，隨時都可能會關閉。若洞口有開放參觀，乘客需躺在4人小船上，在抓緊海浪後退的那一刻，船夫一口氣拉著山壁上的鐵鍊下腰仰躺將小船拉進洞穴裡，過程不到15秒，躺在小船上有種驚險一瞬間的感覺。進洞後記得往洞口看，映入眼簾的就是那美到很不眞實的藍，小船搖搖晃晃地，彷彿行駛在天空裡。

▲燦爛炫目的藍洞

▲閃爍著土耳其藍綠色的綠洞

6

從海上欣賞奇岩與美景

乘船環卡布里島
Giro dell'Isola

$全票€10～18／➡在大碼頭選擇環島的船公司，付費後售票處將引導至搭船處／⌛約2～3小時(含等待進入藍洞的時間)／MAP P.93

大碼頭有不少船公司提供環島服務，採順時針或是逆時針方向繞島一圈，順時針是經過白洞(Grotta Bianca)、情人岩(Faraglioni)、小碼頭(Marina Piccola)、綠洞(Grotta Verde)、Punta Carena燈塔(Lighthouse of Punta Carena)、藍洞(Grotta Azzurra)，再回到大碼頭(Marina Grande)。

卡布里島有10多個大小不一的岩洞，其中就屬藍洞知名度最高，其次則是擁有土耳其藍綠色的綠洞，以及白洞。令人印象最深刻的是情人岩，經過千百年的海浪拍打，其中1個巨大岩石下方出現海蝕洞，環島船隻皆從中穿過，能近距離觀看奇岩怪壁。而位在島嶼南端的小碼頭有著適合做日光浴的沙灘美景。西南端的Punta Carena燈塔於1867年興建，爲義大利最古老的燈塔之一，是個適合看日落的好地方，可從安娜卡布里鎮搭公車前往。

最後回到有著繽紛色彩房屋的大碼頭，這裡曾爲漁夫的住所，如今觀光發達之下，全轉變成紀念品小店或船公司的售票處。

▲ Punta Carena 燈塔

▲從海上看大碼頭

▲小碼頭，滿多歐美人士會在岸邊做日光浴

阿爾貝羅貝洛 P.104

馬泰拉 P.116

海鮮·麵食·
葡萄酒天堂

▲普意亞大區環境很適合種橄欖，其橄欖油品質非常好

普意亞大區(Puglia，又名Apulia)位在義大利東南的鞋跟處，首府為巴里(Bari)。地形多平地和丘陵，夏天乾熱、秋冬溫暖下雨，是典型的地中海型氣候。

由於氣候適合種植蔬果，這裡的農產品質好、產量也高，採收後經常銷往義國各地或其他國家。尤其溫和陽光、海風吹拂以及海邊夜晚溫度冷涼的條件下，有利於葡萄中的風味物質更加凝聚，品質特別好。其中，黑曼羅(Negroamaro)和普里米蒂沃(Primitivo)是最重要的葡萄品種，用這兩種葡萄所釀的酒，果香足、酒體豐厚，也使普意亞成為義大利最大的葡萄酒產區之一。

綿延不絕的海岸線為普意亞帶來豐富的魚類及海鮮，義大利的海鮮多半從這一帶捕撈，像是海膽、蛤蠣、生蠔、花枝、淡菜、竹蟶相當受歡迎，在地傳統料理也多以海鮮入菜，像是魚湯、醬料、燉海鮮等。當地人主食則以麵包及義大利麵為主，阿爾塔穆拉所生產的高品質深色小麥麵包、貓耳朵義大利麵(Orecchiette)相當出名，經常與蔬菜混合烹調。

普意亞大區供應了義大利廚房許多原料，來到產地當然要好好品嘗在地的新鮮美食，再配上優質的美酒、欣賞尚未被過度開發的美景，相信你會有更深刻的旅行體驗！

▲馬泰拉的淒涼地景吸引了世界旅人前來拜訪

▲清新脫俗的阿爾貝羅貝洛小鎮，吸引世人的目光

阿爾貝羅貝洛 Alberobello

世界遺產

蘑菇般的可愛屋舍，新婚蜜月首選

阿爾貝羅貝洛如蘑菇般可愛的 Trulli 聚落

白牆灰圓頂的 Trulli蘑菇屋

俏皮可愛卻不失古老氣息的阿爾貝羅貝洛，人口僅有1萬多，距離巴里(Bari)50公里，過去整個區域曾有許多的原始橡膠樹，而有「Arboris Belli」(優美的樹)之稱，如今則是以「白牆灰圓頂的Trulli(念法：吐魯利)」的鄉村建築出名。

起初Trulli是被當作飼養牲畜或農田裡放置工具的地方。15世紀時，地方官員帶領農民開墾這一帶的荒地，因可享優惠的稅金，吸引不少周圍城市的農民與居民陸續搬到這裡。周圍城市的地方官因居民搬離造成稅收減少，而向中央稟告此事，阿爾貝羅貝洛官員吉安吉羅拉莫二世(Giangirolamo II，又稱Nardo公爵)得知稅務官將要來盤查，便命令農民把石頭堆起來的Trulli推倒，假裝這是沒人居住的地方。直到1797年終於能合法興建新房舍，才使用砂漿加以固定、強化結構，故有今日樣貌。

▲因地勢使得有些 Trulli 屋頂與成人一般高，不過別隨意爬上屋頂喲

與鄰近地區相較起來，阿爾貝羅貝洛典型的Trulli建築最為密集，也最能體現當地建築特色與文化，世界教科文組織因而在1997年將此地納入世界文化遺產加以保護。

老城區為蘑菇屋最完整之處

阿爾貝羅貝洛以Largo Martellotta這條路為中心，將城鎮分成Rione Monti和Rione Aia Piccola兩區。Rione Monti是老城區，保留了一千多座大小Trulli，是Trulli最密集的地方，也是主要的觀光商業區。

而Rione Aia Piccola為傳統Trulli與現代建築同存的村落，主要為當地人住的地方，目前尚有400多座Trulli。旅遊旺季時，這些有Trulli的村落通常會湧進大量人潮，餐廳、酒吧都是旅客，住宿價格也水漲船高，直到次旺季或淡季時才能好好享受寧靜氣氛。

▲ Largo Martellotta 上的廣場為整個阿爾貝羅貝洛的重心，不少活動都在這裡舉辦

▲夜晚仍有些商店營業

交通資訊 Transportation

【前往與離開】

搭火車／巴士

從巴里中央火車站(Bari Centrale)搭乘東南私鐵往Martina Franca方向，在阿爾貝羅貝洛站下車。車站月台旁就有售票口，可於出發前7天在官網上訂購，電子信箱收到訂購收據後，查票時只要持紙本或行動裝置秀出購票證明即可，車票無劃位和班次限制。規畫行程時盡量避開週日(私鐵週日停駛)，交通上較爲便利。私鐵不像義大利國鐵有到站廣播服務，出發前記得查詢班次、抵達時間及站名，避免坐過頭。

若安排週日前往，則要在同樣地方改搭F110路巴士(巴士資訊與火車同一個官網)前往。巴士行駛時間可能比預期還長，記得預留更多時間，避免趕不及銜接其他交通工具。

搭火車與巴士之外，亦可在巴里機場租車，減少等車或換車的不便。

●Ferrovie del Sud EST (FSE)東南私鐵

http www.fseonline.it／(081)7632-177／06:00～20:00，每小時1～2班，週日停駛／$全票€4.9／行車時間約2小時

●F110路巴士

週一～六3班，週日5班／$全票€4.2／行車時間約60～70分鐘

貼心提醒

巴里爲兩個城市的轉運站

阿爾貝羅貝洛與馬泰拉相距不遠，但因屬不同行政區，沒有火車或其他大眾交通工具串聯，都要經由巴里轉車(且往這兩處的私鐵公司不同)。所以無論是從拿坡里、蘇連多或巴里，若想玩這兩座城市，除了租車自駕，搭乘大眾交通工具皆需回到巴里。

【市區交通】

徒步

旅遊重點主要是在小山丘上的老城區Rione Monti，範圍不大，巷弄蜿蜒，僅能徒步。若旅館訂在老城區裡，需要有拖行李箱爬坡的心理準備，建議住在Largo Martellotta大道附近，或是Rione Aia Piccola區域，交通較爲便利。

餐廳推薦 Restaurant

在地熱門排隊店

La Lira Focacceria

Largo Martellotta, 67, Alberobello／(349)4726-812／週二～日09:00～14:30、17:00～21:00／休 週一／$€3～5／位在Largo Martellotta旁／MAP P.110 ❼

La Lira是市中心Largo Martellotta大馬路旁專門販售佛卡夏(Focaccia)的平價小店，被Tripadvisor評選爲阿爾貝羅貝洛第二名的餐廳，不論白天或晚上，只要是遇到用餐時間，這家小店就會有不少人來排隊購買，甚至排到馬路上。

Largo Martellotta 大馬路旁不起眼的小店▲

▲店面不大卻擠滿了人

知識充電站

佛卡夏

Focaccia一詞來自於拉丁語的Focus，代表火的意思，而Focaccia意味著是「中央」、「火爐」，延伸代表用火去烤的東西。佛卡夏(Focaccia)麵包在義大利有一千多年歷史，是很傳統且常見的鄉村扁平麵包，口感介於現在常吃的麵包與披薩間。原本這是一種無發酵、將麵團放在壁爐或爐架上烘烤的麵包，不過現在製作佛卡夏時會讓麵團稍微發酵，口感上比較蓬鬆有嚼勁。

最單純的口味是利用迷迭香泡在橄欖油裡一夜後，再用充滿迷迭香的橄欖油搭配一點鹽去製作，可單吃或配義大利臘腸(salami)，也有不少餐廳在佛卡夏裡加番茄乾、香草、乳酪、培根、茄子等，做得像是披薩形式，卻是佛卡夏的口感。

另外，佛卡夏又可分為灑料(材料放麵包上)和包料(材料塞在麵包裡)，作法不同，口感也不同。

▲ La Lira Focacceria 的佛卡夏種類不少

坐擁特殊景觀的5星飯店

Grotta Palazzese

http www.grottapalazzese.it / ✉ Via Narciso, 59, Polignano a Mare / ☎ (080)4240-677 / ⏲ 餐廳只有夏天營業，須線上預約付款 / ➡ 從阿爾貝羅貝洛走SS16公路前往Polignano A Mare小鎮下交流道，沿著Via Pompeo Sarnelli右轉Via Narciso，往海邊走即可抵達 / MAP P.101

洞穴飯店位於義大利東南邊的Polignano a Mare小鎮，其天然獨特的地理位置與浪漫的氛圍引起不少人的關注。餐廳設在亞德里亞海旁的天然海蝕洞穴裡，相傳18世紀這裡是貴族們舉辦宴會、飲酒作樂的場地。海浪在峭壁上形成陣陣波瀾，美妙的海浪聲不絕於耳，在湛藍的海水陪襯下，使得白天晚上各有風情，被譽為世界上最浪漫的場景之一，很適合情侶或夫妻前來。

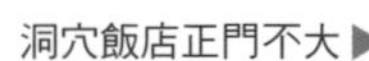

洞穴飯店正門不大 ▶

▲洞穴飯店所附設的餐廳就位在天然洞穴裡（左側紅色箭頭處），可以俯瞰整個亞德里亞海

前菜美味超值

IL Pinnacolo

http ilpinnacolo.it/en / ✉Via Monte Nero, 30, Alberobello / ☎(080)4325-799 / ⏲12:00～15:30、19:00～00:00 / 休 週三 / ➡從Largo Martellotta大道走Via Monte Nero約5分鐘，位在左手邊 / MAP P.110 ❽

南義盛產橄欖油，並常用蒜頭、番茄、橄欖油、香料、辣椒入菜，口感上與北義大不相同。而相當受當地人歡迎的皮納寇拉是一家前菜相當豐盛的餐廳。

名爲Antipasto della Casa(House special starters)的前菜一份€14，前後共12道小菜，像是生火腿搭乳酪、Ricotta起司、番茄起司沙拉(Insalata Caprese)都是義大利常見的前菜內容，最後上菜的5小盤則有豐富的牛肚、肉丸、烤番茄、炒菇、烤青椒、肉醬，每樣都很順口，分量多到幾乎快吃不下主菜，非常物超所值！

▲位在 Via Monte Nero 的正門

▲前菜的鹹橄欖

▲大量使用橄欖油烹調而成的朝鮮薊與鹹番茄乾，嘗起來卻不會很油膩

▲最豐盛的前菜 5 小盤

知識充電站

南義常見小零嘴Taralli

Taralli(小麥製圈圈餅乾)是南義鄉村媽媽使用多餘麵粉做成的小鹹餅乾，有著濃郁麥香，口感像是台灣蘇打餅乾，現在已成為義大利傳統點心。阿爾貝羅貝洛街上紀念品店多半提供試吃，口味多樣，像是原味、洋蔥、辣味等。選定口味後，可以考慮到La Lira Focacceria(P.106)購買，價格會比一般紀念品店再便宜些。

▲阿爾貝羅貝洛的餐廳所附的麵包籃，也提供了Taralli 給客人品嘗

貼心提醒

記得事先預約

提醒大家，皮納寇拉餐廳不論中午或晚上，一桌只接待一組預約客人，讓客人可以慢慢品嘗餐點，除非客人用完餐、又離休息還有一段空檔，老闆才願意接受現場客人，所以要來這裡用餐，最好事先預訂。餐廳的戶外區環境優美，是個很適合用餐的地方，訂位時可以請服務生幫忙保留這區的位子。

住宿推薦 Accommodation

交通便利的Trulli式溫馨旅館

B&B Da Santino

http www.bebdasantino.it / ✉ Via Brigata Regina 43, Alberobello / ☎ (392)9810-788 / ➡ 位在Largo Martellotta往Via Brigata Regina方向的左邊 / MAP P.110 ❾

位在阿爾貝羅貝洛市中心Largo Martellotta大道旁的B&B Da Santino位置相當好，屬於典型的Trulli式旅館，房間內有廚房、衛浴，陳設走義大利居家風，進房就會看到繽紛的家具、鄉村式廚房再搭配木質餐具，彷彿就像到義大利朋友家作客般親切舒服。天冷時，旅館內會貼心地提供暖氣，讓旅人有個舒服的休息環境。

▲旅館環境乾淨舒適

▲旅館內溫馨布置的小廚房

鬧中取靜的Trulli式花園旅館

Trullieu Guesthouse

http www.trulli.eu / ✉ Via Colombo 33, Alberobello / ☎ (080)969-8009 / ➡ 位在Largo Martellotta接Via Indipendenza左轉Via Colombo走5分鐘在左手邊 / MAP P.110 ❿

距離Largo Martellotta步程10分鐘的Trullieu Guesthouse，是個漂亮的Trulli式花園旅館，坐落在市中心邊緣的住宅區裡，周圍綠野一片，鬧中取靜，從這散步到Largo Martellotta參加活動、逛老城區、參觀Rione Aia Piccola區的Trulli住宅博物館都相當便利。旅館提供停車空間(需收費)，適合租車自駕的旅人。

▲旅館內部走簡單典雅風格

▲花園一隅

景點介紹

Alberobello

Day 1

老城區→於 Ristorante Pizzeria il Pinnacolo 午餐→維托手作 Trulli 模型店→聖安東尼奧教堂→Trulli 住宅博物館→於 La Lira Focacceria 晚餐

Day 2

聖梅迪奇教堂→Trulli 鄉村建築博物館→洞穴飯店

③ Trulli 鄉村建築博物館 Trullo Sovrano

⑤ 聖梅迪奇教堂 Basilica S.S.Medici Cosma E Damiano

阿爾貝羅貝洛火車站 Alberobello

新城區 Rione Aia Piccola

展望點 Piazza del Popolo

② Trulli 住宅博物館 Museo del Territorio

⑨ B&B Da Santino

⑦ La Lira Focacceria

⑩ Trullieu Guesthouse

⑥ 維托手作 Trulli 模型店 Vito Entrella

⑧ IL Pinnacolo

① 老城區 Rione Monti

④ 聖安東尼奧教堂 La Chiesa di Sant'Antonio

Via Giovanni XXIII, Vico Ten O. Gigante, Via Monte Calvario, Via Monte Grappa, Via Fiume, Viale Margherita, Corso Trieste e Trento, Via Vittime del Fascismo, Viale Bari, Via Giuseppe Mazzini, Corso Vittorio Emanuele, Via Cairoli, Via Garibaldi, Via Cavour, Vico Tenente Cucci, Via Edmondo De Amicis, Via Lamarmora, Via Morea, Via Balenzano, Via Brigata Regina, Via Don F. Gigante, Via Monte Santo, Largo Martellotta, Via Giuseppe Verdi, Via Monte Sabotino, Via Monte S. Marco, Via Monte Nero, Via Colombo, Via Cadore, Via Monte Cucco, Via Angelo Turi, Via Indipendenza, Via Monte Sabotino, Via Monte S. Gabriele, Via Monte Pertica, Via Monte Pasubio

北

體驗在Trulli聚落穿梭的樂趣

老城區 Rione Monti

✉Via Monte Pertica, Alberobello／➡從火車站沿著Via Giuseppe Mazzini與Via Garibaldi走，來到Piazza del Popolo廣場，再沿Via Rosa Acquaviva，來到Largo Martellotta大道，會看見整片的Trulli，就是老城區／⌛約1～2小時／MAP P.110

一千多棟Trulli鄉村建築密布在老城區的山坡上，是保留最完整的區域。只是這個由石灰岩所興建的石頭屋不利導入現代化設備，居住不易，使得住戶陸續搬離，直到財團有目標的收購、經營、行銷之下，才喚回世人對Trulli的注目。

目前老城區多以紀念品店、旅館、餐廳爲主，居民幾乎都搬到生活較爲便利的Rione Aia Piccola居住。由於區內階梯遍布，若在此住宿，需要費體力拖行李箱爬上去。

▲老城區目前多為店家，鮮少居民住在這裡了

▼從 Piazza del Popolo 廣場眺望整個老城區 Trulli 聚落

貼心提醒

適合眺望老城區的地點

Trulli蘑菇般的童話小屋近看可愛，遠觀則有「數大便是美」的壯碩感，以下是兩個適合眺望老城區的展望點：1. Piazza del Popolo廣場的角落，可享受老城區120度的遼闊視野，角度最棒；2. Via Monte Pertica街上某幾家願意開放露台讓遊客參觀的紀念品店，可看到Trulli屋頂峰峰相連的美景。

▲ Trulli 經常以在屋旁另外搭建的方式，拓展使用空間，整個聚落屋頂形成峰峰相連的有趣畫面

▲雖然外觀大同小異，但經過居民巧手布置，每座 Trulli 都擁有屬於自己的樣貌

2

歷史文化及建築技術教育傳承

Trulli住宅博物館 Museo del Territorio

http www.costadeitrulli.org/en/home/(選擇「Alberobello」→「Museo del Territorio, previously Casa Pezzolla」)／✉Piazza XXVII Maggio, Alberobello／☎(081)4111-273／⏲夏季10:00～19:30，冬季10:00～13:00、15:30～19:00／休 週一／$ 全票€3，10歲以下孩童免費／➡從Largo Martellotta大道走Via Brigata Regina，左轉進Via Giuseppe Verdi再左轉Via Lamarmora，在右手邊／⌛約1小時／MAP P.110

第一次看到阿爾貝羅貝洛的「白牆灰圓頂」時，就很好奇這樣精巧可愛的房屋是如何興建？爲什麼要蓋這樣的房子呢？住在小房子裡的人是如何生活？有好多疑問在腦中繞來繞去，最後在「5月27日廣場」(Piazza XXVII Maggio)廣場旁的「Trulli住宅博物館」得到答案。

博物館本身是由數個小Trulli建構而成，與一般Trulli不同的是，它的建築正面是俯瞰「5月27日廣場」的兩層樓房。18世紀爲一位名叫Giacomo Pezzolla醫生所有，1986年被阿爾貝羅貝洛政府收購，於1993～1997年期間進行修復，1997年才正式對外開放。

博物館富含教育意義，提供導覽解說設備(僅義大利文)和紙本導覽(有英文版)，並透過模型及工具介紹Trulli的歷史沿革、興建方式及技巧，讓人可以了解阿爾貝羅貝洛列入世界遺產之價值所在。

▲ Trulli 內部空間主要以左邊廚房、右邊臥室、正中間客廳作為空間分配，不足者再於屋旁興建其他相連的 Trulli

知識充電站

Trulli房屋結構

Trulli鄉村建築就地取材，以表面較為粗糙的當地石灰岩作為牆面主結構，以內外兩層厚石塊堆疊而成。屋頂部分，內層先用米白色石塊依據圓頂角度決定石頭排列的斜度，如控土窯方式依序往上疊，高度越高、角度越斜，直到堆成圓錐狀，最後放置封頂的裝飾品。外層是利用尖鎚將灰色片岩敲打成合適大小，再一片一片堆起來，雨水會順著石片導出屋外，或流到地下室的水槽蓄水。

牆面則是兩層石塊中間以泥土、碎石子、麥稈、稻稈等材料做填充，外表塗上砂漿作為避風和滲水，最後在內外牆面塗上白色生石灰泥作固定。由於過程不需使用水泥，修復房屋時就抽出破碎的石片，再將新石頭敲打成合適大小塞進去即可，既有的結構依然完整強韌。

當地夏天炎熱、冬天有時會下雪，故Trulli大多只有一個主要出入口，以「門窗小、牆面厚」阻隔外面的熱風或嚴寒，維持冬暖夏涼。內部空間不大，1樓通常為臥室、廚房、客廳及儲藏室，使用木板隔出樓上儲存空間或小孩房，靠著樓梯上下其中，目前仍有店家保留這部分作為儲藏室，逛店家時不妨留心觀察。至於灰色屋頂上的各種圖騰，對此大家說法不一，有一說是古老趨吉避凶的符號，另一說是該棟房子建築師的簽名。不過無論哪種才是真實，這些圖騰已為Trulli增添一股神祕色彩。

近距離觀察每棟Trulli，會發現每個石塊被敲打到厚薄幾乎一致，屋頂堆疊起來近乎圓形，牆面也很筆直，而且至今仍以傳統手法進行修復，就像藝術品般被細心呵護。一想到此，內心就忍不住默默地向每位工匠至上最高敬意。

1.峰峰相連的Trulli屋頂，石匠利用尖鎚將石頭敲打成厚薄一致的石片作為屋瓦 / 2.Trulli屋頂堆疊方式與台灣控土窯形式很像，越往上疊角度越大 / 3.Trulli以木板間隔兩層，樓上作為孩子房或倉庫使用 / 4.從剖面模型可看出這棟Trulli分為上下兩層 / 5.為避風隔熱，Trulli正門都不大，進門還需彎腰進入 / 6.Trulli屋頂裝飾品 / 7.從Largo Martellotta大道欣賞Rione Monti這一區

以Trulli豪宅改裝的博物館

Trulli鄉村建築博物館 Trullo Sovrano

http www.trullosovrano.eu / ✉ Piazza Sacramento10/11, Alberobello / ☎ (080)4326-030 / ⏲ 上午：10:00～13:15，下午：4～10月15:30～19:00、11～3月15:30～18:00 / $ 全票€1.5 / ➡ 從火車站直行Viale Margherita與Corso Trieste e Trento，右轉接Piazza Curri與Via del Gesu，位於路底 / ⌛ 約1小時 / MAP P.110

位在聖梅迪奇教堂(Basilica S.S.Medici Cosma E Damiano)後方的Trulli鄉村建築博物館，是1744年由富豪Perta興建，爲當時首棟有內部樓梯通往2樓的Trulli，最突出的圓錐狀屋頂高14公尺，周圍環繞12個小圓錐屋頂，可謂阿爾貝羅貝洛少見的豪宅建築。展出內容主要爲典型Trulli內部空間配置，以及居民的生活狀況。

▲博物館外觀

▲博物館入口

難得一見的Trulli造型教堂

聖安東尼奧教堂 La Chiesa di Sant'Antonio

http www.santantonioalberobello.it / ✉ Via Monte Pertica 16, Alberobello / ☎ (080)4324-416 / ⏲ 6～9月：平日08:00～19:00、假日08:00～20:30，10～5月：平日08:00～18:00、假日08:00～19:30 / $ 免費 / ➡ 從Largo Martellotta大道走Via Monte S. Gabriele，轉入Via Monte S. Michele，再接Via Monte Pertica，教堂就位在左手邊 / ⌛ 約0.5小時 / MAP P.110

聖安東尼奧教堂是神父Don Antonio Lippolis爲較爲窮困的居民募款興建的教堂，於1927年完成，坐落於Via Monte Pertica最末端、老城區最高處，有別於義大利其他教堂的華麗，該教堂外觀遵循Trulli白牆灰圓頂的形式，立面爲3座山牆與1扇玫瑰窗，內部空間不大，簡單樸實。

▲聖安東尼奧教堂為當地唯一一座 Trulli 式的教堂

▲教堂內部小巧樸實

5

阿爾貝羅貝洛最大教堂

聖梅迪奇教堂

Basilica S.S.Medici Cosma E Damiano

http basilicalberobello.santimedici.net / ✉ Piazza Curri 22, Alberobello / ☎ (080)4321-021 / $ 免費 / ➡ 從火車站直行Viale Margherita與Corso Trieste e Trento，右轉在Piazza Curri旁 / ⏳ 約0.5小時 / MAP P.110

聖梅迪奇教堂外觀為新古典主義形式的雙鐘塔，內部則是採拉丁十字布局，是阿爾貝羅貝洛區域裡最大的教堂。傳說Cosma和Damiano為雙胞胎醫生，四處免費行醫助人，幫助在地人很多，後來被供奉為聖人，並於17世紀興建聖梅迪奇教堂做紀念。教堂經歷過多次拆遷、重建，最後在1885年完成目前樣貌。

▲新古典主義的聖梅迪奇教堂

6

有溫度的Trulli造型伴手禮

維托手作Trulli模型店

Vito Entrella

✉ Via Montenero 17, Alberobello / ☎ (080)4973-323 / ➡ 從Largo Martellotta大道走Via Montenero，在IL Pinnacolo餐廳斜對面 / ⏳ 約0.5小時 / MAP P.110

除了博物館影片說明外，還有一種能近距離了解建構Trulli的方法，就是參觀手作Trulli模型店。走在Via Monte Nero與Via Monte S. Michele上，偶爾傳來敲敲打打或是利刃剪開石塊的聲音，那就是模型店的師傅正在搭建小型Trulli。

位在Via Monte Nero的「維托手作Trulli模型店」的師傅，會一邊製作Trulli模型，一邊解說技巧，過程也比建造眞實的Trulli簡化許多，即使不懂義文，光看著生動的表情與動作，依然可以大致了解其中的原理。而這樣手工製作的模型比其他店家販售的石膏模型還要精緻多了，小型約€12～15，大型約€30～45不等，還可以種植盆栽，適合擺在辦公桌上當療癒小物，想購買紀念品的人不妨參考一下。

▲師傅拿著當地產的石灰岩，解說如何應用石塊興建 Trulli

▲純粹裝飾的小型 Trulli

馬泰拉 Matera

世界遺產

從石屋群一探千年前的生活模樣

從 Piazza Pascoli Giovanni 廣場俯瞰整個卡維歐薩石屋群

曾被遺忘的世界
馬泰拉石屋群

第一眼看到馬泰拉石屋群時，被它史詩般的滂薄氣勢給震懾，這裡過去曾經非常熱鬧，但沉寂下來後，幾乎變成被遺忘的世界，直到近期才又被注意而活絡了起來。

馬泰拉自史前時代就有人類活動的紀錄，城鎮發展可追溯到古羅馬時代。最具代表性的建築為「堆疊式洞穴石屋」，當地稱為「Sassi」(念法：薩西)，義大利文為「岩壁」之意。過去人們住在天然石灰岩洞穴裂縫裡，西元8～13世紀一度作為修士避難藏身之處，後因需求增加，像是內部需要淨水道與汙水道，才將洞穴改造，成為功能較完善的居住空間。

不良的居住環境 曾為傳染病溫床

到了20世紀，馬泰拉有超過一半的人口住在洞穴石屋裡，只是洞穴空間溼冷、環境太差、空氣不流通(房屋大門是唯一的通風口)，加上居住人口密集，當傳染病流行時，造成死亡率居高不下。

▲洞穴石屋居住環境太差，目前僅剩部分民眾住在裡面

當時義大利醫生、畫家兼作家的卡羅·列維(Carlo Levi，1902～1975)成為政治犯被流放到這裡，曾出書提到住在Sassi的生活是「洞穴美到極點，居民卻苦到極點」，這才喚起義大利政府對馬泰拉問題的正視。政府另建新的居住空間，下令強制遷離原有環境，當地居民才在50年前陸續搬出，舊社區則是輔導轉型成為餐廳、

▲從伊德里斯教堂與聖喬凡尼禮拜堂前的小廣場欣賞 Sassi 石屋，別有一番風味

▲馬泰拉 Sassi 洞穴石屋群聚落

旅館、商店等，並努力推展觀光，讓原本人人避之不及的惡地搖身變成受歡迎的觀光地區，讓世人重新認識這裡。後來有人覺得整個空蕩蕩的死城景色跟兩千年前的耶路撒冷頗相似，2004年梅爾吉勃遜(Mel Gibson)在此拍攝以古耶路撒冷為題材的電影《受難記》，因大家對拍攝地點的好奇，這才使得馬泰拉一砲而紅，2017年電影《神力女超人》主角的故鄉「天堂島」也選在這裡拍攝，更加抬升了馬泰拉的知名度。

從沒落到擠身歐洲文化之都

現今的馬泰拉在格拉維納河(La Gravina)的兩岸，仍有三千多個Sassi洞穴石屋和150座洞穴教堂，為地中海一帶最大、最完整的石窟群，也是世界上現存最古老的人類居住地之一，荒涼的外觀一度被列入「世界十大鬼城」。全區以格拉維納河分成東邊的「馬泰拉岩洞考古國家公園」和西北邊「巴瑞薩諾石屋群」(Sasso Barisano)、西南邊「卡維歐薩石屋群」(Sasso Caveosa)。巴瑞薩諾石屋群修復較為完整，也是擁有較多旅館和餐廳；相較之下，卡維歐薩石屋群雖然較為窮困、沒有多餘資金翻修，卻反而保留了洞穴住宅的原始特色。這樣罕見的石屋群使得馬泰拉於1993年列入世界文化遺產，更被選為2019年歐洲文化之都(European Capital of Culture)。

▲聖彼得教堂與伊德里斯教堂與聖喬凡尼禮拜堂一次入鏡

▲範圍遼闊的 Sassi 石屋群，帶有滄桑之美

交通資訊 Transportation

【前往與離開】

搭火車／巴士

盧卡內鐵路爲義大利東南方的交通運輸公司，行駛於巴里中央火車站(Bari Centrale)與馬泰拉中央火車站(Matera Centrale)間，是從巴里前往馬泰拉最方便的方式。與東南私鐵不同的是，搭乘與售票處不在巴里中央火車站，而是在面對車站左手邊100公尺處的獨立黃色建築物裡。火車上無冷氣、座位不多，也無劃位；週日停駛，只能改搭巴士。

馬泰拉爲巴西立卡塔大區(Basilicata)首府，對外交通比阿爾貝羅貝洛便利，選擇也較多。像可搭乘馬瑞農巴士前往拿坡里、波隆那、米蘭，而馬泰拉往來拿坡里另可搭乘歐洲知名的長途巴士——弗利克斯巴士，或是Italo巴士。其中Italo站牌就位在馬泰拉火車站右側，有醒目的巴士站牌，巴士上提供放置行李的空間。

●Ferrovie Appulo Lucane (FAL)盧卡內鐵路
http ferrovieappulolucane.it/en (選擇「Treno」)／🕒06:00～23:00，週一～六每1～2小時一班，週日停駛／$全票€4.8／⌛行車時間約100分鐘

●Ferrovie Appulo Lucane盧卡內巴士
http ferrovieappulolucane.it/en (選擇「Autobus」)／🕒巴里到馬泰拉週一～六每天4班，集中在12:00～13:55行駛，週日08:00～20:30，共6班；馬泰拉到巴里週一～六每天5班，集中在06:00～08:00行駛，週日10:25～22:30，共5班／$全票€4.9／⌛行車時間約95分鐘

●Marino Autolinee馬瑞農巴士(往拿坡里、波隆那、米蘭)
http www.marinobus.it／🕒每日07:00～23:00／$全票€8／⌛行車時間約4小時15分鐘

●Flixbus弗利克斯巴士(往拿坡里)
http www.flixbus.com／🕒拿坡里到馬泰拉每天平均1～2班；馬泰拉到拿坡里週一～六每天2班，週日3班／$全票€10.99～21.98／⌛行車時間約70分鐘

●Italo火車&巴士(往拿坡里)
http www.italotreno.it/en／🕒06:15～12:05從馬泰拉搭Italo巴士到薩雷諾，再換Italo火車到拿坡里，每天3班；拿坡里往馬泰拉則是10:35～15:37，每天3班／$全票€24～26／⌛行車時間約4小時5分鐘

【市區交通】

徒步

巴瑞薩諾石屋群與卡維歐薩石屋群皆位在遍布階梯的石灰岩地形山丘上，這一帶僅需穿著舒適、抓地力好的鞋子步行即可，無需搭乘大眾交通工具。

▲隱身在卡維歐薩石屋群裡的伊德里斯教堂與聖喬凡尼禮拜堂

景點介紹

Matera

Day 1

卡維歐薩石屋群→Sassi洞穴住宅展示館→伊德里斯教堂與聖喬凡尼禮拜堂→聖彼得教堂→地底蓄水池→巴瑞薩諾石屋群→馬泰拉岩洞考古國家公園

Sassi全景拍攝點

站在Piazza Vittorio Veneto廣場旁的Chiesa del Mater Domini教堂前，是拍攝巴瑞薩諾石屋群最好的角度，從這看出去正好與馬泰拉主教堂(Matera Cathedral)正面對望。

而卡維歐薩石屋群的開闊景致，在中世紀及現代藝術博物館(Museo Nazionale d'Arte Medieval e Moderna)前的Piazza Pascoli Giovanni廣場是最佳觀看點，可以在這裡眺望經典的120度馬泰拉Sassi全景。另外從伊德里斯教堂與聖喬凡尼禮拜堂前的小廣場則是由東往西俯瞰，密密麻麻的洞穴石屋還真是壯觀！

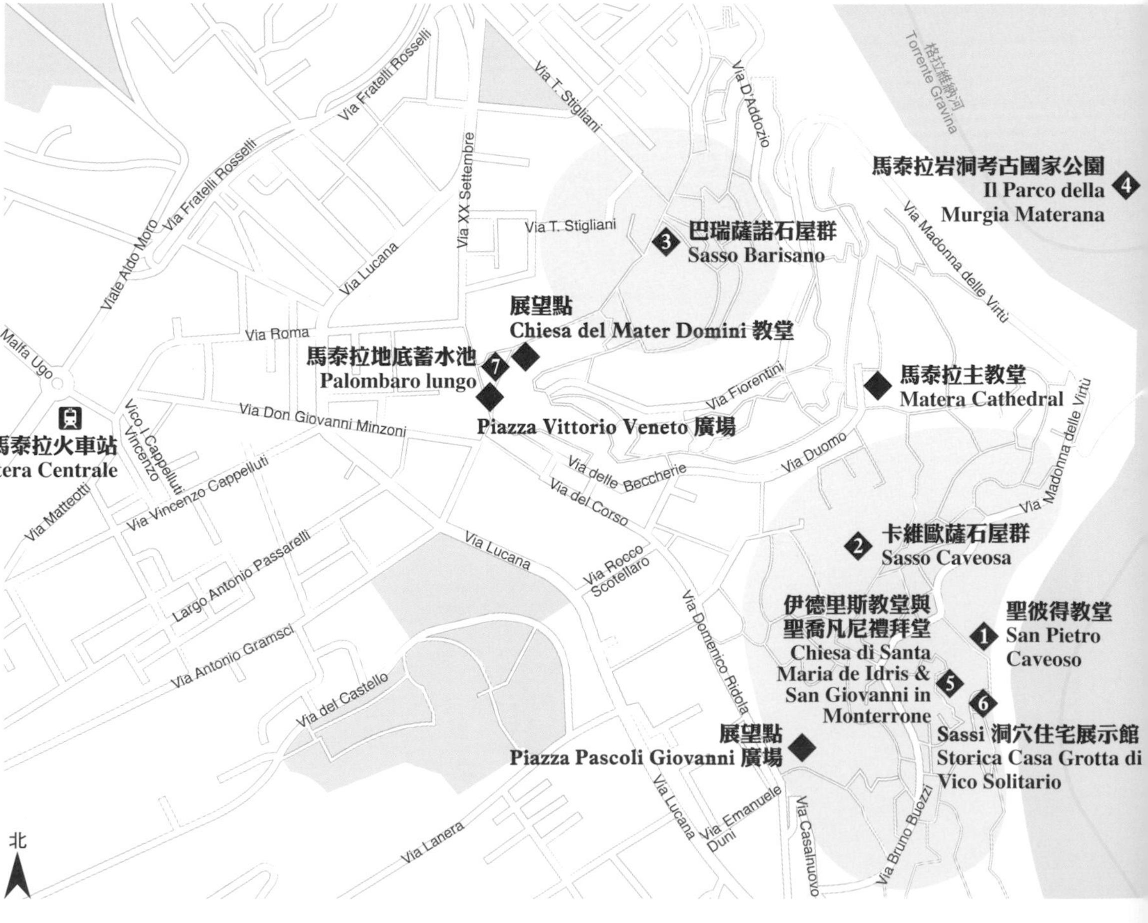

馬泰拉岩洞考古國家公園
Il Parco della Murgia Materana ④
③ 巴瑞薩諾石屋群
Sasso Barisano
展望點
Chiesa del Mater Domini 教堂
馬泰拉地底蓄水池 ⑦
Palombaro lungo
Piazza Vittorio Veneto 廣場
馬泰拉主教堂
Matera Cathedral
馬泰拉火車站
Matera Centrale
② 卡維歐薩石屋群
Sasso Caveosa
伊德里斯教堂與
聖喬凡尼禮拜堂
Chiesa di Santa
Maria de Idris &
San Giovanni in
Monterrone ⑤
① 聖彼得教堂
San Pietro
Caveoso
⑥ Sassi 洞穴住宅展示館
Storica Casa Grotta di
Vico Solitario
展望點
Piazza Pascoli Giovanni 廣場
格拉維納河 Torrente Gravina
Via Fratelli Rosselli
Via T. Stigliani
Via D'Addozio
Via XX Settembre
Viale Aldo Moro
Via Lucana
Via Madonna delle Virtù
Via La Malfa Ugo
Via Roma
Via Fiorentini
Via Don Giovanni Minzoni
Vico I Cappelluti Vincenzo
Via Vincenzo Cappelluti
Via Matteotti
Via delle Beccherie
Via del Corso
Via Duomo
Largo Antonio Passarelli
Via Rocco Scotellaro
Via Antonio Gramsci
Via Domenico Ridola
Via del Castello
Via Emanuele Duni
Via Casalnuovo
Via Bruno Buozzi
Via Lanera
北

1

馬泰拉主要信仰中心

聖彼得教堂

San Pietro Caveoso

http www.visitmatera.it (選擇「visitare」→「San Pietro Caveoso」) / ✉Piazza San Pietro Caveoso, 1, Matera / ⏲教堂做禮拜時開放參觀，做禮拜時間為夏季平日19:00、節假日11:00、19:00，(7～8月11:00不做禮拜)，冬季平日18:30、節假日09:00、11:00 / $免費 / ➡從馬泰拉火車站前的Viale Aldo Moro往Piazza Giacomo Matteotti廣場走，先左轉再右轉進Via Don Giovanni Minzoni，順此路接Via Ascanio Persio與Via del Corso，直到於Via Bruno Buozzi左轉，教堂在Piazza S. Pietro Caveoso廣場旁 / ⌛約0.5小時 / MAP P.120

伊德里斯教堂與聖喬凡尼禮拜堂旁有座較為新穎的建築物，這是興建於13世紀的聖彼得教堂(立面是於17世紀完成)。整座教堂已因多次重建而未能保持原貌，但在一次改建過程中，無意間挖掘到13世紀時的遺址，特保留在教堂一隅做展示，見證它在不同年代整修的紀錄。

內部明亮，擁有精緻的壁畫及神龕，值得一看的是其天花板多半將畫作繪製於拼接的平面木板上，與一般直接彩繪在拱形天花板的作法非常不同，相當具有特色。如今，聖彼得教堂是馬泰拉市區最主要的信仰中心。

位在格拉維納河旁的教堂，其後方也是個展望點，從教堂右側穿越拱門直走就能抵達，可從這裡欣賞對岸的馬泰拉岩洞考古國家公園。

教堂背後就是馬泰拉岩洞考古國家公園

2 被世界遺忘的角落
卡維歐薩石屋群
Sasso Caveosa

✉Via Bruno Buozzi, Matera兩側／➡從馬泰拉中央火車站沿著Via Don Giovanni Minzoni接Via Lucana左轉至Via Emanuele Duni，來到Piazza Giovanni Pascoli廣場並沿著Via Bruno Buozzi走，卡維歐薩石屋群就在兩旁／⌛約2～3小時／MAP P.120

卡維歐薩石屋群位在整個Sassi洞穴石屋聚落南端，是當時最爲貧窮的一區，由於居民無力修復改建自己的家園，所以保留了更完整的原始狀態。在Piazza Pascoli Giovanni廣場看著卡維歐薩石屋群，我深深感覺到彷彿世界遺棄了這裡，時光未曾帶走些什麼，難以置信這些洞穴石屋曾爲中世紀隱士修煉之處，還是當地人們一家人窩居的地方。儘管這樣的生活模式已沿用百年，但仍敵不過傳染病這無形的殺手，使得人們不得不放棄此地。如今，主要大街Via Bruno Buozzi兩旁除了零星店家外，僅剩下無人居住的廢棄洞穴屋。

▲店家擺出 Sassi 石屋群模型

3 體驗洞穴石屋之選
巴瑞薩諾石屋群
Sasso Barisano

✉Via Fiorentini以北一帶／➡從馬泰拉中央火車站沿著Via Don Giovanni Minzoni接Via Ascanio Persio左轉至Piazza Vittorio Veneto，穿過廣場就能看到Via Fiorentini／⌛約1～2小時／MAP P.120

以大教堂(Matera Duomo)爲分界，位在格拉維納河西北邊的巴瑞薩諾石屋群雖然也有不少洞穴石屋，但是泰半已改成店家，不少以Sassi爲主題的旅館或餐廳冬暖夏涼，在現代化的裝飾之下，讓洞穴多了點浪漫氛圍，很適合作爲在馬泰拉過夜或用餐的首選。

由於Sassi過去多半爲窮困人家的住所，一般內部空間不大，因此現在改爲旅館，客房就會分散在山坡各處。若想過夜體驗馬泰拉古城入夜後的魅力，需有走階梯的心理準備，建議輕裝簡便爲佳。另外，有些旅館仍保留原汁原味Sassi當年洞窟樣貌，僅有些內部則已改爲極具設計感的現代化裝潢，若有特別偏好，在入住前建議上網再三確認。

洞穴石屋探險需知

大家或許抱持著好奇的心，想找未關閉的洞穴一探究竟，不過洞穴石屋的大門通常就是這屋子唯一的採光通風口，沒人進出的洞穴內部濕氣、霉味重，青苔很厚，建議站在門口探頭看看就好。另外洞穴石屋坐落在Via Lucana以東的山丘上，以鋪著石塊的小巷弄連接，不過石塊在經年累月的摩擦之下，多半變得光滑，走在斜坡上非常危險，容易滑倒，請大家要特別留意。

最後，山丘上蜿蜒巷弄容易讓人迷失方向，盡量先在旅客服務中心拿取地圖或是跟著指標走，應該能找到自己想去的地方，也比較不會迷路。

▲斷垣殘壁、僅有木板稍稍遮掩的洞穴石屋，總能引發人們想探險的好奇心

▲走在磨到發亮的石子路上，須特別留意安全

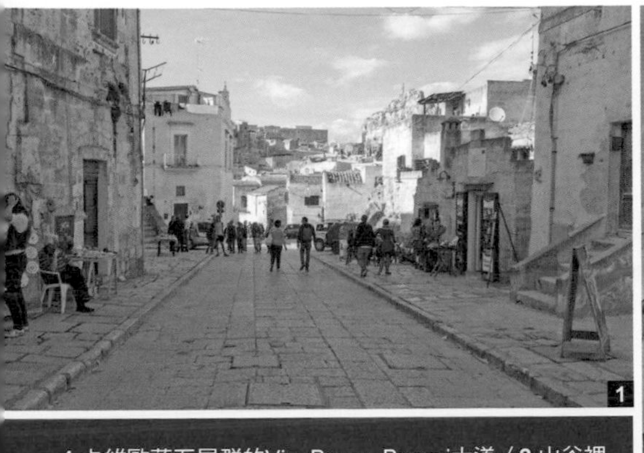

1.卡維歐薩石屋群的Via Bruno Buozzi大道／2.山谷裡的格拉維納河／3.卡維歐薩石屋群最南側的聚落幾乎與大自然融為一體／4.即便洞穴石屋後來延伸出樓房樣貌，依然就地取材，使用石灰岩石塊興建屋舍

4

最早開發的洞穴區

馬泰拉岩洞考古國家公園

Il Parco della Murgia Materana

✉www.parcomurgia.it／✉遊客中心：Contrada Murgia Timone, Matera／☎(083)5332-262／⏲4～10月09:30～13:00、16:00～18:30，11～3月09:00～13:30／➡從馬泰拉中央火車站沿著Via La Malfa Ugo、Via Dante Alighieri接SS7公路，並循著「CEA/Centro Visite」指標指引，右轉進Contrada Murgia Timone，約1公里處可見遊客中心／⌛約2～3小時／MAP P.120

位於格拉維納河東邊的馬泰拉岩洞考古國家公園，成立於1990年，是義大利南部最壯觀的岩石景觀，最能見證古代人與自然的關係，與馬泰拉的Sassi洞穴石屋群同列爲世界遺產。

史前時代就有先人在馬泰拉與Montescaglioso小鎮之間的石灰岩天然裂縫裡，挖掘合適的空間做爲住所、教堂、蓄水池等，尤其岩石縫中的教堂就超過150個。從內部的遺跡發現是受到中世紀初期希臘拜占庭文化與拉丁文化的影響，因而興建這些教堂做禮拜，之後陸續轉用他途，例如住家或畜欄。

馬泰拉岩洞考古國家公園保留原始洞穴石窟的樣貌，同時也爲在地珍貴生物進行保育，公園內自然生態豐富。遊客中心提供導覽解說和生態教育，使參觀者更能對這個地區有更深入的了解，非常適合作爲探索此區的起點。

而在原始洞穴裡挖掘到西元前的歷史文物，目前則收藏在馬泰拉的「多明尼克里多拉國家博物館」(National Museum Domenico Ridola)。

▲遠眺馬泰拉岩洞考古國家公園

▲洞穴石屋群位在格拉維納河谷兩側

▼設立考古公園以保護史前時代就開鑿的洞穴；稜線上可見參觀的遊客

5

隱身於大岩石洞穴的教堂

伊德里斯教堂與聖喬凡尼禮拜堂

Chiesa di Santa Maria di Idris & San Giovanni in Monterrone

www.oltrelartematera.it (選擇「Rupestrian Churches」→「Santa Maria de Idris」)/Via Madonna dell'Idris, Matera /(345)9391-659 /3/30～4/12，10:00～17:00；4/13～11/4，09:00～20:00；11/5～3/29，10:00～17:00 /全票€3，半票€2 /從馬泰拉火車站前的Viale Aldo Moro往Piazza Giacomo Matteotti廣場走，先左轉再右轉進Via Don Giovanni Minzoni，順此路接Via Ascanio Persio與Via del Corso，於Via S. Francesco D'Assisi向左轉，再右轉進Vico Giumella與Vico Giumella、Via S. Pietro Caveoso，最後轉入Via Madonna dell'Idris，教堂就在左手邊 /約0.5小時 /P.120

馬泰拉大大小小的洞窟教堂當中，以位於卡維歐薩石屋群Monterrone山頭上的伊德里斯教堂與聖喬凡尼禮拜堂最爲醒目。

這兩座教堂興建在一個大岩石的洞穴裡，進門首先會看到14世紀以前就存在、規模不大的伊德里斯教堂(Chiesa di Santa Maria di Idris)，主祭壇是19世紀完成的聖母壁龕，周圍環繞17～18世紀製作的濕壁畫。聖母站在蓄雨功能的盆子裡，象徵爲馬泰拉這無法蓄水的石灰岩地區祈禱多點雨水，避免無水可用的危機。聖喬凡尼禮拜堂(San Giovanni in Monterrone)是從伊德里斯教堂旁邊側門進入，可謂「教堂中的教堂」，牆上有著11世紀就存在的溼壁畫作。

若沒從正面看，或是留意山頂上的十字架，不論從卡維歐薩石屋群各種角度看這座教堂，都只能看到一塊大岩石，教堂藏身得非常好，是馬泰拉地區的重要地標。

▲從岩石開鑿空間興建這兩座教堂與禮拜堂

▲伊德里斯教堂內的聖母溼壁畫

▲教堂主要的出入口

▲整座教堂與山頭岩石融為一體，若無十字架，從遠處很難看出有教堂

6

重現Sassi居民的生活

Sassi洞穴住宅展示館

Storica Casa Grotta di Vico Solitario

http www.casagrotta.it / ✉ Vicinato di Vico Solitario 11, Matera / ☎ (083)5310-118 / ⏲ 09:30～20:00 / $ 全票€3 / ➡ 從Via Bruno Buozzi往洞窟教堂方向走，右轉爬上Rione Malve接Vico Solitario巷弄裡的階梯(往河邊走)，展示館就位在左手邊 / ⌛ 約1小時 / MAP P.120

雖然馬泰拉石屋群裡尚有些未關閉的Sassi能一窺洞穴內部，不過這些廢棄洞穴已經無人使用，內部陰冷、布滿青苔，實在不太適合探險。想了解過去人們如何在石屋群生活，最好的方式是參觀馬泰拉洞穴住宅展示館。

站在展示館看著在石灰岩洞穴裡完整呈現傳統生活及擺設，很難想像許多馬泰拉人一直以數百年前的方式生活著，小到人的吃喝拉撒睡，大到連家禽家畜都生活在同一個空間裡。雙人床爲屋內最重要的家具，床架高後可防潮，床下可擺放物品或是作爲家禽活動空間，而櫥櫃、餐桌、衣櫃一鋪上玉米葉做的墊子就成了孩子們的床，雙人床對面空間就飼養家畜，用欄杆圍起來的地方就是飼養一隻驢子——一隻經常與你對望、看著你吃飯和睡覺的驢子。每個石屋通常平均養育6個孩子，居住環境不但擁擠也非常克難，使得嬰兒死亡率高達50%。

▲馬泰拉人當時居住空間就這麼大，房子正中央就是一張大床 (圖片來源／粉絲頁：嗯嗯。莉莉嗯 Touch and Life)

由於石灰岩不蓄水，當地發展出一套便利的供水、排水管理系統，以蓄水池集中雨水，利用地勢的高低差，輸送淨水到住家，並另闢汙水道排出家庭廢水，在這樣惡劣的生存環境中能有一套完善的水資源管理，至今仍讓後人嘖嘖稱奇。

7

強大的雨水收集系統

馬泰拉地底蓄水池

Palombaro lungo

http www.wikimatera.it (選擇「Cosa Vedere」→「Il Palombaro Lungo ed il sistema di conservazione delle acque」→「Il Palombaro Lungo」) / ✉ Ipogie, Piazza Vittorio Veneto / ☎ (340)6659-107 / ⏲ 每日10:00～13:00、15:00～18:50 / $ 全票€3 / ➡ 從馬泰拉中央火車站沿著Via Don Giovanni Minzoni接Via Ascanio Persio左轉至Piazza Vittorio Veneto，就在廣場旁邊 / ⌛ 導覽約25分鐘 / MAP P.120

馬泰拉地質環境不易蓄水，古代水體工程師16世紀末打造城市蓄水系統，將雨水收集在4個蓄水池裡，以供應旱季用水。其中，位在市中心的「地底蓄水池」是最壯觀的一處，擁有規畫詳細的雨水收集系統，也是世界上最重要的地下水庫之一。此蓄水池於1882年完成，長50公尺，深16公尺，可儲存500萬公升的水(相當於5,000立方公尺)，牆面覆蓋特殊材質的石膏，使得水不至於滲透至牆面裡。

過去蓄水池與儲水槽相連結，雨水主要儲存在儲水槽中，當水位滿出來時多餘的水便自動流入蓄水池中。1991年這蓄水池被發現時仍是儲滿了水，現在已將沒運作的蓄水池放水至低水位，並安排導覽人員帶領解說，讓後人欣賞古代儲水系統的精心傑作，而這套強大的雨水收集系統，也是讓馬泰拉成爲世界遺產的主因之一。

西西里島 Sicilia

巴勒摩 P.132

阿格利真托 P.158

卡塔尼亞 P.170

陶米納 P.186

夕拉庫莎 P.196

梅西納
卡拉布里亞
巴勒摩
特拉帕尼
馬爾薩拉
埃特納火山
陶米納
皮亞扎阿爾梅里納
卡塔尼亞
阿格利真托
恩納
夕拉庫莎
莫迪卡
諾托

義大利美麗之源、南方珍珠

有人曾這樣說：「如果不去西西里，就像沒到過義大利，因為只有在西西里，你才能找到義大利美麗之源。」西西里島為地中海最大的島嶼，自古以來是多種文明的交會點，也是周邊國家海上貿易的重要據點。2,500年來歷經不同民族統治，累積豐厚的文化資產，有壯觀的古希臘神殿，也有「阿拉伯-諾曼式建築風格」(Arab-Norman Architecture)。

整座島嶼形狀近似一個三角形，地形豐富多變，以東邊的埃特納火山(Mount Etna)為最高峰，這是歐洲最大、最活躍的火山，周圍多為起伏的丘陵，而島的周圍則是透迤曲折的蔚藍海岸。火山噴發帶來的肥沃土壤，加上氣候溫暖，適合發展農業，大量種植柑橘、檸檬、橄欖，集精華於一身，難怪會有「義大利南方珍珠」的美名。

▲西西里島市區明亮、乾淨，顛覆刻板印象

昔日黑手黨故鄉

黑手黨是起源於中世紀的組織，演變成今日的犯罪組織，雖然西西里島是發源地，但隨著19世紀的移民潮，現已延伸至美東、澳洲。在當地政府計畫性地打壓下，目前轉為企業化經營事業賺錢，使得當地治安甚至比義大利多處大城市還要好。

宜春秋兩季造訪

屬於典型地中海型氣候，夏季受非洲大陸熱風影響，天氣炎熱，適逢歐洲旅遊旺季，訂房相對不易，費用也高。春秋天氣舒服、涼爽，是最適合拜訪的季節。若想參加節慶，不妨選擇復活節，到處都有熱鬧的遊行與慶祝活動、製作復活節特有點心等，相信更能體驗當地風情！

▲西西里島農業富饒，素有金盆地之稱

▲諾托花毯節，用花朵鋪滿整條街

巴勒摩 Palermo

世界遺產

洗盡鉛華的浪漫老城市

 巴勒摩以黃金馬賽克出名

多種族統治過的美麗
伊斯蘭城市

▲巴勒摩市區的諾曼皇宮

巴勒摩為西西里島首府，腓尼基人於西元前734年建立港口後，這裡就成為兵家必爭之地，曾被不同種族統治過，例如腓尼基人、希臘、古羅馬帝國、日耳曼人、西班牙人等，一直維持規模不大的統治型態，直到來自北非的阿拉伯人掌管後，才開始對巴勒摩進行一連串的土地改革、水利灌溉、農業發展，豐厚收入帶動地方經濟發展，成為當時地中海的商業中心。德國大文豪歌德曾稱讚巴勒摩是「世界最美的伊斯蘭城市」。

獨特的阿拉伯—諾曼式建築風格

12世紀改由諾曼王朝統治，接納過去不同民族所遺留下來的語言、文字及文化，一併融合在這個城市裡。興建大型公共建築時，多聘用阿拉伯工匠，使得此時的教堂與皇宮混和伊斯蘭、諾曼、羅馬、拜占庭的建築特色，呈現出特有的「阿拉伯-諾曼式風格」。一棟建築物裡同時擁有不同風格，並沒有造成衝突，只有驚豔的視覺享受，這是只有在西西里島才能欣賞到的罕見建築景象；而王室山主教堂、巴勒摩主教堂、諾曼皇宮裡的帕拉提那禮拜堂，皆是此風格最經典的代表。

由於巴勒摩建築在空間、結構、裝飾上的獨特性，加上承載了不同民族共存的文化記憶，因此城市於2015年列入了世界遺產名單。

▲當阿拉伯文化碰到諾曼文化，激盪出了「黃金馬賽克」這種罕見的裝飾藝術

▲在巴勒摩的市場最能感受到南義人滿滿的活力

從四角廣場漫遊巴勒摩

巴勒摩主要景點坐落在4條馬路周圍：Corso Vittorio Emanuele大道、Maqueda大道、Via Roma、Via E. Amari。其中，Corso Vittorio Emanuele大道與Maqueda大道又將市區分為4個區塊，交接處為知名的「四角廣場」(Piazza Vigliena)，很適合從這裡出發，以步行的方式認識市區景點。Corso Vittorio Emanuele大道街上有著許多風格獨特的個人小店；而Maqueda大道的馬西莫劇院一帶為精品街；靠海的La Kalsa區，曾為水手與漁夫的住所，如今巷弄內有不少酒吧、小餐廳，是體驗典型巴勒摩庶民生活的好去處。

與義大利其他地方不同的是，西西里島夜生活盛行，入夜之後年輕人喜歡聚集在酒吧喝酒聊天，從晚上9、10點狂歡到半夜，La Vucciria市場及馬西莫劇院周圍是市區主要的夜生活場所。

▲巴勒摩的市場

▲晚上的 La Vucciria 市場變成燒烤一條街

▲四角廣場

交通資訊 Transportation

【前往與離開】

搭飛機

巴勒摩機場(機場代號PMO)爲西西里島第二大機場，距離市中心35公里，歐洲或義大利各大城均有飛機直飛，台灣出發需在羅馬或米蘭轉機。

●Aeroporto di Palermo Falcone e Borsellino 巴勒摩機場

http www.gesap.it / ✉Località Punta Raisi, Cinisi / ☎(800)5418-80

搭巴士 / 計程車進城

往返巴勒摩機場與中央火車站(Palermo Centrale)可搭乘Prestia e Comande Bus巴士，機場乘車處位在出機場後右轉的停靠站，鬧區部分主要停靠在碼頭(站名爲Via E. Amari 170)、Via Roma靠近烏奇利亞露天市場(站名爲Via Roma-Vucciria)，與最終點中央火車站(Palermo Centrale)正前方的Piazza Giulio Cesare廣場(站名爲Staz. Centrale)；而往機場的巴士一樣在火車站前搭車。

▲巴勒摩機場的巴士購票處

▲巴勒摩機場外矗立共乘計程車的站牌

▲巴勒摩火車站前方(Piazza Giulio Cesare 廣場)往機場的巴士站

另一個選擇是共乘計程車(Taxi Sharing)服務，站牌位在機場外，每人單程€7。

●Prestia e Comande Bus機場巴士

http www.prestiaecomande.it (選擇「Orari linee」，再點入下方各路線) / ☎(091)5863-51 / ⏲機場出發：05:00～00:30，火車站出發：04:00～22:30。每30分鐘一班車 / $機場售票處單程全票€6(車上購買€6.3)、3～12歲€4；來回全票€10、3～12歲€8 / ⌛單程約50分鐘

自駕

機場設有租車服務，有計畫自駕遊玩者可線上預約，抵達機場後可徒步、或乘免費接駁巴士前往取車，相當便利。

西西里島人開車較爲隨性，車速快，不太禮讓路人或其他車輛，在路上最好隨時留意路況。另外，在義大利自駕最怕的ZTL(禁止車輛進入的區域，Zona Traffic Limitato)，西西里島市區也有不少，若不熟悉義大利交通規則，建議還是搭乘大眾交通工具，或是尋找當地旅行社安排司機與車輛較爲合適。

●Avis租車

http www.avis.com

●Budget租車

http www.budget.com

▲機車計程車是西西里島自助旅行的另一種選擇

貼心提醒

機場鐵路資訊

機場與巴勒摩中央火車站(Palermo Centrale)之間的火車停駛，確切開放時間可上Treaitalia義大利國鐵官網查詢。

【市區交通】

徒步／搭公車

景點集中在四角廣場周圍，步行皆可抵達，幾乎不太需要搭乘公車，除非前往王室山主教堂(Duomo di Monreale)或郊區。

前往王室山主教堂只需在諾曼皇宮(Palazzo dei Normanni)售票處旁的「Indipendenza-Palazzo Reale公車站」上車，終站即爲主教堂所在的村落蒙雷阿萊(Monreale)。由於發車時間固定，抵達王室山主教堂下車時先留意回程車班時間，避免等太久。另外，389號公車多爲遊客搭乘，人潮眾多，扒手也不少，須留意財物。

●AMAT公車

http amat.pa.it (選擇「Bus e Tram」→「Autobus」→「Scegliere la linea: 389」)／**往王室山主教堂：** 於Piazza Indipendenza廣場上車，搭乘AMAT 389號公車前往／平日約70～80分鐘1班車，假日約40分鐘1班車／單程€1.4，車上購票另收€0.4／車程約20分鐘

▲王室山主教堂

【前往其他城市】

搭火車

可從巴勒摩中央火車站搭火車，前往西西里島各大城市，交通相當便利，適合不開車的自助旅行者。

●Treaitalia義大利國鐵

http www.trenitalia.com

▲巴勒摩火車站外觀

搭渡輪

行駛於拿坡里與巴勒摩之間的渡輪公司有兩家，一家是GNV(Grandi Navi Veloci)，另一家則是Tirrenia。前者價格比較便宜，出發時間爲晚上8點左右從拿坡里出發，隔天清晨5、6點抵達港口。訂購型態有3種：

1. 住房(Cabin)：費用以人頭計算，若3人訂4人房，僅收3人費用，不會有第四人住進來。有窗戶的房間(ext)會比無窗房(int)貴一點。
2. 座位(Deck)：就只有單純座位，沒有地方可以躺著休息。
3. 床位(Bed)：與他人共用房間。

●GNV渡輪

http www.gnv.it

●Tirrenia渡輪

http www.tirrenia.it

貼心提醒

訂購渡輪注意事項

Aferry(http www.aferry.com)可一次查詢多家渡輪資訊，不過在這網站上訂購須支付手續費，可於查詢後再回到渡輪官網訂購。

線上訂購後，網站會寄電子票券至電郵信箱，屆時印出來帶在身上即可。渡輪用餐費用較貴，可先在岸邊用餐或是買點食物帶上船，出示電子票券後就可以入住房間，房內如小型旅館備有簡單盥洗用品，乾淨舒適，抵達巴勒摩前1小時，船務人員會貼心敲門提醒起床。

搭巴士

巴士是火車以外，遊玩西西里島最好的選擇。從巴勒摩中央火車站可搭巴士前往多數大城，車票可在火車站旁的巴士總站(Terminal Bus)購買。以下爲巴勒摩中央火車站往返他城的巴士資訊。

▲巴勒摩火車站內找尋 Terminal Bus 的指標，即可找到巴士總站

貼心提醒

拿坡里到西西里島的特殊交通體驗

若計畫一路從拿坡里玩到西西里島，可考慮搭乘國鐵「夜間臥鋪火車」，火車在卡拉布里亞(Calabria)會讓火車車廂分節進入海上輪船，橫渡梅西納海峽(Stretto di Messina)，抵達西西里島後再組裝，並於梅西納中央火車站(Messina Centrale)轉往其他各城市。這種「坐火車搭船」是很新鮮的旅遊體驗，像拿坡里搭乘夜間臥鋪火車前往巴勒摩或卡塔尼亞，票價只要€40，卻能省下1晚住宿費。義大利國鐵約於出發日前3～4個月開放線上訂票，建議提早訂購臥鋪車票，太晚訂只剩坐票，會很不好睡。

巴士公司	前往城市	網址與電話	備註
SAIS Trasporti	卡塔尼亞(Catania) 恩納(Enna) 梅西納(Messina)	http www.saisautolinee.it (選擇「Collegamenti Regionali」) ☎ (800)2110-20	■巴勒摩購票處位在中央火車站旁的巴士總站 ■往卡塔尼亞約2小時40分鐘 ■往恩納約2小時 ■往梅西納約2小時40分鐘
Cuffaro	阿格利真托(Agrigento)	http www.cuffaro.info (選擇「Le Nostre - Linee」→「Palermo -Agrigento」) ☎ (091)6161-510	■Cuffaro巴士上車處在Pizzetta Cairoli廣場，車票可在車上購買 ■週間車班較多，週日及節日只有3班，車程約2小時
F.lli Camilleri Argento & Lattuca Srl	阿格利真托(Agrigento)	http www.camilleriargentoelattuca.it (選擇「Orari」→「Agrigento-Palermo」) ☎ (092)2471-886	■巴勒摩往阿格利真托週一～六09:15～19:00，週日及假日20:00 ■阿格利真托往巴勒摩週一～六05:00～15:30，週日及假日16:00 ■週間車班較多，週日及節日只有1班，車程約2小時
Autoservizi Salemi	特拉帕尼(Trapani) 馬爾薩拉(Marsala)	http autoservizisalemi.it ☎ (092)3891-120	■巴勒摩購票處位在中央火車站旁的巴士總站 ■往特拉帕尼僅停靠特拉帕尼比爾吉機場(Birgi Airport)，約100分鐘 ■往馬爾薩拉約2小時15分鐘
Interbus	夕拉庫莎(Siracusa)	http www.etnatrasporti.it ☎ (091)6167-919	■車程約3小時20分鐘

※ 資料時有異動，請以官方公布的最新資料為主 (製表 / 莉莉安)

餐廳推薦
Restaurant

知名老牌甜點店

Antico Caffè Spinnato

http www.spinnato.it／✉Via Principe di Belmonte 107/115, Palermo／☎(091)3292-20／⏲週一～四、日07:00～01:00，週五07:00～01:30，週六07:00～20:00／$€0.8起跳／➡從馬西莫劇院沿著Via Ruggiero Settimo街道走，抵達Via Principe di Belmonte右轉人行道，位在左手邊／MAP P.142 ⓭

斯平納托老咖啡館於1860年經營，2005年獲得義大利具權威性的美食評鑑指南「紅蝦」(Gambero Rosso)選爲「最佳咖啡館」。不過與其說這家爲咖啡館，倒不如用麵包糕餅鋪來形容更爲貼切。販售著評價很高的各式傳統點心、麵包、飲料、冰淇淋、蛋糕，是巴勒摩在地人經常光顧的知名甜點老店，其中最受歡迎的莫過於受到電影《教父》帶動話題的香炸卡諾里卷(Cannoli)，外皮酥脆，內餡有著濃厚起司香氣，擁有義大利甜品應有的甜度，卻甜而不膩，是店內招牌美食。

▲咖啡館的另一邊專售麵包和甜點

▲水果造型的杏仁糖是義大利蟻族們的最愛

▲咖啡館裝潢古典，是不少西西里島上流人士的流連之處

知識充電站

西西里島的麵包與冰沙

西西里最常見的夏季早餐是「布莉歐麵包夾冰淇淋」(La Brioche siciliana con gelato)，由於布莉歐麵包外形獨特，像漢子的酥胸，又稱它為「漢子酥胸麵包」。布莉歐麵包由麵粉、糖、奶油、雞蛋、牛奶烘培而成，口感軟、不會太過甜膩，除了單吃，也非常適合搭配冰淇淋，特別推薦開心果口味(pistacchio)，是一種很獨特的吃法。

若夏天來到西西里島，更是不能錯過冰沙(granita)，如同台灣的刨冰，用水、糖、果汁等調味料製作，起初使用加糖的黑咖啡，但現在作法多樣，也有用巧克力、開心果、檸檬汁、草莓汁等製作，是西西里島特有的冰品。

▼布莉歐麵包夾冰淇淋

▲傳說中的漢子酥胸麵包

CP值超高的海鮮餐廳

Trattoria il Delfino

巴勒摩市區港口店： http trattoriaildelfinopalermo.business.site／✉Via Emerico Amari 62, Palermo／☎(091)5081-142／⏲每日12:00～15:00、19:00～23:00／$ €29／➡從巴勒摩中央火車站沿著Via Roma，於Via Cavour右轉，再左轉Via Francesco Crispi/SS113，左轉入Via E. Amari，餐廳位在左手邊／MAP P.142 ⑭

斯費拉卡法洛店(Sferracavallo)： http www.trattoriaildelfino.com／✉Via Torretta 80, Sferracavallo, Palermo／☎(091)5302-82／⏲週二～日12:00～15:00、19:00～23:00／休 週一／$ €29／➡建議搭乘計程車或開車。從巴勒摩上E90高速公路，往Palermo Centro/Mondello/Sferracavallo方向行駛，下交流道接Via Rosario Nicoletti/SS113與Via Emanuele palazzotto，行駛到海邊，再右轉Via Torretta，餐廳位在右手邊／MAP P.142 ⑮

海豚餐廳有兩家店，分別位在巴勒摩北方的斯費拉卡法洛(Sferracavallo)漁村與市區港口旁，是數一數二的知名餐廳。採用€29吃到飽的消費方式，提供7道開胃菜、3道主菜、1份甜點，葡萄酒和水則可無限暢飲。廚師以西西里島在地烹飪方式料理野生捕撈的劍魚、龍蝦、紅蝦、鮪魚、章魚等，簡單的調味只爲了凸顯海鮮獨特的風味，新鮮、口感好，尤其沙丁魚卷(Sformato di Sarde Beccafico)那酸甜口感至今難忘，想到還會流口水。餐廳也供應荷蘭的生蠔，就是想讓饕客大快朵頤，非常適合喜歡吃海鮮的人。

▲老闆端出滿滿的西西里島紅蝦，強調非常新鮮

用餐環境舒服閒適，相當受到在地人歡迎，不少朋友或家族聚餐、生日派對都會選在這裡舉辦。若想來用餐，建議提早預約，或是早點到餐廳，因爲當義大利人用餐時間到了，整家餐廳就坐滿了。

▲西西里島知名菜肴：沙丁魚卷

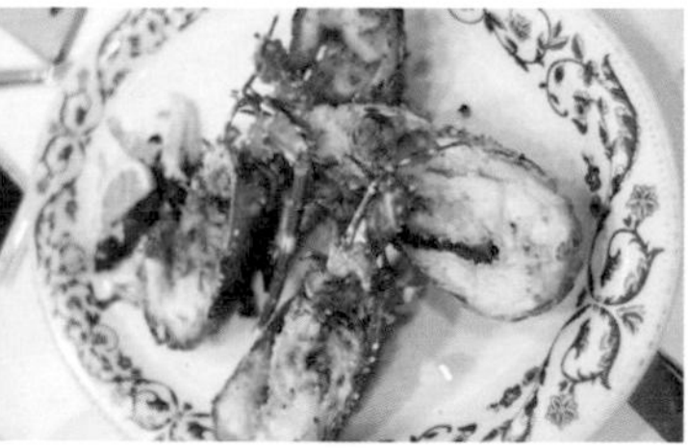
▲每日現捕的新鮮龍蝦

▲炸花枝是義大利常見的餐點

▲ Sferracavallo 漁村擁有迷人的夜景，距離巴勒摩市區開車約半小時

牛雜包名店

Antica Focacceria San Francesco

http anticafocacceria.it／✉Via Alessandro Paternostro, 58, Palermo／☎(091)3202-64／🕒每日11:00～23:00／$€10～15／➡從巴勒摩中央火車站沿著Via Roma街道走，右轉進Via Zara與Via Cartari，於Via Alessandro Paternostro右轉，餐廳在左手邊／MAP P.142 16

位在Kalsa區聖方濟各阿西西教堂(Chiesa di San Francesco d'Assisi)對面，聖方濟各佛卡夏餐廳於1834年開始營業，1樓為巴勒摩傳統小吃的熟食區，2樓則為一般餐廳。當初創立者為了讓窮人也能吃得起肉，便將價格較低的牛脾(Meusa)水煮後切成薄片，加豬油在熱鍋裡嫩煎，再將切開的佛卡夏麵包(Focaccia)抹上瑞可塔起司(Ricotta)，廚師會豪爽地夾起牛脾、滿滿的塞入麵包中，最後撒上口味較重的馬背起司(Caciocavallo)做完美的點綴，就完成了最受歡迎的牛雜包(Pani Ca'la meusa)。一口咬下，帶有豬油香的牛脾在兩種起司搭配下更加提味，讓牛雜包在舌尖上達到最棒的結合。

另外，餐廳也提供炸飯糰(Arancine)、類似天婦羅的蔬菜炸物(Panelli)、西西里島燉菜(Caponata)及披薩、義大利麵等，匯集了巴勒摩的各種小吃，也難怪經營了180年仍魅力不減，是巴勒摩最古老的餐廳之一，從義大利知名將軍朱塞佩．加里波底(Giuseppe Garibaldi)，到黑手黨大老都曾是座上佳賓。

▲位在教堂對面的聖方濟各佛卡夏餐廳

巴勒摩排隊街頭美食

Rocky Basile

✉Via Vittorio Emanuele 221, Palermo (位在這家店前方的路邊攤)／🕒中午在市場賣；晚上則在上述地址販售，21:00起賣完為止／$€2.5／➡從巴勒摩中央火車站沿Via Roma街道走，右轉Via Vittorio Emanuele，攤子在左手邊／MAP P.142 17

牛雜包攤位已有70年歷史，由家族第三代Rocky Basile接手，白天在烏奇利亞市場(見P.154)販售，晚上改到Via Vittorio Emanuele與Via Roma交叉路口擺攤。這家賣的牛雜包(義大利文：Panini con milza／西西里島在地語言：Pane cà Meusa)是將鍋中牛脾夾入切開的麵包裡，並將油稍稍瀝乾，撒點鹽及擠上檸檬汁就完成了。

剛開始入口時整個嘴裡充滿牛臊味，初嘗者會因此卻步，但其實再咬一口之後就能適應這樣的味道，牛脾伴著豬油，香氣四溢，搭配麵包可減緩油膩感，是很不錯的美味街頭小吃。太早去，老闆或許還沒推攤子出門做生意；太晚去，只能排隊等待。若是像我剛好遇到老闆正要營業，那麼不需大排長龍就能買到囉！

牛雜包是巴勒摩最受歡迎的街頭小吃 ▶

▲逛 La Vucciria 夜市時剛好巧遇老闆剛開始營業

隱藏在巷弄裡的熱門無招牌餐廳

Trattoria dalla Zia Pina

Via dei Cassari, 69, Palermo／(331)9814-546／週一～六12:00～15:00、19:00～01:00，週日19:00～00:00／€15～30／從四角區沿著艾曼紐大道(Corso Vittorio Emanuele)，在Via Chiavettieri左轉，再右轉Via dei Cassari，位在左手邊／MAP P.142 ⑱

這家位在烏奇利亞市場裡的無招牌餐廳──皮娜嬸嬸現做海鮮餐廳，只有中午營業，餐廳的自助吧台上陳列各式各樣現成的前菜，只要端著盤子就可以拿取自己想吃的，不過前菜別拿太多，要留點胃享受主菜。主菜是現場選擇海鮮，現點現做。烹調花枝、魚類、蝦子等豐富海鮮是皮娜嬸嬸的拿手絕活，而西西里天婦羅更是許多老饕推薦首選。不論炸、烤、煮哪種料理方式，僅以簡單調味帶出食物本身的甜味，嘗一口就知道有多好吃。

▲前菜如自助餐一樣，將熟食陳列出來讓客人選擇

▲主菜是現點現做的海鮮，相當受歡迎

▲主菜烹飪方式可選擇烤、炸、煮，做法簡單卻能吃出最棒的滋味（以上圖片來源／粉絲頁：玩味煮義 -Winnie 范麗雯）

住宿推薦 Accommodation

內裝古典雅緻

B&B Porta Carolina

http www.portacarolina.it／Via Nicolò Cervello 37, Palermo／(347)6792-228／從巴勒摩中央車站正門出來右轉，沿著Via Abramo Lincoln大街走到Via Nicolò Cervello，左轉找37號2樓／MAP P.142 ⑲

位在La Kalsa區，從巴勒摩中央火車站步行10分鐘即可抵達。旅館內部裝潢典雅、環境乾淨，廚房及接待室為公共空間，若哪兒都不想去，也可以待在廚房外的陽台聽音樂、聊聊天，而老闆夫婦也很熱情提供巴勒摩景點、餐廳資訊，並有寄放行李服務，難怪在訂房網站擁有高度好評！

火車站旁的溫馨住宿

Al Decoro

http www.aldecoro.com／Via A. Lincoln 134, Palermo／(320)8362-426／從巴勒摩中央車站正門出來右轉，沿著Via Abramo Lincoln大街走5分鐘找134號2樓／MAP P.142 ⑳

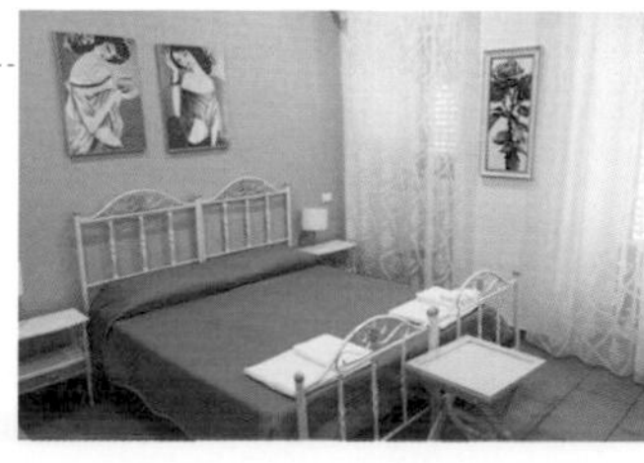

旅館鄰近巴勒摩中央火車站，房間內擺設簡單，我最喜歡的是享用早餐的餐廳，草綠色的牆搭配白色家具，彷彿置身在大自然裡。老闆可用英文溝通，並提供巴勒摩市區地圖、行李寄放服務。

景點介紹

Palermo

Day 1

巴拉若市場→海軍上將聖母教堂→羞恥噴泉→四角區→聖方濟各佛卡夏餐廳（午餐）→米爾托宮殿→馬西莫劇院→斯平納投老咖啡吧（下午茶）→教堂→烏奇利亞露天市場（在夜市享用晚餐）

Day 2

王室山主教堂→卡普奇尼地下墓穴→諾曼皇宮

14 Trattoria il Delfino 市區港口店

往 15 Trattoria il Delfino 斯費拉卡法洛店

13 Antico Caffè Spinnato

Via E. Amari

Via Principe di Belmonte

Via Roma

Via Ruggiero Settimo

Via Mariano Stabile

Via Pignatelli Aragona

Via Cavour

SS113

Via Carini

3 馬西莫劇院 Teatro Massimo

Via Volturno

Via Mura di S. Vito

巴勒摩碼頭 Palermo

Via Maqueda

Trattoria dalla Zia Pina 18

Via dei Cassari

Via Coltellieri

Via Pannieri

Via Sant'Agostino

Piazza Sant'Onofrio

烏奇利亞露天市場 Mercato Vucciria 11

Via Argenteria

Via Vittorio Emanuele

Via Cappuccinelle

Via Beati Paoli

Via Judica

Via dei Candelai

17 Rocky Basile

米爾托宮殿 Palazzo Mirto 9

16 Antica Focacceria San Francesco

Via Merlo

Via del Celso

Via Papireto

四角廣場 Piazza Vigliena 6

5 羞恥噴泉 Fontana della Pretoria

Via Aragona

Via Alloro

8 海軍上將聖母教堂 Chiesa Santa Maria dell'Ammiraglio

Via Matteo Bonello

7 巴勒摩主教堂 Cattedrale di Palermo

Corso A. Amedeo

Via Vittorio Emanuele

新門 Porta Nuova 4

Via Giuseppe Garibaldi

Via Divisi

Via Roma

Via del Bosco

Via Maqueda

← 往 1 卡普奇尼地下墓穴 Catacombe dei Cappuccini 與 10 王室山主教堂 Duomo di Monreale

往 19 B&B Porta Carolina

Via Porta di Castro

2 諾曼皇宮 Palazzo dei Normanni

往王室山 389 號公車起站

Via Collegio di Maria Al Carmine

Via Bìrago

Via Dalmazio

Via Lincoln

20 Al Decoro

Via Antonio Mongitore

Via Albergheria

Piazza Indipendenza

北

巴拉若市場 Mercato Ballarò 12

Corso Tukory

巴勒摩中央火車站 Palermo Centrale

公車總站

1

橫跨6個世紀的木乃伊墓穴

卡普奇尼地下墓穴 Catacombe dei Cappuccini

www.palermocatacombs.com / Piazza Cappuccini, 1, Palermo / (091)6527-389 / 09:00～13:00、15:00～18:00 / 休 10月下旬～3月下旬週日下午不開放 / $ 全票€3 / 從Piazza Indipendenza廣場搭327號公車或沿Via Cappuccini大街步行15分鐘，第一個十字路口右轉Via Pindemonte，再直行至Cappuccini廣場，就抵達Santa Maria della Pace教堂和卡普奇尼地下墓穴 / 約30分鐘 / MAP P.142

聖方濟教會為天主教修道會，1599年在修道院地下室發現製作木乃伊的技術與工具，於是將剛過世的教會修士製作成木乃伊，讓眾人瞻仰遺容。爾後地下室開始擺放已故天主教修士的木乃伊，此舉引起貴族、政商名流群起效尤，認為往生後能將遺體放置於此，是一種高貴的象徵，教會才開始對外開放。遺體進入後，親屬須捐款給教會，以維護地下墓穴的運作，且隨時都能提供衣物做更換，以維持往生者的地位與尊嚴。

當時教會將遺體抽血、乾燥8個月後，再用醋浸泡身體，最後穿回生前衣物，以繩子固定脖子與腳的方式懸掛在牆上，頭部往下垂，看起來就像在默默禱告般。不過由於每具木乃伊隨著每個年代處理方式不同，腐敗程度也不一樣，但從16世紀以來累積八千多具木乃伊來看，其身上的衣物依然可以看出往生者當時的職業或身分，像是牧師、貴族、軍人等，其中一位還是法國波旁王朝的上校。

對西西里島人來說，他們以在這裡做最後長眠之處為榮，但後來在1871年被地方政府禁止了。

知識充電站

20世紀的小睡美人

雖然政府禁止，但仍有人偷偷把家人送到這裡做成木乃伊。有小睡美人之稱的女孩木乃伊Rosalina是最後一個送進來的遺體。她兩歲因肺炎過世，由於家人希望能經常來看她，因此做成了木乃伊。據說，當時在醫生Alfredo Salafia注射多種混合藥物處理下，整個遺體保存得相當良好，在玻璃棺木裡的她猶如沉睡般的安詳樣貌，細到連皮膚、頭髮、睫毛都完好如初，完全不覺得是印象中乾癟的木乃伊。而當時混合藥物保存遺體的技術就是今日的福馬林，所以小睡美人算是使用該技術的先驅之一，她也是此地下墓穴少數保存良好的木乃伊。只是近期傳出遺體有腐敗現象，科學家們也在研究當初的技術及如何延續保存。

▲瀰漫著沉重氣息的地下墓穴

巴勒摩最夯景點

諾曼皇宮
Palazzo dei Normanni

http www.federicosecondo.org / ✉Piazza Indipendenza, 1, Palermo / ☎(091)6262-833 / ⏲週一～六08:15～17:40(最後入場16:40)、週日與假日08:15～13:00(最後入場12:00) / $全票€10、優惠票€8；皇宮可參觀時：禮拜堂與皇宮全票€12、優惠票€10 / ➡從巴勒摩中央火車站沿著Corso Tukory大道，右轉進Via Generale Cadorna Luigi，走到Villa Bonanno公園，皇宮在左手邊 / ⌛約1.5小時 / MAP P.142

9世紀阿拉伯人在迦太基人留下的廢墟遺址上，建造具防禦功能的簡樸皇宮；12世紀諾曼人統治時，以巴勒摩爲首都，聘來自阿拉伯及拜占庭的工匠擴建皇宮，成爲國王主要居住宮殿及辦公場域。現今則爲西西里島國會議事廳，是當地的重要建築，也是歐洲最古老的皇家宮殿之一。

皇宮2樓有著最受人矚目的帕拉提那禮拜堂(Cappella Palatina)。這是建於1130年的皇室禮拜堂，由3座教堂組成，採兩側短、前後長的「拉丁十字」格局，以拜占庭風格馬賽克壁畫，將整座禮拜堂裝飾得富麗堂皇，一走進裡面，即可看見祭壇上方半圓形壁龕上，用黃金馬賽克磚拼成的一幅《全能的耶穌》凝視整座禮拜堂，四面牆上也以同樣手法拼出一則則的聖經故事。

▲諾曼皇宮外觀非常樸素

▲禮拜堂外部以諾曼國王故事為主題所繪製的壁畫

主祭壇對面爲皇家寶座，上方壁畫裡耶穌在中央、兩側是彼得與保羅，意味保佑國王；現爲小型演奏會場。拜占庭藝術以外，禮拜堂天花板也採用典型阿拉伯式花紋，藉由大量重複的幾何圖案，呈現如蜂巢般的雕刻，表現得盡善盡美，令人讚歎不已。講經台旁高達4公尺的大理石燭台，上面以動物、植物及人物作裝飾，最頂端由

▲祭壇對面的國王寶座

▲獅子為諾曼國王的象徵

▲主祭壇上方以黃金馬賽克手法製作的耶穌像

▲馬賽克拼畫之細膩，讓我對阿拉伯工匠深感佩服

3個人舉著燭台的燈，是很少見的裝飾品。

相較於華麗的禮拜堂，皇宮顯得樸實許多，沒有過多裝飾，很不像一般的歐洲皇家宮殿。值得一看的是國王寢宮，如何判斷這是國王寢宮呢？雖然牆上繪製許多動物，但諾曼王朝最重要的象徵爲兩隻獅子，只要出現兩隻獅子，多半與國王有關，藉此作爲辨識。一旁的國會內部則較偏近代風格，有著各種徽章、天花板、畫框等壁畫。

知識充電站

宮殿一詞的由來

Palatina一詞起源於羅馬競技場對面的帕拉第尼山(Collis Palatium或Mons Palatinus)，這是羅馬帝國歷代皇帝居住的地方，爾後Palatium衍生成為「宮殿」一詞，例如英文的Palace、義大利文的Palazzo、法文的Palais。而帕拉提那禮拜堂(Cappella Palatina)，即代表「皇家御用禮拜堂」之意。

歐洲流行的中國風

過去歐洲曾流行過中國風，不少宮殿都設有中國廳，諾曼皇宮也不例外。牆上繪著穿著中國服飾的人物壁畫和中文，參觀時，一股熟悉感油然而生，有趣的是，中文字是模仿描繪上去的，所以不論怎看，都覺得不太像我們熟悉的中文字。

▲諾曼皇宮也跟著中國風設置中國廳

莉莉安心情寫真

看著拜占庭風格禮拜堂，視覺衝擊很大，眼睛往往無法聚焦，因為每一個圖案都是精心傑作，當這些圖案大量出現在牆上，實在真的不知道哪個才是重點了。但凝視許久後，依然能從中細細品味出工匠的精湛工藝，如此巧妙地將拜占庭鑲嵌藝術，與阿拉伯細緻雕刻結合在一起，不見衝突，反而呈現一種強烈混搭風的協調美，看過之後就能理解，何以帕拉提那禮拜堂是阿拉伯-諾曼式建築的代表作之一了。

▲禮拜堂頂端的蜂巢式天花板

PALERMO ARABO-NORMANNA
E LE CATTEDRALI DI CEFALÙ
E MONREALE

▲只要是歷史建築出現此圖樣，就代表該建築為阿拉伯 - 諾曼式風格

貼心提醒

參觀諾曼皇宮注意事項

- 禮拜堂：週日與宗教活動日09:45～11:15皆不對外開放。皇宮：週二～四或議會開會期間不開放參觀。若要同時參觀禮拜堂與皇宮，盡量選在週五、週六、週一，並確定沒有宗教活動。
- 參觀人潮多，建議早點入場，並趁人潮不多時先參觀2樓的帕拉提那禮拜堂。

3

義大利最大的劇院

馬西莫劇院 Teatro Massimo

http www.teatromassimo.it / ✉ Piazza Verdi, Palermo / ☎ (091)6053-267 / ⏲ 每日參觀時間為09:30～18:00，由導遊帶領30分鐘的參觀(語言有義、英、法、西、德) / $ 參觀劇場全票€8、優惠票€5，6歲以下兒童免費 / ➡ 從巴勒摩中央火車站沿著瑪格達路(Via Maqueda)直走20分鐘，位在左手邊 / ⌛ 約0.5小時 / MAP P.142

位在威爾第廣場(Piazza Verdi)旁的馬西莫劇院於1897年興建，曾參考阿格利貞托希臘神廟的古希臘元素，將外觀設計為新古典主義風格，原計畫設置3,000個座位，不過實際僅容納1,300人。

馬西莫劇院在歌劇界具有相當重要的地位，週末經常有表演，若劇院沒有演出時，可由導覽人員帶領入內參觀。內部的馬蹄形座位區多有包廂設計，其中2樓中央的皇家包廂視野最好，遼闊的舞台區配上最完美的音響效果，使其成為義大利最大、全歐洲第三大的劇院(僅次於巴黎歌劇院與維也納國家歌劇院)，是不少音樂愛好者朝聖之處。

劇院門口兩旁矗立雕像，其前方的階梯是知名電影《教父》第三集拍攝場地之一，也是旅人休憩處，若有時間，不妨帶著午餐或點心來此享受美好的午後時光。

4

迎接國王的城門

新門 Porta Nuova

✉ Via Vittorio Emanuele 475, Palermo / ➡ 從巴勒摩中央火車站沿著瑪格達路(Via Maqueda)直走，左轉艾曼紐大道(Corso Vittorio Emanuele)，就位在諾曼皇宮旁 / ⌛ 約10分鐘 / MAP P.142

位在諾曼皇宮旁，為艾曼紐大道(Corso Vittorio Emanuele)的起點，這裡有座1583年為了迎接神聖羅馬帝國卡爾五世國王(Carlo V)而建造的城門，由於卡爾五世身兼西班牙與神聖羅馬帝國的國王，在當時相當具有權威。然而這座城門因1667年一場火藥庫爆炸而毀了，相隔兩年才由西西里島建築師設計重建，是進出巴勒摩的重要通道之一。城牆內側較為樸實，值得一看的是城外4座巨大的摩爾人雕像，他們雙手抱胸，表示對當時君主的臣服。

▲新門位在通往市區主要大道上

▲馬西莫劇院是不少歌劇迷或學聲樂的人朝聖的地方

▲表示臣服的摩爾人像

5

令人臉紅紅的噴水池

羞恥噴泉 Fontana della Pretoria

Piazza Pretoria／位在瑪格達路(Via Maqueda)與艾曼紐大道(Corso Vittorio Emanuele)交叉路口，四角廣場旁邊／約10分鐘／MAP P.142

本名為普雷托利亞噴泉(Fontana Pretoria)，1554年興建於佛羅倫斯某棟別墅裡做為裝飾，後來賣給巴勒摩政府，被決議擺放在普雷托利亞宮(Palazzo Pretorio)前的廣場上。

噴泉由階梯、4座小橋、近30尊雕像構成，當這些眞人大小、表情曖昧的裸體雕像，呈現在早期民風保守的市民眼前時，讓市民們相當不屑，就私下稱之為「羞恥噴泉」。

▲過往的羞恥雕像如今成為城市中最美的藝術品

6

巴勒摩古城區的心臟

四角廣場 Piazza Vigliena

Via Vittorio Emanuele／位在瑪格達路(Via Maqueda)與艾曼紐大道(Corso Vittorio Emanuele)交叉路口，羞恥噴泉旁／約10分鐘／MAP P.142

西班牙統治巴勒摩期間，進行城市改革計畫，四角廣場是其中之一。顧名思義，就是廣場4個角落皆有噴泉與雕像裝飾的半圓弧型巴洛克式立面建築，第一層為以春、夏、秋、冬四季為主題的噴泉，第二層則是西西里島歷代西班牙國王雕像，最頂層則是巴勒摩4位守護聖人的雕像。4個半圓形立面構成一個近似圓形的廣場，為巴勒摩重要的觀光景點，也是整座城市的中心，主要大道都從這裡往四周延伸。

▲四角廣場位在市中心，很容易就會路過

▲內部為簡單又不失典雅的新古典主義風格

▲教堂背面的阿拉伯-諾曼式花紋，仔細看上面還有神聖羅馬帝國的雙頭鷲圖騰

▲不同民族的建築風格將主教堂襯托得更加雄偉

7

融合多種族風格的華麗教堂

巴勒摩主教堂

Cattedrale di Palermo

http www.cattedrale.palermo.it／✉Corso Vittorio Emanuele, Palermo／☎(091)3343-73／⏰教堂：週一～六07:00～19:00，週日08:00～13:00、16:00～19:00。登頂：週一～六09:00～18:00，週日10:00～18:00／$教堂免費、登頂€5、登頂與地下寶藏套票€10／➡從巴勒摩中央火車站沿著瑪格達路(Via Maqucda)，走到與艾曼紐大道(Corso Vittorio Emanuele)交叉路口左轉，再走3分鐘就可看見教堂／⌛約1小時／MAP P.142

由於諾曼國王在王室山興建了華麗的主教堂(見P.152)，當時的巴勒摩總主教爲一較高下，便將原來的伊斯蘭清眞寺，改建爲氣勢宏偉的巴勒摩主教堂。六百多年的陸續修建之下，諾曼王朝、西班牙、神聖羅馬帝國等不同民族統治所帶來的建築風格，皆在主教堂留下痕跡。像是教堂南側的拱廊及大門，爲西班牙加泰隆尼亞哥德式(Catalunya)風格的拱廊，西側大門是以飛扶壁支撐著兩側哥德式高塔，上面有著文藝復興的華麗雕刻及圓頂。教堂背面爲阿拉伯-諾曼式風格，內部則爲後期改建成的18世紀新古典主義風格。

登上教堂頂端可俯視巴勒摩市的天際線，走向高聳尖塔能近距離細看上面的精緻花紋，也更能深刻體會阿拉伯-諾曼式建築混合風格之美。

▲裝飾繁複的巴洛克風格主祭壇

8

巴洛克與拜占庭風格混搭的教堂

海軍上將聖母教堂

Chiesa Santa Maria dell'Ammiraglio

http www.palermoviva.it (選擇「La Città」→「Chiese」→第2頁的「S. Maria dell'Ammiraglio：La Martorana」)／✉Piazza Bellini, 3, Palermo／☎(345)8288-231／⏰週一～六09:45～13:00、15:30～17:30，週日09:00～10:30、11:45～13:00／$全票€2、半票€1／➡從巴勒摩中央火車站沿著瑪格達路(Via Maqueda)，位在羞恥噴泉旁／⌛約30分鐘／MAP P.142

諾曼國王羅傑二世(Roger II)統治期間，安提克(George of Antioch)爲當時的海軍統領，無戰不勝，替諾曼王朝打下了相當多的領土，於是國王命安提克爲「上將中的上將」，又稱爲「海軍上將」。安提克於1143年修建這座教堂獻給聖母瑪麗亞，當時稱爲「海軍上將的聖母瑪麗亞教堂」(Santa Maria dell'Ammiraglio，其中Ammiraglio就是海軍上將的意思)。他於1151年過世後與妻子長眠於此，後來12世紀末隔壁的修道院與此教堂合併，就改名爲「La Martorana」，沿用至今。

12世紀興建的教堂，外觀爲阿拉伯-諾曼式風格的鐘樓，本來上方有個圓頂，但在1726年地震後就被震垮了。據說當時聘用與諾曼皇宮「帕拉提那禮拜堂」同一批工匠，因此這座教堂的內部陳設與帕拉提那禮拜堂相當相似，同樣走阿拉伯-諾曼式建築風格，不過16世紀整修的主祭壇則是採巴洛克式風格。

▲高超的馬賽克藝術在教堂裡發揮得淋漓盡致

9

貴族的奢華宮殿

米爾托宮殿 Palazzo Mirto

http www.palermoviva.it (選擇「La Città」→「Palazzi」→「Palazzo Mirto」)／✉Via Merlo, 2, Palermo／☎(091)6164-751／⏲週二～六09:00～18:00，週日及節日09:00～13:00／休週一／$全票€6，半票€3，每個月第一個週日免費參觀／➡從巴勒摩中央火車站沿著Via Roma走，右轉Via Divisi並接Via Schiavuzzo，左轉Via Castrofilippo接Via dei Credenzieri與Via Principe di Resuttano，最後右轉Via Merlo再往前走60公尺，宮殿在右手邊／⧗約1小時／MAP P.142

巴勒摩皇宮相當樸素，但皇宮外的貴族住宅卻很有看頭，不過目前只有少數宮殿對外開放，不少貴族住宅仍由其後代使用中。

米爾托宮殿爲歷史悠久的貴族費蘭傑瑞(Filangeri)家族在巴勒摩的住所，於13世紀興建，15、16世紀曾擴大規模改建，1643年屋主被授封爲「Mirto王子」，故該房屋被稱爲Palazzo Mirto。

心思細膩的工匠依循宮殿主人的愛好巧妙地將收藏品(像是中國瓷器、西西里島特有陶器、武器、玻璃)，與屋子整體做完美的結合。1樓爲主要接待外人的地方，中庭爲巴洛克式噴水池，內部空間多以絲綢、掛毯、壁畫做牆面裝飾，並採用威尼斯穆拉諾島所產的水晶燈，使得整座宮殿更顯得美侖美奐。

▲比諾曼皇宮更加華麗的接待大廳

順應當時中國風潮流，宮殿內也設有中國廳，牆上皆以細緻手法繪製東方生活，並使用中國家具加以點綴。2樓爲家庭空間，設有餐廳、書房、研究室、沙龍廳、臥室等。最令人驚訝的是出口處旁的馬廄停了4輛20世紀初使用的骨董車，可以見得當初費蘭傑瑞家族財力相當雄厚。

這個宮殿一直使用到1982年，該年由家族最後一位繼承人Maria Concetta Lanza Filangeri遵循哥哥的遺願，將宮殿捐贈給巴勒摩政府，並對外開放參觀。

▲米爾托宮殿內的中國廳

▲中庭的巴洛克式噴水池

▲以威尼斯穆拉諾島所產的水晶燈作為裝飾的房間

10

世界上現存最大的諾曼式建築

王室山主教堂
Duomo di Monreale

www.monrealeduomo.it / Piazza Guglielmo II, 1, Monreale / (327)3510-885 / 週一～六08:30～12:30、14:30～17:00，週日及假日08:00～09:30、14:30～17:00 / 大教堂免費，修道院迴廊€6，高塔€2.5 / 搭乘AMAT 389號公車前往，終點站即為蒙雷阿萊(Monreale) / 約0.5～1小時 / MAP P.142

王室山主教堂位在巴勒摩郊區的卡普特山丘(Monte Caputo)上的蒙雷阿萊。蒙雷阿萊原本只是個小村莊，後來成爲諾曼王朝的狩獵地。1174年諾曼國王威廉二世(William II)爲了與巴勒摩總主教互相抗衡，傾大量財力、物力，聘用西西里島最好的拜占庭工匠在此打造出宏偉壯觀的教堂，因此教堂集諾曼、阿拉伯、拜占庭的藝術精華於一身，也成爲威廉二世長眠之處。

入口處的兩座雕像，左邊爲威廉二世雙手捧著教堂獻給右邊的聖母瑪麗亞，意味著這是爲聖母所興建的教堂，且巧妙的傳達「君權神授」的概念。教堂主殿頂端挑高，並開窗增加採光，兩側牆上使用拜占庭風格馬賽克磚，拼成聖經故事的連續畫，從舊約的創世紀、諾亞方舟、夏娃偷吃禁果被逐出樂園、到新約的聖母升天等共42幅，在光線照射下熠熠生輝、壯觀瑰麗，是義大利現存最大的拜占庭馬賽克作品。

入口處為威廉二世獻教堂給聖母的雕像

最令人震撼的是位在教堂後殿、半圓形穹頂上巨幅的金色耶穌半身像，無論站在哪裡，都好像被耶穌注視著一樣。教堂天花板是由複雜的幾何圖形構成，在黃金底色映襯下美不勝收，大家顧不得脖子酸，一直仰望著天花板，就怕一眨眼、一低頭，這美會稍縱即逝。

由於穆斯林強調不能膜拜實體偶像，阿拉伯建築風格只能使用重複、規律的花紋，或是把文字藝術化做爲裝飾，教堂地板使用馬賽克磚細膩地拼出令人眼花撩亂的幾何圖形，就是阿拉伯花紋最好的體現。

登上主教堂鐘塔，整個蒙雷阿萊山谷盡收眼底。一旁的本篤會修道院迴廊由228根廊柱圍繞，精雕細琢、色彩斑斕且沒有重複的花紋幾何圖案的廊柱，與沒有裝飾的廊柱互相穿插，呈現出濃厚的阿拉伯風，柱頭上則以聖經故事作爲雕刻主題。建議放慢腳步，在迴廊中仔細欣賞廊柱上的裝飾，別有一番韻味。

▲教堂裡很有特色的天花板

▲以聖經故事為主題的馬賽克連續壁畫

▲黃金馬賽克耶穌像，不論從哪個角度看耶穌，祂好像都盯著我們看

11

尋找美味與體驗夜生活

烏奇利亞露天市場 Mercato Vucciria

Piazza Caracciolo, Palermo／週一～六08:00～14:00，週五、六21:00過後為夜市／休週日／從巴勒摩中央火車站沿著Via Roma走，右轉Via Vittorio Emanuete大道，再左轉入Via Pannieri，過了Via dei Frangiai市場就在右手邊／約1～2小時／MAP P.142

▲新鮮小章魚只要汆燙一下、擠點檸檬，就能品嘗到大海的滋味

▲羊肉蔥燒卷是此燒烤攤最受歡迎的一道菜，晚來就賣光囉

烏奇利亞露天市場曾被評選爲全球十大美食市場之一，過去爲工匠聚集處，故周圍街道皆以不同行業別命名，例如銀器巷(Via Argenteria)。這處有名的蔬果市場從Via Roma往海邊La Cala港口延伸，範圍分布在Via Cassari與銀器巷兩側，甚至遠至聖多明尼哥廣場(Piazza S. Domenico)。

市場上擺滿各式各樣的蔬果、海鮮、肉類、香料，我常覺得義大利人擁有天生的美感，從市場就能略窺一二。每位老闆將各種顏色的蔬果穿插其中，擺放方式就如同藝術品般，使得整個市場就像大地畫布繽紛燦爛，一點都不灰暗，搭配活力十足的叫賣聲，深刻感受到南義人的熱情，是體會當地庶民生活精髓最好的代表。

市場白天販賣蔬果，到了晚上9點過後，搖身一變成爲巴勒摩夜生活的集中地，越晚越熱鬧，是不少在地年輕人喜歡聚集的地方。尤其以魚攤廣場爲中心，周圍圍繞海鮮攤、燒烤攤、酒吧等全都出爐，其中燒烤攤的羊肉蔥燒卷非常出名，才一開門營業，就被等待已久的在地民眾搶購一空，另一個角落販售著炸鷹嘴豆餅(Panlla)，這餅是阿拉伯地區的家常小吃，現在是巴勒摩不分貧富都愛吃的點心，以鷹嘴豆粉製成，下鍋油炸後即成爲最受歡迎的餐廳開胃菜或路邊小吃。

▲市場裡販售魚貨的場地，晚上變成以燒烤攤為主

12

巴勒摩最古老的阿拉伯市場

巴拉若市場
Mercato Ballarò

✉Via Dalmazio Birago, Palermo／🕒07:00～19:00／➡從巴勒摩中央火車站沿著Piazza Giulio Cesare與Corso Tukory走，右轉Via Dalmazio Birago，這裡就是市場起點了／⌛約1小時／MAP P.142

想瞭解整座城市生活脈動、飲食習慣、風俗民情，走一趟市場就對了！

擁有上千年歷史的巴拉若市場，是巴勒摩最古老的阿拉伯市場，從火車站前的Via Dalmazio Birago延伸至Via Collegio di Maria Al Carmine，巷道間到處販售新鮮捕撈的海鮮，像是鮪魚、旗魚、章魚、紅蝦等，而西西里島生產的新鮮蔬果也不遑多讓，像是草莓、櫻桃、開心果、杏桃，連炸飯糰、卡諾里卷等街頭小吃，以及各式生活用品都應有盡有。價格便宜許多，經常見到當地人在此買菜，人潮川流不息，很適合一路吃一路逛，肯定不會讓你失望。雖然不如其他歐洲菜市場那樣明亮乾淨，但卻有著豐富的人情味，甚至還有台灣常見但歐洲少見的「叫賣文化」，隨著此起彼落、充滿活力的叫賣聲，似乎叫得越大聲，客人越會轉頭多看一眼，是非常有趣的畫面。

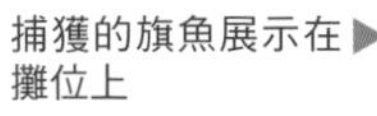
捕獲的旗魚展示在▶攤位上

▲市場有道地的西西里島水果

▲巴拉若市場有著各式各樣的新鮮魚貨

知識充電站 

西西里島的三腳吉祥物

島上到處都能看見三腳圖(Trinacria)的紀念品，相傳西元前8世紀希臘人沿著西西里島走了一圈，發現這島嶼有3個端點，分別為南邊的Capu Passero、東邊的Capu Peloro與西邊的Capu Marsala，形狀如三角形，便以希臘語的三角形Trinacrios延伸出「特里納克里亞」(Trinacria)這個名字，稱呼當時的西西里島，因此也以三腳圖作為西西里島的代表。

現在的三腳圖有許多不同樣式，而最原始的三腳圖是中央為蛇魔女梅杜莎頭像，象徵驅魔避邪保護西西里島，腿間的雙翼則象徵「永恆」。有時也用麥穗取代蛇，意思是保佑西西里島富饒之意。

▲西西里島的吉祥物三腳圖

同場加映 生產上等海鹽的古鹽場

▲瓦片就像是盔甲般保護著鹽山

特拉帕尼鹽博物館

Museo del Sale, Trapani

古鹽場位在特拉帕尼(Trapani)與馬爾薩拉(Marsala)之間30公里的海岸線，又稱為「鹽之路」(Via del Sale)。鹽業是當地最重要的產業之一，西元前300年腓尼基人就發現到特拉帕尼一帶的海水鹽分特高，很適合產鹽，故於此設置鹽田。

上等鹽的由來與製作

14世紀時的人會先將地中海海水導入沈澱池裡，利用風車的風力帶動將水引入各鹽田，藉由地中海烈日曝曬，及特拉帕尼地區特有的頻繁強風吹拂下，增加其蒸發速度，每年7月中旬～8月中旬形成天然海鹽，再以人力一簍一簍地將鹽搬運到乾燥的堆放處(工人薪資就是以「簍」為單位做計算)，再運送到工廠研磨、清洗與包裝。由於地中海型氣候夏乾冬雨，故當冬天雨季來臨時，就會在鹽山上覆蓋弧形瓦片，藉由弧形空間增加空氣流通，又能像穿雨衣般達到遮雨、避免髒汙的效果，一舉兩得。

由於天然海鹽(Sicilian Sea Salt)未經漂白，與一般海鹽相比，其所含的鉀、鎂較高，氯化鈉較低，擁有豐富的微量礦物質，因此成為特拉帕尼一帶最重要的物產。過去曾拿來交換馬爾薩拉海鮮，19世紀甚至出口到歐洲其他國家，為西西里島累積可觀的財富，至今仍然是鹽的上等品。

兼具知性與自然美景的保護區

傳統曬海鹽的方式流傳至今，再加上周圍的鹽

▲覆蓋瓦片的鹽山改造成紀念品店

場及風車的特殊景觀，因此這一帶被整體規畫成「鹽業文化與溼地生態保護區」(Riserva Naturale Orientata Saline di Trapani e Paceco)。最適合參觀的季節在夏天，不但可認識人工曬鹽，還可看到美景，例如有時鹽田裡的藻類會使鹽水呈現浪漫的粉紅色、橘色等，一旁也有堆積而成的白色鹽山，在陽光照射下閃亮奪目。

鹽博物館就設在古鹽田自然保護區內，這是利用具有300年歷史的風車改建而成的展覽空間，呈現過去製作上等鹽的程序。若是在非製鹽時期來到這裡，或是想更深入了解製鹽過程，鹽博物館是個很好的選擇。

登上博物館頂端可俯瞰整個鹽田，一旁有汲水用的風車，夕陽西下，純白鹽山與風車構成一幅最美的西西里島景致，叫人畢生難忘。

▲鹽博物館裡展示過去的製鹽機具

貼心提醒

前往鹽田的方式

特拉帕尼與馬爾薩拉之間的海岸線皆可看到鹽田，只是鹽博物館是明確目標，自駕導航可設在這裡，沿途能欣賞鹽田風光。也可考慮與在地旅行社接洽，參加由司機導覽的小團體行程。

http www.museodelsale.it / ✉ Via Chiusa Nubia, Paceco, Trapani / ☎ (320)663-5818，(320)6575-455 / ⏲ 每日09:30～19:00 / $ 全票€3、半票€2 / ⁈ 鹽博物館每天提供義、英導覽解說，時間依現場狀況而定 / ⌛ 約1～2小時

餐廳推薦 Restaurant

嘗美食、賞美景

Trattoria del Sale

http www.trattoriadelsale.com / ✉ Via Chiusa Nubia, Paceco, Trapani / ☎ (338)3915-967 / ⏲ 每日12:00～14:30、19:30～23:00 / ➡ 當地交通不便，需駕車前往，導航請找Museo del Sale，在鹽博物館旁邊

獲得2018米其林紅色指南推薦的鹽田餐廳，位在鹽田保護區裡，由過去的鹽場倉庫改建，以西西里島當地海鮮、蔬果入菜，配上特拉帕尼這一帶特有的西西里蘆桿麵(Sicilian busiate)，口感扎實，總是讓人吃了又飽又開心。

其中最令人印象深刻的是義大利春季的傳統時令菜肴——沙丁魚義大利麵(Busiata con le Sarde)，同時將新鮮的沙丁魚、磨碎的杏仁果顆粒、獨家起司粉與嚼勁十足的蘆桿麵混合在一起，，其獨特口感激盪出絕妙好滋味，會讓你留下深刻的印象。若風不大，建議可以坐在戶外座位區，好好欣賞如畫般的鹽田景致。

▲由松子、番茄混合而成的前菜麵包

▲飽足感十足的沙丁魚義大利麵

▲逛完鹽博物館，不妨順道在一旁的鹽田餐廳享受美食

阿格利眞托 Agrigento

瑰麗的古希臘神殿群與土耳其階梯奇景

土耳其階梯的奇特景色不論怎拍都很美

有過輝煌歷史的 古希臘大城

阿格利真托於西元前580年建城，古希臘統治時期曾為大希臘地區知名大城市，也是西西里島最輝煌的都市之一，希臘詩人品達(Pindaros)曾經讚美它為「最美的人間城市」。

當時人口眾多、生活富庶繁榮，可惜在歷經了迦太基人洗劫，以及羅馬人與拜占庭人的統治下，這城市雖然不斷重建，但仍舊無法扭轉日漸衰敗的頹勢。

由於無法回到古希臘時期的榮景，原本住在神殿谷(Valle dei Templi)的人們，最後放棄了這裡，移居到3公里外的山上生活，也就是今日阿格利真托市中心所在地。因居民遷移，在少了人力破壞之下，反而讓古希臘神廟群得以保存下來，也列入了世界遺產，成為西西里島的重要旅遊觀光勝地之一。

▲ Via Atenea 為市區最熱鬧的街道，也是當地夜生活的重心

整個阿格利真托市中心位在山丘上，以火車站為中心，往上走為鬧區，往下走則是前往靠近海邊的神殿谷與土耳其階梯。Via Atenea為市區的主要大道，Piazza Rosselli廣場為市區公車與長途巴士總站，若要前往神殿谷以及土耳其階梯(Scala dei Turchi)，需先回到公車總站換車才能前往另一個景點，或是搭計程車前往。

▲協和女神神殿幾乎已經與阿格利真托劃上等號

交通資訊 Transportation

【前往與離開】

搭火車

從巴勒摩搭乘義大利國鐵可抵達阿格利眞托火車站(Agrigento Centrale)，車程約2個多小時。從阿格利眞托往卡塔尼亞則需轉車，車程時間約4小時。

搭巴士

阿格利眞托往返巴勒摩

阿格利眞托沒有機場，不過巴勒摩機場有SAL巴士直達阿格利眞托市中心，巴士總站的終點站是Piazza Rosselli廣場，距離火車站步行約7分鐘。或是從巴勒摩中央火車站搭Cuffaro與F.lli Camilleri Argento & Lattuca Srl巴士也可達，每天固定時間發車，週末車班較少(資訊見P.137)。

●Societa' Autolinee Licata (SAL)巴士

http www.autolineesal.it / ☎ (092)2401-360 / ⏰ 從巴勒摩機場上車時間為11:00～20:00，從阿格利真托上車時間為06:20～14:50，每天4班 / $ 全票€12.6，上車購票 / ⌛ 行車時間約2.5小時

▲ Piazza Rosselli 廣場是巴士與公車總站

▲阿格利真托火車站前的公車站

阿格利眞托往返卡塔尼亞

不論從卡塔尼亞市區或其機場(Aeroporto Catania)前往阿格利眞托，搭乘SAIS Trasporti巴士最爲方便。

●SAIS Trasporti

http www.saistrasporti.it / ⏰ 阿格利真托往卡塔尼亞市區02:30～18:45，卡塔尼亞市區往阿格利真托週一～六06:15～22:00，週日08:00～22:00 / $ 單程票€13.4，來回票€22 / ⌛ 行車時間約3小時

【市區交通】

徒步

阿格利眞托市區不大，步行就能逛完。

【前往神殿谷】

搭公車 / 觀光巴士 / 自駕

神殿谷距離市區3公里，可在阿格利眞托公車總站或是火車站正前方站牌搭乘TUA公車1、2/、2、3/號到達神殿谷站(Templi)下車，車程約15分鐘。

Temple Tour Bus是更加便利的選擇，購買1日票當天可無限次數上下車，Line B路線從市區巴士總站出發，停靠火車站後，沿途經過考古博物館、神殿谷與土耳其階梯三大景點，不過該觀光巴士並非全年度行駛，旺季才有，官網上沒有明確行駛時間，需事前電話詢問。

自行開車者請定位在Tempio di Giunone Parcheggio或Parking Valle dei Templi Agrigento，這裡不但是入口處，也設有大型停車場。

▲停靠在神殿谷東停車場 (朱諾入口 ingresso Giunone) 的 2/ 號公車

- **TUA (Transporti Urbani Agrigento) 公車**
  http www.trasportiurbaniagrigento.it (選擇「orari e percorsi」) / ☎(331)8313-720，(331)8314-196 / ⏲平日06:00～22:00，假日班次減少 / $單程票€1.2，於掛有Tabacchi招牌的雜貨店或公車巴士總站售票處買票

- **Temple Tour Bus觀光巴士**
  http www.templetourbusagrigento.com / ☎(331)8313-720，(331)8314-196 / ⏲08:00～20:10，限夏季經營，建議提早與巴士公司或售票處確認是否有行駛，避免因停駛影響行程安排 / $一日票€15，於官網、車上、SAIS TRASPORTI SPA售票處(Piazzale Rosselli 6, Agrigento)、遊客中心(Via Imera 27, Agrigento)購買

【前往土耳其階梯】

搭計程車 / 觀光巴士 / 公車 / 自駕

除了前述搭乘Temple Tour Bus之外，也可搭乘計程車，車資須與司機議價。可請旅館代叫，或直接找司機討論，費用約€50～70。

公車是第三種選擇，不過公車並未停靠在土耳其階梯附近，需步行1～2公里才能抵達海灘。

若要搭乘公車，先從阿格利眞托巴士總站搭乘SAL巴士往Porto Empedocle(簡稱Porto E.)方向，於Porto E.的下一站Sapore di Mare下車，車程約20分鐘(上車後可以跟司機提醒要前往Scala dei Turchi，司機會在合適地方讓大家下車)，從這裡往土耳其階梯方向走2公里即可抵達。回程在下車地點上車，無需到對面等車。

另外，也可搭乘Salvatore lumia公車往Realmonte方向，於Realmonte下車，再步行1公里即可抵達。土耳其階梯入口處的經緯度爲37.289083, 13.478306，或是參考入口處旁停車場地址(SP68, 182, Realmonte)。

▲ Realmonte 海灘往土耳其階梯的指標

餐廳推薦
Resaturant

新鮮美味的在地料理

Osteria Ruga Reali

✉Cortile Scribani, 8, Agrigento / ☎(092)2203-70 / ⏲週日～五12:00～15:30、19:00～23:00，週六12:00～15:30、19:00～00:00 / ➡從火車站沿Via Atenea大街走到路底，在Piazza Luigi Pirandello廣場右轉進Via Orfane，再左轉進Cortile Scribani巷弄內，路底就是餐廳 / MAP P.163 ❽

深藏在Via Atenea大街路底古老庭院裡，以在地食材入菜，提供最典型的西西里島菜肴，像是海鮮冷盤(Fantasia di mare)以章魚、蝦、沙丁魚、劍魚等多樣海鮮組合而成；西西里島經典菜「沙丁魚卷」(Sarde a Beccafico)以沙丁魚夾入松子、橄欖油、葡萄乾、麵包屑混合而成的餡料，嘗起來口感獨特，是西西里島在地限定料理；綜合蔬菜冷盤(Caponata)是以茄子爲主角，混入芹菜、橄欖、洋蔥、酸豆、番茄等食材，嘗起來酸甜開胃，是西西里島特有的烹飪方式。

最後，綜合海鮮義大利麵(Spaghetti ai frutti di mare)則以義大利麵混合蝦、章魚、淡菜、蛤蠣熬成湯汁，麵條半軟半硬很有嚼勁，是義大利麵正統做法。茹買瑞阿利餐廳價格相當實惠，口味頗適合亞洲人，也是在地人推薦的美味餐廳唷。

▲西西里島必嘗的沙丁魚卷

▲綜合海鮮義大利麵

▲相當美味的海鮮冷盤

在地人推薦的牛排館

Naif

✉Via Atenea, 77, Agrigento／☎(092)2187-0735／🕒每日18:00～23:00／$€10～30／➡從火車站沿Via Empedocle左轉Via Luigi Pirandello，往前步行約7分鐘，爬上右手邊階梯來到Via Atenea大街右轉，左邊階梯往上爬，就可看到餐廳招牌／MAP P.163 ❾

納依芙餐廳位在阿格利眞托最熱鬧的Via Atenea大街上，雖然是間牛排館，然而阿格利眞托的濱海優勢，配合主廚創意料理手法，因此這裡的海鮮餐點也讓人讚不絕口，很適合來份海鮮冷盤當開胃菜，再點牛排或海鮮料理當主菜，像是烤鮪魚排(Seared tuna steak with sesame and orange salad)、螃蟹義大利麵都是不錯的選擇，最後再以卡諾里卷做完美收尾。

▲沿著 Via Atenea 大街旁階梯向上走，就來到納依芙餐廳

近火車站的便利餐點

Siculò

✉Via Luigi Pirandello, 21, Agrigento／☎(092)2188-1799／🕒週一～六10:00～00:00／休週日／$€4～5／➡從火車站沿Via Empedocle左轉Via Luigi Pirandello，往前步行約5分鐘位在左手邊／MAP P.163 ❿

距離火車站不遠的希蘇洛輕食店，店面不大，販售不少簡單便利的街頭小吃，像是各種口味的炸飯糰、披薩、麵包、三明治，價格不高，點個炸飯糰和可樂就可以解決一餐，還提供無線網路，是在地年輕人喜歡聚集聊天的地方。

▲希蘇洛輕食店位在火車站附近

住宿推薦 Accommodation

火車站旁的海景套房

B&B MieleZenzero

http www.mielezenzero.com/it／✉Via Carcino, 22, Agrigento／☎(349)2897-110／➡從火車站沿Via Acrone走到Via Esseneto左轉，再右轉至Via Carcino，位在右手邊／MAP P.163 ⓫

旅館位在火車站往下的街區裡，步行約7分鐘即可抵達。部分房間與享用早餐的餐廳可眺望海景。住宿環境簡單乾淨，並提供義大利式早餐、免費停車、免費寄放行李等服務，老闆親切，樂於推薦阿格利眞托的景點、餐廳等旅遊資訊。

景點介紹

Agrigento

建議路線

Day 1

阿格利真托考古博物館→神殿谷→土耳其階梯

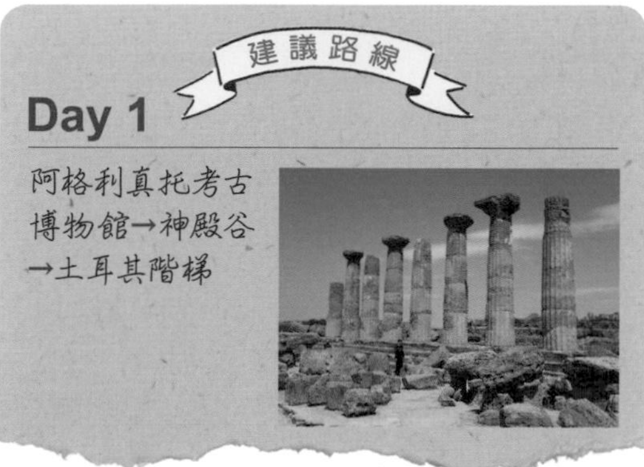

莉莉安心情寫真

曾走訪希臘雅典的帕德嫩神廟及其周圍古希臘遺址，現場沒有一張模擬圖，僅有一堆石塊及進行中的工程，我當下愣住了，「這……不是石頭嗎？哪裡看得出是神廟？說好的世界遺產在哪裡？」讓我完全無法想像原來的樣貌。

後來站在神殿谷協和女神神殿前，看到保存相當完整的古希臘神廟時，對我這古蹟迷來說有著莫大的震撼，心中有很多的感動。「原來2,000年前的神廟是這個樣子呀，終於看到了！」雖然隨著時間的推演，部分已非原貌，但大致上的模樣沒有改變，也難怪協和女神神殿會成為世界遺產Logo設計發想的起源，因為實在是太經典了。

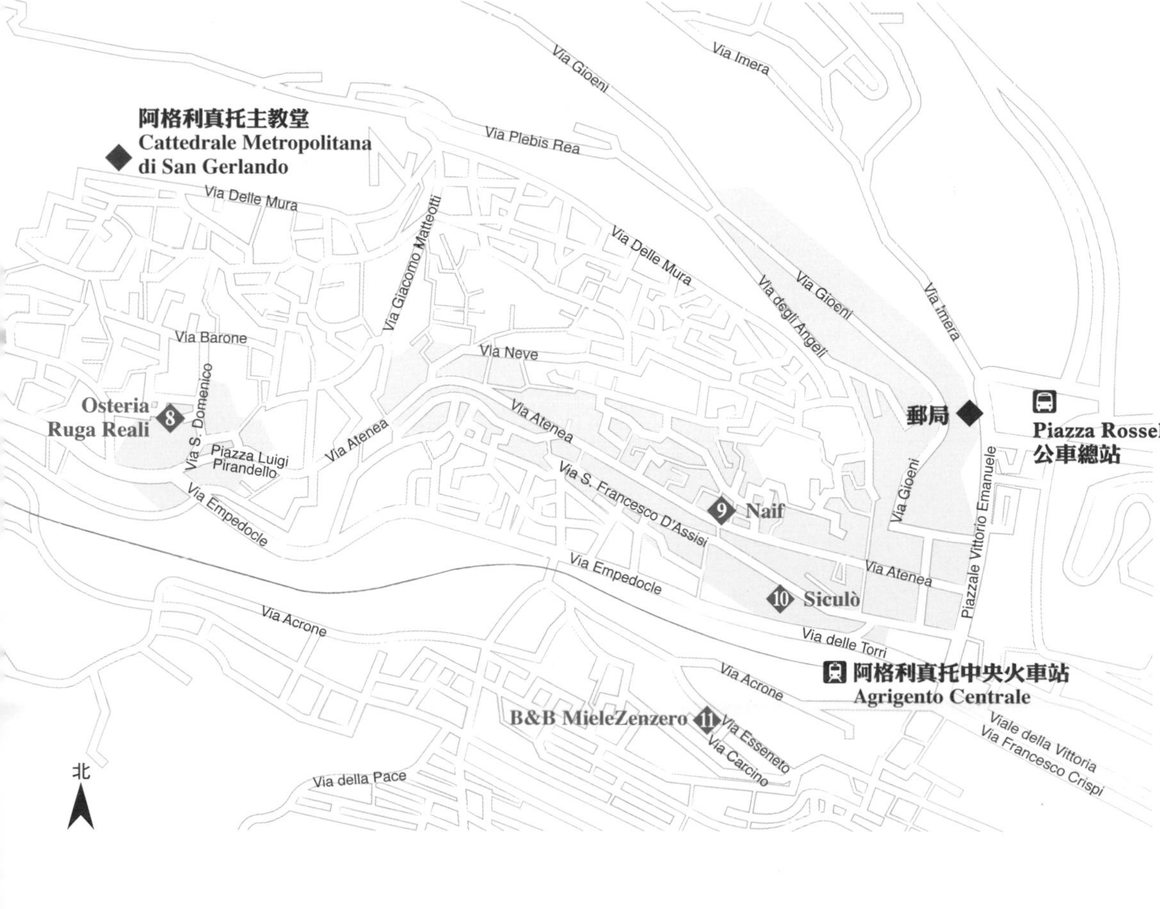

阿格利真托主教堂
Cattedrale Metropolitana di San Gerlando
Via Gioeni
Via Imera
Via Plebis Rea
Via Delle Mura
Via Giacomo Matteotti
Via Delle Mura
Via degli Angeli
Via Gioeni
Via Imera
Via Barone
Via Neve
Osteria Ruga Reali 8
Via S. Domenico
Piazza Luigi Pirandello
Via Atenea
Via Atenea
Via Empedocle
Via S. Francesco D'Assisi
9 Naif
郵局
Piazza Rosselli 公車總站
Via Gioeni
Piazzale Vittorio Emanuele
Via Empedocle
Via Atenea
10 Siculò
Via Acrone
Via delle Torri
阿格利真托中央火車站 Agrigento Centrale
Via Acrone
B&B MieleZenzero 11
Via Esseneto
Via Carcino
Viale della Vittoria
Via Francesco Crispi
Via della Pace
北

❶

從古文物認識阿格利真托

阿格利真托考古博物館
Museo archeologico regionale di Agrigento

www.lavalledeitempli.it (選擇「Itinerari」→「Museo archeologico」) / Contrada San Nicola, 12, Agrigento / (092)2401-565 / 週一～六09:00～19:00，週日、假日09:00～13:30 / 全票€8、半票€4；每個月第一個週日免費入場；與神殿谷聯票全票€13.5、半票€7 / 見P.160 / 若計畫週日、假日訪問考古博物館與神殿谷，由於考古博物館僅營業到13:30，建議先參觀博物館再到神殿谷。從考古博物館到神殿谷沿著Via dei Templi，步行至V入口只需要20分鐘，可從V入口作為進入神殿谷的起點 / 約1小時 / MAP P.167、169

博物館設有18個展覽室，展覽內容從史前時代的陶製器皿、古希臘紅黑陶器、古希臘與古羅馬時期的大理石石棺等，大部分是從附近挖掘出土的古物。其中高7.65公尺的巨人石像眞品，原本爲朱比特神殿壁龕的裝飾品，雖然雕刻細節隨著年代消失了，但從其巨大的程度，不難想像若當初朱比特神殿能全部完工，會有多麼宏偉！

▲古希臘時期黑底橘紅色圖案的陶器

▲近 3 層樓高的朱比特神殿巨人石像

興建考古博物館時，挖掘出古希臘時期的市民集會場所

2

世界遺產

諸神的居所

神殿谷 Valle dei Templi

http www.lavalledeitempli.it / ✉ Temples Valley, Agrigento / ☎ (092)2621-657 / ⏰ 售票時間08:30～19:00，出口處20:00關閉 / $ 全票€10、半票€5，每個月第一個週日免費入場。與博物館聯票全票€13.5、半票€7。售票處位在朱諾入口(ingresso Giunone)與V入口(ingresso porta V)兩處 / ➡ **搭公車：**可乘2/號公車，從朱諾入口入園，並在V入口搭乘1號公車，或赫拉神殿旁出口搭1、2、3/號公車回到市區，或前往考古博物館。**自駕：**東停車場(朱諾入口)與西停車場(V入口)相距2公里多，自駕者者逛到另一個停車場時，可透過接駁小車回原停車場取車，每人€3，亦可租電動小車移動參觀 / ⌛ 約3小時 / MAP P.169

西元前8世紀因人口增加，古希臘既有領土不夠居住，便向外擴張，占領西西里島東南方，並希望於此興建和家鄉一樣的神廟，以慰藉思鄉之情，神殿谷就是在這樣的時空背景之下建立。

神殿谷並非眞的位於山谷中，而是在一座孤立山丘上，古希臘人在此興建阿格利真托的舊城Akragas，以天然懸崖、河谷及周圍城牆抵禦其他外來民族的入侵及掠奪。內有完善的城市規畫，而目前稱呼的「神殿谷」是舊城裡的神廟群，目前剩下7座，呈現「一」字形橫列，以Via dei Templi大街串連，東邊爲赫拉神殿、協和女神神殿、朱諾神殿；西邊爲朱比特神殿、狄俄斯庫里兄弟神殿。

古希臘人統治西西里島期間，其文化深深影響當地，並奠下良好的基礎。反觀希臘本土境內的古希臘時期遺跡，在天災人禍破壞下，就數量、規模、完整度都遠不及西西里島，因此「神殿谷」是希臘境外保存最好的古希臘神廟群，後來也納入成爲世界文化遺產之一。

園區種了許多杏花，每年2～3月是盛開的季節，2月第一個週日是當地不可錯過的杏花節(Sagra del Mandorlo in Fiore)，這時候走在園區內天氣很舒服，除了欣賞神廟群，尙能看到滿山滿谷的杏花，著實是一大享受。

園區鮮少遮蔽處，若是夏季前來，記得做好防曬避免中暑，且建議多帶點水與食物在身上較爲方便。

△協和女神神殿

朱諾神殿
Tempio della Ginnone

朱諾(Ginnone)爲羅馬神話裡的天后、羅馬天神朱比特(Giove)之妻，其地位相當於希臘神話天神宙斯的妻子赫拉(Hera)。朱諾神殿建於西元前5世紀，曾被迦太基人洗劫，古羅馬時期才又修復完成，目前遺址有30根6.44公尺高的多立克式(Doric)立柱，每根柱子由4個石塊疊成，頂端細、中間粗，使得柱子能穩固撐住屋頂。

協和女神神殿
Tempio della Concordia

建於西元前450～440年間，6世紀時曾被基督教徒當作教堂使用，過去擺放希臘神像的位置，成爲教堂祭壇，因受到持續地使用與維護，讓協和女神神殿成爲整個神殿群中保存最好的一座。考古學家曾在周圍發現刻有「Concordia」的碑文，因而以此命名，但事實上，是否祭拜的眞是羅馬協和女神(Concordia)就不得而知了。目前短向立面6根、側面13根立柱，是繼希臘雅典帕德嫩神廟外，保存最好的古希臘神廟。

UNESCO標誌起源

提倡保護世界遺產的「聯合國教科文組織」(UNESCO)的標誌，就是以協和女神神殿外觀的三角山牆和基座的樣貌為設計。

赫拉神殿
Tempio di Ercole

爲神殿谷中歷史最悠久的建築，建於西元前520年，原有的38根石柱毀於一場地震，石柱已風化到分不清楚原貌，1924年在英國考古學家哈凱斯德(Alexander Hardcastle)修復下才有今日的8根柱子。傳說神殿中是祭拜希臘神話的大力士神(Heracles)。

朱比特神殿
Tempio di Giove

羅馬天神朱比特地位相當於希臘神話的天神宙斯。當時爲慶祝希臘擊敗迦太基，西元前480年興建了羅馬天神朱比特神殿，曾是西西里島上規模最大的神殿，建造過程中因戰爭多次停工，又因地震嚴重毀損，神殿石材還被民眾搬去興建阿格利眞托城，最終未完成。但就神殿的規模而言，這裡甚至還超越了雅典的帕德嫩神廟，名列古希臘神廟之首。現在僅留下石頭、基座，而躺在地上的巨石人像(Telamone)高7.65公尺，曾爲10層樓高的神殿外牆的裝飾雕像，也是現存最古老的雕像，從這個比例看來，就能想像當初朱比特神殿有多麼碩大。不過這尊巨石人像爲複製品，眞品放在考古博物館裡。

狄俄斯庫里兄弟神殿
Tempio di Dioscuri

興建於西元前5～6世紀，供奉雙子星守護神卡斯托雷(Castore)與布魯切(Polluce)，他們是宙斯的雙生子，不過神殿已在多次地震後幾乎都震毀了，上千年的石塊散落一地，19世紀時考古學家用石塊拼湊出4根具有裝飾的立柱，但已難想像當時的模樣，是神殿谷的地標。

1.朱諾神殿遺址／2.協和女神神殿是園區內保存最好的神殿，外型非常美，讓人有來到希臘的錯覺／3.赫拉神殿目前僅剩下8根柱子／4.神殿谷裡的朱比特神殿巨石人像為複製品(圖片來源／黃惠琪)／5.狄俄斯庫里兄弟神殿僅殘存4根柱子(圖片來源／黃惠琪)

1 阿格利真托考古博物館
Museo archeologico regionale di Agrigento

SP4

狄俄斯庫里兄弟神殿
Tempio di Dioscuri

朱比特神殿
Tempio di Giove

朱諾入口與售票處
ingresso Giunone

7 6 出口與 1、2、3/ 號公車站
Posto di Ristoro/ Templi

2/ 號公車站

東停車場

5 赫拉神殿
Tempio di Ercole

1 號公車站
Sant'Anna

4 協和女神神殿
Tempio della Concordia

3 朱諾神殿
Tempio della Ginnone

西停車場

V 入口與售票處
ingresso porta V

Via Giuseppe la Loggia

SS640

SS115

北

土耳其階梯 世界遺產

Scala dei Turchi

西西里島南部Realmonte與Porto Empedocle之間的海邊，有個相當罕見的地質奇景「土耳其階梯」，雪白色沉積岩峭壁富含碳酸鈣、石灰，是經過海水與風力侵蝕、風化，塑造出如階梯狀的岩體，柔軟蜿蜒地依靠在海岸邊，層層疊疊宛若雪地裡的樓梯，並會隨著陽光顏色變化。尤其黃昏時，夕陽照射著純白色的岩體，在橘黃彩霞渲染之下，幻化為金黃色階梯，這樣的視覺驚豔難以言述。從一旁的海灘望過去，更能欣賞到完整的階梯之美。

相傳過去土耳其和阿拉伯的海盜，經常以這雪白色懸崖作為藏匿之處，偷襲附近村莊，故以此命名。這樣的地質結構相當罕見，因此於2007年與卡薩勒別墅(Villa del Casale)一起被列入世界遺產。

▲土耳其階梯位在海灘旁

SP68, 182, Realmonte (經緯度為37.289083, 13.478306) / 免費 / 見P.161 / 約1小時

▲中午炙熱陽光下，土耳其階梯呈現如雪般皎潔的顏色，很難相信這是堅硬的岩石

卡塔尼亞 世界遺產

Catania 與活火山相依相存的繁榮大城

19世紀火山爆發時形成7座小火山，僅有1座為開放式火山口，其他都為封閉式

名符其實的
火山城市

▲埃特納火山為卡塔尼亞帶來肥沃的土地

西元前8世紀卡塔尼亞曾受希臘人統治，當時沒有太多建設，直到15世紀西班牙人專心治理，設立全西西里島第一所大學，加上天候、地質環境相當適合發展農業，讓城市逐漸發展。不過好景不常，1669年埃特納火山(Monte Etna)爆發，大量岩漿衝入海裡，摧毀了沿途村莊及卡塔尼亞西半部，並將火山周圍的海岸線往外推了3.7公里，重建工作尚未完成，1693年另一場大地震又把東半部夷為平地。

雖然卡塔尼亞曾遭火山摧毀，但它總能在每次浩劫後浴火重生。當地人展現「火山之都」子民的智慧，利用火山帶來的禮物進行重建——肥沃土壤適合種植柑橘、葡萄等農作物，黑色火山岩堅硬的質地，也成為建築材料——這應證了卡塔尼亞的名言：「我從我自己的灰燼中站起來。」

18世紀，出生於巴勒摩的建築大師瓦卡里尼(Giovanni Battista Vaccarini)重新規畫市容，街道整齊寬敞，兩旁商店林立，城市以西西里巴洛克風格(Sicilian Baroque Style)的華麗姿態重新展現在眾人眼前，並於2002年列入世界遺產名單。

西西里島重要進出門戶

卡塔尼亞目前為西西里島第二大城，也是島上主要的門戶，搭火車或飛機就能抵達，很適合作為前進西西里島的第一站，或是作為拜訪東岸城市如陶米納(Taormina)、夕拉庫莎(Siracusa)、諾托(Noto)、埃特納火山的中繼站。埃特納大道(Via Etna)與艾曼紐二世大道(Via Vittorio Emanuele II)是主要大道，其所交會的主教堂廣場(Piazza del Duomo)為居民生活重心，大多數的景點都在附近。

▲主教堂廣場適合作為探訪這座城市的起點

▲黑色火成岩是這一帶的重要建材，常見於卡塔尼亞建築上

交通資訊 Transportation

【前往與離開】

搭飛機＋巴士

卡塔尼亞機場(代號CTA)爲西西里島最大的機場，距離市區7公里，從歐洲或北義各大城市均有飛機直飛至此。歐洲主要航空公司(例如義大利航空、漢莎航空)之外，不少廉價航空也有往來此機場，像是EasyJet、Ryanair、Volotea等。從台灣出發需在羅馬或威尼斯轉機。

可搭乘機場巴士Alibus進卡塔尼亞市區，行經聖亞加塔主教堂(Cathedral of Sant'Agata)與卡塔尼亞中央火車站(Stazione Catania Centrale)，目前有15個停靠站。需按鈴司機才會靠站停車，若不確定下車地點，可在上車時先告知目的地，司機會在適當地點做停靠。

●Aeroporto di Catania卡塔尼亞機場

http www.aeroporto.catania.it / ✉Via Fontanarossa, Catania / ☎(095)3407-10

●Alibus機場巴士

http www.amt.ct.it (選擇「Servizi」→「Alibus」) / ☎(095)7519-111 / ⏲05:00～00:00，每隔25分鐘一班車 / $全票€4(車票可於90分鐘內免費轉乘其他市區交通工具) / ?車票可在機場或車上購買，最新巴士停靠站(包含精確站牌地址)，可查詢官網資訊 / ⌛從機場至火車站約20分鐘

▲ Alibus 機場巴士外觀

貼心提醒

避免搭乘私家車

在Alibus機場巴士站牌前，或卡塔尼亞火車站前方廣場，偶爾會遇到駕駛私家車的人詢問是否要去機場，價格每人比巴士多€1。但防人之心不可無，建議還是選擇機場巴士、計程車，或是請旅館代叫較為安心，避免發生意外，影響出遊興致。

【市區交通】

徒步

卡塔尼亞景點集中在市中心的聖亞加塔主教堂廣場附近(見P.176)，步行是最適合移動的方式，從卡塔尼亞中央火車站到主教堂廣場步行約15分鐘，再以廣場爲中心，沿著Via Etnea與Via Vittorio Emanuele II參觀周圍各個景點。

【前往其他城市】

搭火車

卡塔尼亞中央火車站可往陶米納、夕拉庫莎、阿格利眞托、巴勒摩等大城市，附近也有機場巴士停靠站與長途巴士總站。

●Treaitalia義大利國鐵

http www.trenitalia.com/tcom-en

搭巴士

卡塔尼亞巴士總站位在中央火車站旁Viale della Libertà的左右兩側，與Via D'Amico、Corso Martiri della Libertà之間這個區塊，西西里島各大城市出發的巴士皆停靠這裡。

售票處統一在Via D'Amico街上(SAIS Autolinee巴士售票處：Via D'Amico 181, Catania或是隔壁的Bus Center)。巴士總站區域很大，最好多預留尋找搭車處的時間，購票時記得先與工作人員確認上車位置，避免等錯車或搭錯車。

巴士公司	前往城市	網址與電話	備註
Interbus	陶米納(Taormina) 夕拉庫莎(Siracusa) 皮亞扎阿爾梅里納(Piazza Armerina)	www.interbus.it	■往陶米納約70分鐘 ■往夕拉庫莎約70～85分鐘 ■往皮亞扎阿爾梅里納約100分鐘 ■皮亞扎阿爾梅里納為卡薩勒羅馬別墅所在城市(介紹見P.184)，下車處在Piazza Generale Cascino, 19, Piazza Armerina
SAIS Autolinee	巴勒摩(Palermo) 梅西納(Messina)	www.saisautolinee.it (選擇「Collegamenti Regionali」)	■往巴勒摩約2小時40分鐘 ■往恩那約90分鐘 ■往梅西納95分鐘
SAIS Trasporti	阿格利真托(Agrigento)	www.saistrasporti.it	■詳見P.160 ■巴士直接走公路、班次密集又準時，會比搭火車便利

※ 資料時有異動，請以官方公布的最新資料為主(製表／莉莉安)

【前往埃特納火山】

搭公車／自駕／參加當地團

自駕或搭乘AST公車。卡塔尼亞AST巴士每天1班車來回火山，08:15從起站卡塔尼亞中央車站廣場停車場的AST BUS站牌(Catania Central Station Square)出發，最終抵達火山山腳下的Rifugio Sapienza站；下午16:30回程。由於搭乘人潮眾多，建議在起站等候上車。

另可參加當地旅遊團前往，資訊見P.183。

●AST巴士

www.aziendasicilianatrasporti.it／(091)6208-111／來回票價€6.6／購票處在起站附近標有「AST Bus」的咖啡吧／行車時間約2小時

【前往卡薩勒羅馬別墅】

搭巴士／自駕

從卡塔尼亞的巴士總站前往卡薩勒羅馬別墅，可先搭乘Inerbus或Etna Trasporti巴士前往Piazza Armerina小鎮(見上表)，抵達後步行至Piazza Marescalchi旁的Capolinea巴士站，再轉搭Savit Autolinee的VillaBus線前往。

Savit Autolinee的VillaBus線於5/1～9/30期間行駛，每日7班，車程約30分鐘，需留意回程時間避免無車可搭。其他時間則要自行駕車前往。

●Savit Autolinee巴士

www.savitautolinee.it (選擇「Linee e Orari」→「Linee Urbane」→「Linea VillaBus」)／(093)4556-626

▲埃特納火山的山頂上長年冒著白煙

餐廳推薦
Restaurant

正宗海鮮料理

Osteria Antica Marina

http www.anticamarina.it / ✉ Via Pardo 29, Catania / ☎ (095)3481-97 / ⏰ 12:00～15:00、19:00～23:00 / 休 週三 / ➡ 穿過主教堂廣場旁的河神噴泉，餐廳就位在魚市場裡 / MAP P.176 ❼

大教堂旁的魚市場裡有家連在地人都推薦的正宗海鮮餐廳，用餐環境別具鄉村風格、溫馨簡約，以卡塔尼亞傳統方式料理新鮮的海鮮，味道不錯，但價格偏高。最推薦的餐點是炸魷魚(Calamaretti fritti)、章魚沙拉(Insalata di polpo)、番茄洋蔥沙拉、海膽義大利麵(Linguine ai ricci di mare)、墨魚麵(Spaghetti al nero di seppie)，用餐時間餐廳裡擠滿了人，建議餐廳開門前就來等待，或是提前預約，避免花時間候位。

▲餐廳料理新鮮好吃，相當受到大家歡迎(圖片來源／黃惠琪)

▲老海洋餐廳位在魚市場裡靠近拱門的地方

坐在路中間大啖馬肉

Panineria Al Capriccio da Omero

✉ Piazza Papa Giovanni XXIII, Catania / ⏰ 每日18:00～03:30 / ➡ 卡塔尼亞中央火車站正前方的圓環廣場裡(巴士站旁邊) / MAP P.176 ❽

位在巴士停靠站旁的馬肉路邊攤，是義大利本島幾乎沒見過的擺攤位置，巴士在一旁進出，在地人仍自在隨性地享用餐點，也只有卡塔尼亞才能見到如此景觀！這家路邊攤的魅力在哪裡呢？原來西西里島人有吃馬肉的習慣，而這家就專賣馬肉三明治，馬肉有嚼勁但卻不老，搭配生菜夾入麵包裡，清爽不油膩，加上便宜、好吃，難怪成為當地人晚餐與宵夜常吃的餐點。

單吃馬肉或是夾麵包都是不錯的選擇 ▶

▲位於火車站正前方、巴士站旁的餐車

住宿推薦
Accommodation

火車站旁海景旅館

Ipnos B&B

✉Via VI Aprile, 19, Catania / ☎(340) 5524-554 / ➡從卡塔尼亞中央車站正門出來左轉，沿著Via VI Aprile大道，旅館位在右手邊 / MAP P.176 ❾

Ipnos B&B位在卡塔尼亞市中心一棟曾為貴族擁有的歷史建築裡，從2012年開始經營，內部保留過去貴族的生活空間及裝飾，並加上卡圖拉的現代藝術作品，讓新舊藝術在同一空間內，為這家旅館塑造出特殊風情，也呈現出經營者自己的想法。

打開窗戶就能看到海景，火車站、公車站、餐廳、博物館、港口都在步行範圍內，徒步至卡塔尼亞主教堂大概也只需10分鐘。

旅館大門上的卡圖拉現代藝術作品▶

▲明亮乾淨的用餐環境

以老闆蒐藏品布置

B&B Chapò

http bebchapo.it / ✉Via Teatro Massimo, 58, Catania / ☎(346)0922-809 / ➡從卡塔尼亞中央車站正門出來左轉，沿Via VI Aprile大道，右轉Via Antonino Di San-giuliano，再左轉Via Monsignor Ventimiglia，右轉Via Teatro Massimo往Piazza Vincenzo Bellini圓環，旅館位於右手邊 / MAP P.176 ❿

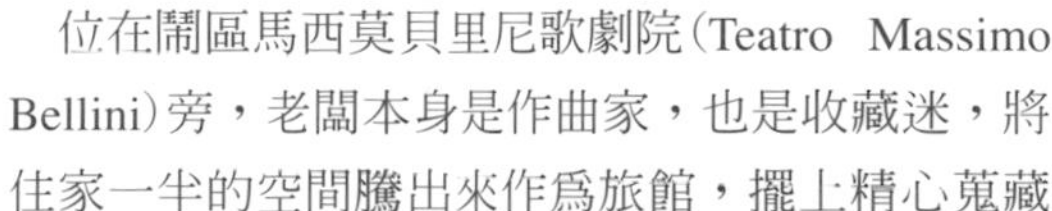

位在鬧區馬西莫貝里尼歌劇院(Teatro Massimo Bellini)旁，老闆本身是作曲家，也是收藏迷，將住家一半的空間騰出來作為旅館，擺上精心蒐藏的西裝帽、留聲機、小汽車、樂器等，讓旅館宛如小型博物館。從旅館前往主教堂廣場、貝里尼花園或火車站距離都不是太遠，機場巴士停靠站也在附近，交通相當便利。

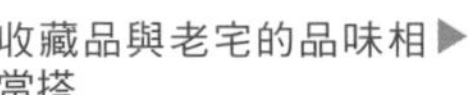

收藏品與老宅的品味相當搭▶

▲房間乾淨舒適

景點介紹
Catania

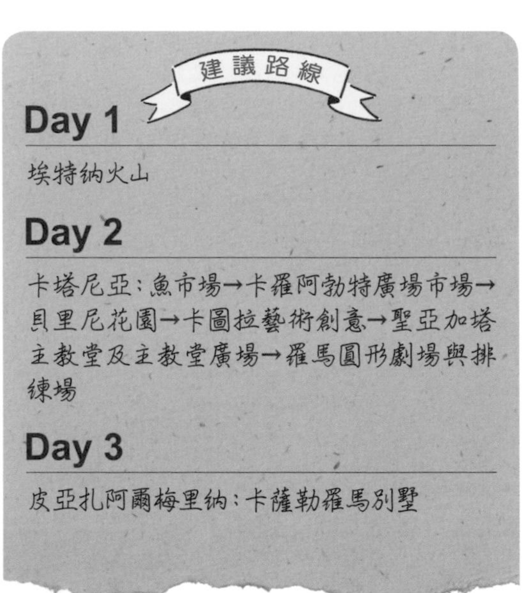

❶

黑白相間的巴洛克風格

聖阿加塔主教堂及主教堂廣場
Cathedral of Sant'Agata e Piazza del Duomo

http www.cattedralecatania.it／✉Via Vittorio Emanuele II, 163, Catania／☎(095)3200-44／🕘每日08:00～19:00／➡全從火車站沿著Via Vittorio Emanuete II大道步行，位在主教堂廣場旁／⌛約0.5小時／MAP P.176

1693年大地震震毀了這座城市，建築師瓦卡里尼以其擅長的巴洛克風格，設計了主教堂廣場周圍建築，使其視覺上呈現一致性，爲卡塔尼亞城市裡巴洛克式建築最集中之處，並列入世界遺產名單。

廣場旁的聖阿加塔主教堂(Cathedral of Sant'Agata)，是獻給卡塔尼亞守護神「殉道處女聖阿加塔」(Sant'Agata)，興建於11世紀，部分毀於地震中，目前是18世紀重新整修過的樣貌，使用當地特有的黑色火山岩及白色石灰岩興建而成，黑白相間的鮮明色彩令人印象深刻，是相當具有卡

▲年輕音樂家貝里尼長眠之地

塔尼亞在地風格的一座教堂。

教堂裡的大理石墳墓，是爲緬懷出生於卡塔尼亞，卻英年早逝的作曲家貝里尼(Vincenzo Belini，1801～1835)。

主教堂廣場的中心爲「大象噴泉」(Fontana dell'Elefante)，傳說大象曾群居在這裡保護人們，後來成爲城市的守護者。興建主教堂廣場時，就採用黑色火山岩雕刻大象，並放上埃及花崗岩製作的方尖碑，成爲城市裡最著名的紀念碑。卡塔尼亞人深信這頭黑大象能鎮住火山，爲他們帶來更多好運。

▼聖阿加塔主教堂是義大利少見的黑白色調教堂

知識充電站

卡塔尼亞特有的黑白色調

由於埃特納火山的黑色火山岩質地堅硬，但顏色較為暗沉，而夕拉庫莎的石灰岩質地脆弱、易碎裂，但其色澤米白又帶點鵝黃，符合教堂溫暖的感覺，所以卡塔尼亞及周遭城市多以火山岩興建地基，立面再以石灰岩穿插做外觀裝飾，就形成義大利少見的黑白相間建築物了。

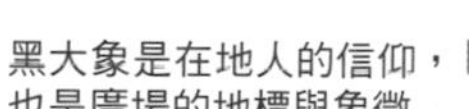

黑大象是在地人的信仰，▶
也是廣場的地標與象徵

▲羅馬圓形劇場座位區

2

古羅馬時期遺跡

羅馬圓形劇場與小劇場

Anfiteatro Romano di Catania e Odeon Romano

http www.buonastrada.eu (選擇「CATANIA ARCHEOLOGICA」→「TEATRO ANTICO」) / ✉ Via Vittorio Emanuele II 266, Catania / ☎ (095)7150-508 / ⏲ 每日09:00～18:30 / $ 全票€6，半票€3，每個月第一個週日免費入場 / ➡ 沿著Via Vittorio Emanuele II，經過主教堂廣場，位在右手邊 / ⌛ 約1小時 / MAP P.176

位在斯特希柯諾廣場(Piazza Stesicono)的羅馬圓形劇場遺址(Anfiteatro Romano di Catania)，建於西元前729年，就地取材使用黑色火山岩沿著山坡興建而成，考古學家以目前殘留的建築推算當時的規模，是個可容納14,000名觀眾的劇場。3個橫向拱形走廊與座位區相連，其精細的設計讓觀眾能在短時間之內進場或退場。整體規模雖然不大，但劇場結構保存還算完整。

劇場西側爲小劇場(Odeon Romano)，使用堅硬的火山岩興建，可容納1,500名觀眾。隨著時間的推移，羅馬圓形劇場中央處一度興建民宅，而部分小劇場甚至成爲建築結構的一部分，破壞了小劇場的整體結構，現今已看不出當時的模樣。羅馬圓形劇場與小劇場是古羅馬帝國統治卡塔尼亞這座城市的證明，日後也成爲卡塔尼亞世界遺產的一部分。

▲梯形座位下方的拱形通道保存完好

▲異國風的涼亭是貝里尼花園的象徵

3

卡塔尼亞最美的市民花園

貝里尼花園 Giardino Bellini

Via Etnea, 292, Catania / (095)7421-111 / 06:00～22:00 / 免費 / 從主教堂廣場沿著Via Etnea大道走12分鐘，花園位在左手邊(花園有數個入口，主要正門位在Via Etnea大街上) / 約0.5～1小時 / MAP P.176

傑出的名作曲家貝里尼(Vincenzo Bellini)出生於卡塔尼亞，因此城市裡有不少地標皆以他命名，像是歌劇院、街道等，而貝里尼花園也是其中之一。

這座市內現存最古老的花園，主要的出入口位在Via Etnea大道上，興建於18世紀，曾爲比利亞里(Biscari)的王子Ignazio Paternò Castello宮殿的一部分，內有迷宮、瀑布、精心設計的噴水造景，範圍從現在的貝里尼花園延伸至植物園一帶，橫跨好幾個街廓。王子過世後，花園一度荒廢，後來1854年由私人購買並加以改造整理，最後大花園拆開獨立爲貝里尼花園與植物園，其他部分則未保留下來。

1950年代，此花園內曾設置過動物園，飼養了各種珍奇異鳥、鴨子、天鵝、猴子、蛇，甚至還有大象，是不少卡塔尼亞人兒時最好的回憶。由於人爲蓄意破壞，且缺乏維護資金，後來當地政府只保留現有園區供民眾參觀。

花園裡種植繽紛奪目的花卉，最高處還能欣賞到埃特納火山雄偉的景觀，是在地人最喜歡的市民公園。

▲ Via Etnea 大道入口一進來就能看到花壇與噴水池

4

雜貨蔬果市集

卡羅阿勃特廣場市場
Piazza Carlo Alberto Market

http mercato-di-piazza-carlo-alberto.business.site／✉Piazza Carlo Alberto, Catania／🕒週一～五08:00～13:00，週六08:00～19:00／休 週日／➡從主教堂廣場沿著Via Etnea大道走10分鐘，抵達Piazza Stesicoro廣場，在Via S. Gaetano alla Grotta就能看到攤位／⏳約1～2小時／MAP P.176

坐落在Piazza Carlo Alberto廣場及周圍巷弄的卡羅阿勃特廣場市場，是卡塔尼亞最古老的市場，當地人稱呼「La Fiera」(唸法：拉～費耶拉，即市場的意思)，只要在卡塔尼亞講到La Fiera，當地人都知道是在講卡羅阿勃特廣場市場。

以Sanctuary of the Madonna del Carmine教堂爲中心，面對教堂右手邊爲雜貨市集，販售各式各樣的商品，像是衣服、鞋子、具有民族特色的配件、玩具、鍋碗瓢盆、電器等日常用品，價格相當便宜，非常適合來挖寶，不過購買前仍需比價及確認品質，也不要購買未清楚標價的產品，避免坐地起價。

面對教堂左手邊則爲蔬果及魚貨市場，供應西西里島在地生產的新鮮水果和蔬菜。

▲位在 Piazza Stesicoro 廣場旁的市場入口

兩個拳頭大的大檸檬

香櫞果(cedro)是檸檬的近親，但體積卻比檸檬大上許多，是西西里島常見的水果之一。島上多將香櫞果切片加糖醃漬，或是搾汁混入蘇打水與糖，更有趣的是削皮後的香櫞果，整顆連同白色部分做切片，沾點鹽巴就是好吃的新鮮水果囉！

▲快跟臉一樣大的香櫞果

▲香櫞果在當地的吃法是切片去皮

西西里島的綠色黃金傳奇

開心果(pistacchio)耐旱、適合種植在砂質或石灰岩地質的環境裡，而埃特納火山周圍的地理環境就很適合開心果，尤其在勃朗特(Bronte)一帶更是出名，其所產的開心果味道濃郁、品質好，當然價格也高於其他地區，故在當地有著「綠色黃金」的美名。只要是勃朗特出產的開心果相關產品，皆會特別標注「Bronte」字眼，想品嘗的話，不妨在卡塔尼亞魚市場裡接近拱門的蔬果攤找找。

▲高品質的開心果

5

海鮮集散地

魚市場 La Pescheria

Piazza del Duomo, Catania／每日05:00～10:00／主教堂廣場旁／約1小時／MAP P.176

主教堂廣場旁的河神噴泉(Fontana dell'Amenano)，爲西西里島最大魚市場的入口處，卡塔尼亞其他市場的魚也都是從這裡批售。市場範圍不小，一邊販售海鮮，另一邊則是蔬果天地，搭配此起彼落的叫賣聲，讓整個市場熱鬧不已，可以感受西西里島人在地生活的一面。新鮮漁獲僅賣到早上10點，對歐洲菜市場有興趣、或是喜歡烹飪的人一定要早起來這裡走走。

▲魚市場一開市就湧進大量人潮爭相買魚

6

夢幻般的小世界

卡圖拉藝術創意 Cartura

Via Passo di Aci 9, Catania／(095)4426-34，(328)6006-351／週一、六16:00～20:00，週二～五10:30～13:30、16:30～20:30／從主教堂廣場沿著Via Etnea大道往北走25分鐘，右轉Via Fulci，並接Via Passo di Aci，找看左手邊黃色小鐵門／約1小時／MAP P.176

2000年時由4位藝術家成立「卡圖拉藝術創意」，他們分工合作，有人負責構圖、有人負責形體創作，在水、膠帶、紙漿間創造人們的夢想。有趣的是客戶下訂單時，只需提供照片和簡單想法，在訂單確定後就只能耐心等待，直到收到作品的那一刻，會有充滿驚喜的樂趣，因爲連藝術家自己都不會確定，最後是以哪種形式呈現作品呢。

▲卡圖拉的藝術作品相當具有其特色

▲不起眼的黃色大門內就是卡圖拉的藝術基地

▲整天泡在咖啡裡的義大利人

▲每一個作品都令人目不轉睛

△埃特納火山的旅遊人氣頗高

埃特納火山
Monte Etna

位在西西里島東部卡塔尼亞旁的埃特納火山，高度3,350公尺(隨著火山爆發的狀況改變數據)，是目前歐洲最高的火山。2,700年前就有記載噴發紀錄，至今超過200次以上，是世界上爆發次數最多的火山之一。

歐洲最活躍的火山之一

1669年那次爆發的火山岩漿衝入卡塔尼亞，使城市西邊陷入火海，造成2萬人死亡，帶來最嚴重的破壞，但火山岩漿及火山灰也為當地帶來豐富的礦物質及肥沃土壤，而最近的噴發則是在2017年3月。火山幾乎每幾年就爆發一次，宣洩能量，監測站若發現火山能量滿載即將噴發，就會關閉公園並疏散周圍居民，爆發後在安全許可範圍內開放遊客參觀熔岩流。1987年成立埃特納公園(Parco dell'Etna)，保護火山山峰、火山岩沙漠、高山植物等罕見的自然景觀。

進入國家公園認識火山地質

埃特納火山外觀有明顯的火山錐，屬於「層狀火山」，與南義維蘇威火山、日本富士山同一種(想了解更多層狀火山資訊，可參考P.63維蘇威火山的介紹)。這座持續活躍的活火山，主峰每天冒著煙(白煙表示安全，黑煙代表即將爆發)，站在山頂上用手摸火山石礫或土壤都能感受到溫熱，深刻體驗這是個「活火山」而非「休火山」。而底層深處的岩漿猛烈翻攪著，能量在日積月累

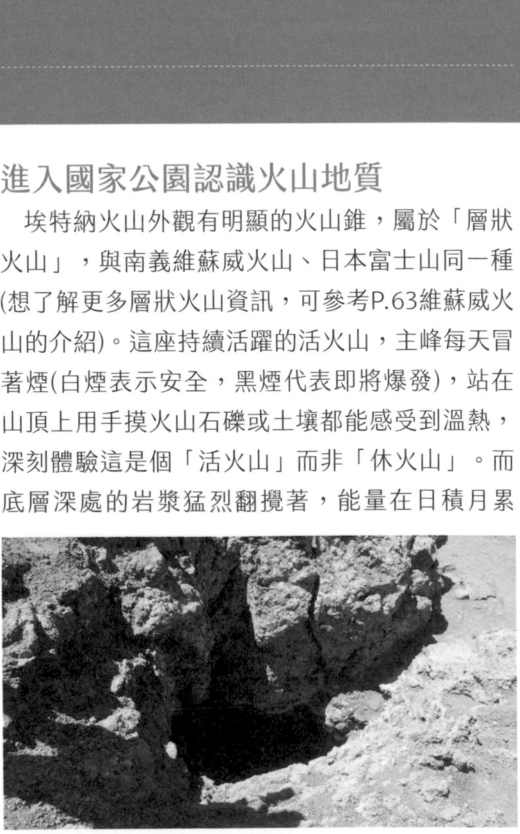

▲開放式的小火山口

下，直至滿載時即沿著脆弱破裂面噴發出來。每次爆發的位置皆不相同，根據噴發內容物所含的物質，形成各種地質與地形，讓這片面積遼闊的火山國家公園，有著多元地貌及豐富生態。

http 火山即時資訊www.ct.ingv.it (點選左下「Etna」)；纜車網站funiviaetna.com／☎(095)8211-11／⏲纜車：4～11月09:00～16:15，12～3月09:00～15:45，每週二、四、五17:00提供日落之行／$入園免費，纜車、越野車需另支付費用／➡見P.173／⌛約4～6小時

▲探訪熔岩流形成的洞穴

▲火山爆發前的地震所產生的裂縫

貼心提醒

埃特納火山旅遊方式

拜訪埃特納火山有幾種方式，包含自駕、搭大眾交通工具、參加當地旅遊團。雖然自駕最便利，不過埃特納火山公園範圍相當大，若無專人解說導覽，只能走馬看花。

而當地旅遊團會提供旅館來回接送、專業導遊帶領英文解說、還會準備徒步參觀洞穴所需的裝備，可看到不同時間點爆發所形成的火山錐、熔岩流形成的洞穴、火山爆發前的地震形成的裂縫等私房景點，透過近距離的接觸更能深刻體驗火山的威力(當地旅遊團推薦Etna Tour，可用英文聯繫預約 http www.etnatoursicilia.it)。

下午容易起霧，建議上午就上山。若想自行前往火山口，有以下3種上山方式：

1.全步程：從火山山腳下的Rifugio Sapienza站開始走，約費時4小時。

2.搭纜車後步行：約1.5小時，只需支付纜車費用€35。

3.搭乘纜車換四輪傳動車：從Rifugio Sapienza站搭Funivia dell'Etna纜車到海拔1,900公尺，再換四輪傳動車到2,700公尺，兩項費用每人共€63，購票處在遊客中心。

上火山注意事項

火山錐長年積雪，山上氣候變化多端，風力很強，登山時需準備羽絨保暖外套、保暖防曬帽子、登山鞋、登山杖、墨鏡，夏天則需要準備防水防風外套，以避免突如其來的下雨。而探訪洞穴則需要頭燈、安全帽，部分在地旅行團會提供這些裝備，可在事先報名時做確認，如此一來可減少行李重量。

▲道路前方已被火山噴發物所覆蓋

▲火山上布滿不同年代的火山噴發物

△當時的馬賽克藝術發展到爐火純青的地步，讓人佩服（圖片來源／黃惠琪）

卡薩勒羅馬別墅

Villa Romana del Casale

卡薩勒羅馬別墅位在距離皮亞扎阿爾梅里納(Piazza Armerina)市中心5公里遠的郊區，建於西元3～4世紀羅馬帝國時期，直到12世紀都還有人居住，後來整個被土石流淹沒，這些珍貴且宏偉的遺跡才得以保存下來，直到20世紀才又被挖掘出來重見天日。

這棟別墅是羅馬帝國在農村開發中最值得當代表的建築，也是眾多同類建築裡最奢華的一棟。之所以被關注的原因是，面積高達3,500平方公尺的別墅裡40多個房間大量用馬賽克磚做裝飾，當時聘僱北非工匠或藝術家製作，以高超的馬賽克鑲嵌技術與大膽用色，呈現各式各樣的主題，有神話故事、僕人服侍貴族、仕女跳舞等，反映了古羅馬貴族的奢華生活，一幅幅畫作如同當時社會風情的縮影。

其中最知名的是「行獵圖」，60公尺的長條形走道鑲滿馬賽克，只為了展現出世界各地獵捕動物的畫面。「馬車競賽圖」細膩到做出馬車翻車畫面，而「穿比基尼的女人」則是呈現當時體態勻稱的羅馬貴婦們，利用布條遮住重要部位作為她們的運動服。整棟別墅的馬賽克畫作工細緻，令人讚歎，堪稱是羅馬時期最絢爛的作品之一。

▲別墅內的地板做工精緻，不細看很難想像這是用細小的馬賽克磚拼出來的作品（圖片來源／黃惠琪）

▲當時民風開放，別墅內就有馬賽克版的春宮圖
（圖片來源／黃惠琪）

http www.villaromanadelcasale.it／✉ Provincial Road (Strada Provinciale) 15, Piazza Armerina／☎(093)568-0036／🕒3月最後一個週日～10月最後一個週六，每天09:00～19:00；10月最後一個週日～隔年3月最後一個週六，每天09:00～17:00，售票處在關門前1小時停止售票。7～8月週五～日延長開放時間至23:30／$ 全票€10，18～25歲€5，每個月第一個週日免費／➡ 見P.173／⏳約2～3小時

知識充電站

馬賽克藝術

馬賽克(Mosaic)發源於古希臘，藉用小碎片磁磚拼成各種圖案，用來裝飾民宅或是公共建設的地板或牆面，這技術到了古羅馬時期更是發揮到極致。當時使用兩片玻璃中間夾珠寶粉末，製作出閃閃發亮的馬賽克磚裝飾豪宅，使得這些宅邸更加金碧輝煌，所以像是羅馬時期的龐貝古城、卡薩勒羅馬別墅，延續到中世紀，則是以王室山主教堂、巴勒摩主教堂、諾曼皇宮的帕拉提那禮拜堂，都是馬賽克藝術的精采代表。

▲穿比基尼運動的女人（圖片來源／黃惠琪）

陶米納 Taormina

西西里島最美的小鎮

不少藝術家在階梯上擺上作品，為陶米納增色不少

西西里島
最美麗的陽台

▲陶米納最常見的陶藝品

法國作家莫柏桑(Guy de Maupassant)曾說：「如果你問我，只有一天在西西里島去哪裡好？那麼我告訴你一定要去陶米納，這小村莊雖然只是一個小小的景觀，但其中的一切都能夠讓你的視覺、精神及想像盡情地沉溺，享受其中。」

陶米納位在海拔206公尺高的道羅山(Monte Tauro)半山腰，抬頭欣賞山頂白雪皚皚的埃特納火山，低頭則是波光粼粼的愛奧尼亞海(Ionian Sea)，海邊心型沙灘、如綠色珍珠般的貝拉島(Isola Bella)，以及優雅的街道景觀，造就了這座小山城無限的魅力，深受不少歐洲皇室貴族、文人雅士喜愛，自古以來是西西里島最著名的度假勝地，也是義大利人最喜歡的蜜月地點之一。

熱鬧豐富的山城風光

西元前8世紀古希臘人建城，9世紀曾為拜占庭時期的首都，至今保留中世紀山城的樣貌，街道兩側的階梯、窗戶、陽台滿是精心布置的鮮花、陶藝品，走個兩三步就是一處美景。而每年7～8月為陶米納藝術節(Taormina Arte Festival)，舉辦各類電影、戲劇、音樂等活動，秋天則舉行傳統花車遊行(Raduno del Costume e del Carretto Siciliano)，樂手坐在裝飾繽紛的馬車上演奏當地歌曲，大街小巷都能聽到熱鬧的遊行聲，為慶典的氣氛帶到最高潮。若預計7～8月前往陶米納，記得提早預訂住宿。或是住卡塔尼亞，再到陶米納1日遊。

整座山城以溫貝多一世大道(Corso Umberto I)作為主軸，貫穿東西兩側，為主要的逛街鬧區，紀念品琳瑯滿目，選擇很多，很適合在這裡購買。兩側底端則為東城門(Porta di Messina)和西城門(Porta di Catania)，城門旁各有一處停車場。

▲陶米納為海邊一處山城

▲陽台上爭奇鬥豔的花朵，更為小鎮增添色彩

交通資訊 Transportation

【前往與離開】

搭火車+巴士

巴勒摩、卡塔尼亞、梅西納(Messina)等城市每天都有多班火車、巴士往來陶米納。陶米納主要車站爲Stazione Taormina-Giardini，不過火車站並非在鬧區旁，而是坐落在山腳下，需從火車站轉搭Interbus或Etna Bus，至Via Pirandello路上的公車總站(Taormina Terminal Bus)，車資€1.7，車程約10分鐘，再上坡步行10分鐘，即可抵達舊城入口。

●Treaitalia義大利國鐵

http www.trenitalia.com/tcom-en

●Interbus巴士

http www.interbus.it

●Etna Trasporti

http www.etnatrasporti.it

▲陶米納火車站距離鬧區有一段距離，交通不是很方便

搭巴士

相較於火車，在西西里島的巴士更爲便利、價格低廉，深受自助旅行者的喜愛，也可以省下在陶米納火車站等換公車的時間。巴士皆停在陶米納巴士總站(Taormina Terminal Bus, Via Pirandello)，下車後沿著上坡路步行10分鐘，即可抵達舊城入口。

陶米納往返卡塔尼亞

從卡塔尼亞出發，可在火車站附近的巴士總站(Via Archimede)，搭乘Etna Trasporti巴士前往陶米納，車程70分鐘，車票單程€5、來回€7.8，班次相當密集。

陶米納往返巴勒摩

從巴勒摩到陶米納需5小時車程，先搭火車到梅西納，再轉乘Interbus巴士，車票單程€22.5。

陶米納往返梅西納

從梅西納出發，在巴士總站(✉Pizza Della Repubblica, 6, Messina)搭乘Interbus巴士前往陶米納，車程約105分鐘，車票單程€4.3、來回€6.8。

【市區交通】

徒步 / 搭纜車

位在半山腰的中古世紀山城規模不大，步行即可逛完，不過城內不少沿著山坡興建的階梯，需花費體力上上下下，穿一雙舒適的鞋子很重要。

陶米納除了舊山城別具魅力外，其山腳下的海灘更是度假勝地，可搭乘纜車前往濱海小鎮Mazzarò的貝拉島海灘。

●Funivia Mazzarò-Taormina纜車

http www.gotaormina.com (選擇英文後點入「Taormina」→「Cable Car Timetable」) / ✉Via Luigi Pirandello, 22, Taormina，距東城門步行約2分鐘 / ☎(094)2239-06 / 🕒週一08:45～20:00，週二～日07:45～20:00，每15分鐘一班，車程約2分鐘 / $全票單程€3，一日票€10

▲通往貝拉島的的纜車

▲搭乘纜車從另一個角度欣賞陶米納

餐廳推薦
Restaurant

創意料理與藝術的結合

Casa Giolì

www.casagioli.it / Via Giordano Bruno, 2, Taormina / (094)2683-017 / 每日12:00～14:00、19:00～23:00 / €56～91 / 從主教堂沿著Corso Umberto I大道右轉上Salita Badia Vecchia階梯，餐廳位在右手邊 / MAP P.190 6

在美食網站評價相當高的鶩利藝術餐廳(Casa Giolì)，位在主教堂附近最具特色的街道裡，登上階梯，映入眼簾的是優雅小花園裡的藝廊餐廳，除了供應西西里島在地料理，也定期邀請年輕藝術家在這展示畫作、雕塑或照片，藝術氛圍相當濃厚。

餐廳非常注重小細節，可以透過開放廚房欣賞主廚與他的團隊如何精心烹調出一道道令人讚歎的創意菜肴，別忘了點杯西西里島別致的葡萄酒，讓美食更加分！夏天晚上來到這裡，可以選擇在茉莉花下用餐，花香伴隨著食物的香氣，會是在陶米納最難忘的一個夜晚。

是餐廳也是藝廊▶

▲鶩利藝術餐廳的用餐環境相當有特色

視覺與味覺的大饗宴

Ristorante Granduca

www.ristorantegranduca.it / Corso Umberto I, 172, Taormina / (094)2249-83 / 每日12:00～23:00 / €10～30 / 從Porta Messina沿著Corso Umberto I大道往主教堂方向走，餐廳位在左手邊 / MAP P.190 7

餐廳位在海邊懸崖旁，是一棟15世紀古色古香的豪華別墅，從溫貝多一世大道的入口，順著階梯而下來到露天陽台，映入眼簾的是湛藍的愛奧尼亞海海景，在萬紫千紅的九重葛陪襯之下，迷人而優雅的景觀美得令人窒息，坐在這裡賞景、品嘗美味的西西里島在地菜肴，眞是一大享受！

海鮮、牛排、哈密瓜生火腿、義大利麵與提拉米蘇都深得饕客的心，價位與北義正式餐廳相當，即使只是一份披薩(約€8～14)，也一樣可以感受到廚師的用心，難怪瓜都卡餐廳是陶米納相當受歡迎的餐廳。

由於一到用餐時間就是滿滿的人潮，爲確保能坐在露天海景區的座位，建議最好提前預訂座位，並請餐廳保留靠海的位子，或是餐廳開始營業就入座。

▲海鮮義大利麵料多實在

▲披薩價格不貴

▲餐廳就在愛奧尼亞海旁，在這裡用餐，非常享受

西西里傳統菜肴

Trattoria Don Ciccio

http FB搜尋Trattoria Don Ciccio Taormina / ✉ Via Damiano Rosso, 19, Taormina / ☎ (094)2628-341 / ⏲ 每日10:00～23:00 / $ €10～30 / ➡ 從主教堂沿著Corso Umberto I大道左轉入Via Damiano Rosso，餐廳位在右手邊 / MAP P.190 8

唐曲齊歐是一家中等價位的餐廳，位在主教堂後方巷子裡，遠離大街上吵雜的人群，環境靜謐。供應的是典型西西里傳統菜肴，特別推薦新鮮魚肉／肉類／沙丁魚義大利麵、西西里香蒜醬義大利麵、海膽義大利麵、葡萄酒。服務人員態度熱情、敏捷，又可用英文溝通，讓不少來過的人稱讚不已。若想享受專屬於陶米納特有的風情，也可以選擇在餐廳外的陽台，或是在教堂廣場用餐。因爲也是當地相當熱門的餐廳，建議提前預訂座位。

▲唐曲齊歐的陽台用餐區，用餐環境相當有特色

景點介紹

Taormina

建議路線

Day 1

古希臘劇場→市民公園→瓜都卡餐廳（午餐）→溫貝多一世大道→（搭纜車或步行）貝拉島

1

以大自然為背景的古劇院

古希臘劇場 Teatro Greco

http www.traveltaormina.com/en (選擇「What to See」→「Monuments」→「Greek Theatre」)／✉Via del Teatro Greco, 1, Taormina／🕒**11/1～2/15：**09:00～16:00。**2/16～2/28：**09:00～16:30。**3/1～3/15、10/16～10/31：**09:00～17:00。**3/16～3/31、10/1～10/15：**09:00～17:30。**4月、9/1～9/15：**09:00～18:30。**5～8月：**09:00～19:00。**9/16～9/30：**09:00～18:00／$全票€10、半票€5，18歲以下免費，每個月第一個週日免費入場／➡從東城門步行約5分鐘／⌛約1～2小時／MAP P.190

德國文學家歌德，曾讚美陶米納的古希臘劇場為「最偉大的藝術及結合自然的作品」。

陶米納的劇場是西西里島上第二大的希臘劇場(最大為夕拉庫莎的希臘劇場，見P.200)，也是保存最好、最美的劇場。興建於西元前3世紀，起初是為宗教目的而建，羅馬時期則是羅馬人最愛的競技場表演場地，今日則是舉辦各種表演。

站在古希臘劇場裡，不得不佩服古希臘人選址選得好。整座劇場位在山頂上，觀眾席望向愛奧尼亞海，一旁就是埃特納火山那優美的火山錐，以山景海景為背景，舞台鑲嵌其中，形成被山海包圍的絕妙畫面。整個空間分為舞台區、樂隊區、觀眾席，中央的舞台區以列柱裝飾的牆面作背景，樂隊及歌手就位在劇院最底層演奏歌唱，在古希臘人精心規畫之下，不論哪個位置都能聽到表演聲音。而觀眾席則是順著山勢依身分地位作區域劃分，最多可容納5,000人。

現在劇場經常舉辦演出活動，每年6月是以大海為背景、星星為燈幕的時裝秀，7～8月則是播放露天電影，目前也是知名的「陶米納藝術節」活動所在地。下午山城容易有霧氣，早上光線好、比較沒背光，建議上午時到訪，站在觀眾席最高處，可將陶米納的美盡收眼底，體會人文與自然最完美的結合。

莉莉安心情寫真

來到這裡時，非常幸運聽到中國朋友站在舞台區即興演唱了一段歌劇曲目，聲音如黃鶯出谷般迷人，在場旅客們無不聽得目瞪口呆，也驗證了這劇場設計之精巧，不需要麥克風亦能將聲音傳達到各處。

▲以大海、火山為背景的陶米納古希臘劇場

❷ 骨董、精品店林立
溫貝多一世大道
Corso Umberto I

➡從Taormina Terminal Bus總站沿著Via Pirandello爬坡，穿過東城門Porta di Messina即是大道起點／⌛約1～2小時／MAP P.190

陶米納舊城區的主要大街，是以義大利國王溫貝多一世命名，古世紀時為一條貫穿整個城市的林蔭大道，連結舊城各景點，以東城門為起點，如今兩側林立骨董店、精品店、紀念品店、餐廳、旅館等。

眼尖的你是否有發現，大道旁沿著山坡而上的階梯巷弄，各個風格迥異，有的在鮮豔花朵襯托下格外動人，有的則是外牆剝落，呈現歲月打磨後的滄桑感，處處皆有陶米納動人的風景，非常值得細細玩味。逛累了就在陶米納大客廳「4月9日廣場」(Piazza IX Aprile)休息一下，選家順眼的咖啡吧，欣賞遠方的愛奧尼亞海與埃特納火山，或是觀看街頭藝人在黑白相間的廣場上表演，度過一段悠閒時光。

入夜後暮色瀰漫，小鎮的璀璨燈火與滿天繁星，令人分不清是天上或是人間。

大道旁的階梯處處是迷人風景▶

▲4月9日廣場是溫貝多一世大道主要的廣場之一

❸ 異國風的生態天堂
市民公園
Villa Comunale

http www.comune.taormina.me.it (選擇「Cultura e Territorio」→「Villa Comunale」)／✉Via Bagnoli Croce, Taormina／🕒08:00～20:00／$免費／➡往古希臘劇院方向右轉Via di Giovanni，順著路左轉Via Bagnoli Croce，步行約5分鐘，大門在右手邊／⌛約1小時／MAP P.190

將貝拉島打造為生態樂園的特雷維萊女士(Florence Trevelyan，見P.194)，在陶米納半山腰處收購土地，種植多樣珍貴稀有植物，讓茂密的樹林成為野生動物的快樂天堂，任何人都不能打擾，她也成了義大利鳥類保護的先驅者。

園區內建造了英國維多利亞風格的建築，為一座典型的英式花園，是陶米納少見的景致。後來這塊土地捐給陶米納政府，作為市民公園的一部分，不少新人選在這裡拍攝婚紗照，也是午後散步的好去處。這裡是排名在古希臘劇場之後，陶米納第二的知名景點。

❹ 小巧樸實的中世紀教堂
主教堂
Duomo di Taormina

http www.comune.taormina.me.it (選擇「Cultura e Territorio」→「Chiese」→「Il Duomo」)／✉Pizza Duomo, Taormina／🕒08:00～20:00／$免費／➡從西城門往古希臘劇院方向，步行約5分鐘在右手邊／⌛約0.5小時／MAP P.190

西城門附近的陶米納主教堂興建於13世紀，獻給聖尼可婁(San Nicolo di Bari)，外觀有著中世紀風格，立面設有文藝復興風格的小玫瑰花窗，內為拉丁十字結構。主教堂廣場(Piazza del Duomo)有座噴水池，上為人面馬身、右手拿權杖、左手持地球的雕像，這是陶米納的象徵及市徽圖案。

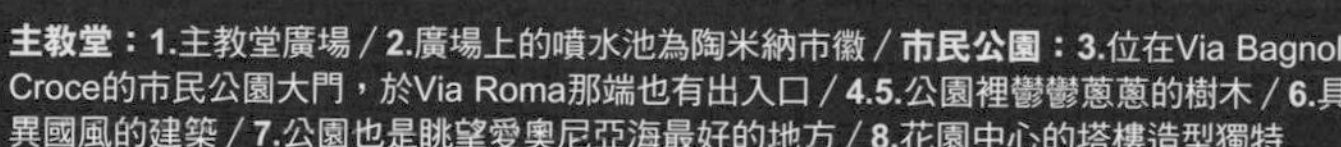

主教堂：1.主教堂廣場 / **2.**廣場上的噴水池為陶米納市徽 / **市民公園：3.**位在Via Bagnoli Croce的市民公園大門，於Via Roma那端也有出入口 / **4.5.**公園裡鬱鬱蔥蔥的樹木 / **6.**具異國風的建築 / **7.**公園也是眺望愛奧尼亞海最好的地方 / **8.**花園中心的塔樓造型獨特

5

愛奧尼亞海的珍珠

貝拉島 Isola Bella

貝拉島自然歷史博物館(Museo Naturalistico Regionale di Isolabella e Villa Caronia)：✉Isola Bella, Taormina／☎(094)2628-738／🕒週二～日09:00～16:00／休 週一／$ 貝拉島目前以自然博物館的型態經營，需購票才能上島，全票€4、半票€2。進入海灘免費／➡步行(約10分鐘)或搭乘纜車(Funivia Mazzarò-Taormina)前往濱海小鎮Mazzarò／⌛約1小時／MAP P.190

貝拉島位在陶米納山腳下的一處海灣裡，爲一座陸連島，有著「愛奧尼亞海上珍珠」的美名，可從陶米納岸邊藉由淺水灘涉水前往島上。

1890年，熱愛大自然的英國人特雷維萊女士買下這座島，並於島上興建房子與花園，種植地中海一帶的植物及部分少見的外來植物，豐富的林相，使得原本岩石裸露的島嶼成爲海鳥、爬蟲類最喜歡的地方，當她過世後，貝拉島由西西里島當地政府接管，並指定爲自然保護區。

島周圍的心型沙灘區是陶米納日光浴的熱門場地，非常適合坐在海邊聆聽浪花與石頭合奏的交響樂，夏天(尤其8月)來此，幾乎一位難求。想來此玩水做日光浴的人記得準備涼鞋，避免被海裡石頭割傷腳。

另一個欣賞貝拉島的方式則是沿著纜車站前Via Luigi Pirandello往海邊走，到位在Via Luigi Pirandello與Via Guardiola Vecchia兩路交會點的觀景台，眺望愛奧尼亞海綠色珍珠最美的姿態。

▲公車總站附近的觀景台

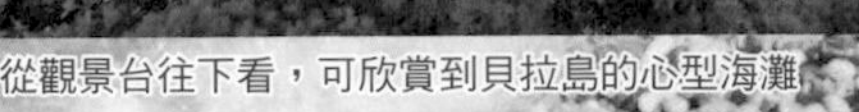

▲從觀景台往下看，可欣賞到貝拉島的心型海灘

坐在心型海灘享受這一刻的美景

夕拉庫莎 Siracusa

阿基米德的故鄉

諾托花毯節，地上的花卉圖樣精緻細膩

古希臘時期的
富裕海港城

夕拉庫莎位在西西里島東南端，是由本島一部分與歐提加島(Isola di Ortygia)組成，擁有天然良港，戰略地位重要，自古以來就是地中海主要的海港城，也是兵家必爭之地。西元前8世紀建立，在明君帶領之下，整座城市發展到達巔峰，不少學者前仆後繼來到，像是古希臘哲學家柏拉圖、羅馬歷史學家李維(Titus Livius)等，氣勢銳不可擋，幾乎與雅典齊名，西元前4世紀甚至成為地中海一帶最富裕的城市。只是在古希臘沒落後，夕拉庫莎落入古羅馬帝國手裡，因不被重視，城市發展一落千丈。

夕拉庫莎曾被羅馬歷史學家西塞羅(Marcus Tullius Cicero)稱讚是「古代最美的城市」，同時也是發現浮力的數學家阿基米德的故鄉。

▲舊城區大街上有不少值得一逛的創意小店

舊城區與新城區

夕拉庫莎分為新城區與舊城區，其位於歐提加島的舊城區擁有2,700年以上的歷史。建立之初，居民集中居住在這座島上，後來過於擁擠，只好往西西里島本島尋求空間，才有後來的新城，統治者也在新城區興建古希臘劇院、羅馬圓形劇場、祭壇等，也就是後來的夕拉庫莎考古公園(Parco Archeologico della Neapolis)的範圍，其中「Neapolis」就是古希臘語「新城」的意思。

大部分的知名景點坐落於舊城區，與列入世界遺產的夕拉庫莎考古公園約20分鐘的步行距離，這兩區是當地的旅遊重點。

▲舊城區市中心的金色噴水池

▲歐提加島市場 (Mercato di Ortigia) 充滿西西里島人的熱情

交通資訊 Transportation

【前往與離開】

搭火車

夕拉庫莎有火車直接通往卡塔尼亞、陶米納、梅西納，而前往巴勒摩、阿格利眞托需在卡塔尼亞換車。往來卡塔尼亞與夕拉庫莎的火車約1～2小時1班，費用爲€7，費時75分鐘。火車站位在西西里本島與歐提加島之間，因此搭火車前往夕拉庫莎，再步行參觀這座城市還算便利。

● **Treaitalia義大利國鐵**
http www.trenitalia.com/tcom-en

搭巴士

各大城市出發的巴士，皆停靠位在火車站附近、溫貝多一世大道上的公車總站（✉ Corso Umberto I, 196, Siracusa）。欲前往卡塔尼亞或其機場，可搭乘半小時1班的Interbus，單程費用€6.2，單程75分鐘，比火車便利許多。

● **Interbus巴士**
http www.interbus.it

【市區交通】

徒步

不論從火車站或是公車總站出發，前往考古公園或歐提加島舊城區，步行皆約20分鐘可達。

【前往諾托】

搭火車

從夕拉庫莎出發，搭Treaitalia義大利國鐵車程約半小時可達諾托。（若從卡塔尼亞前往，班次少，且需費時2～3小時。）

搭巴士

從夕拉庫莎或卡塔尼亞前往諾托，最方便的方式就是搭Interbus巴士。卡塔尼亞車程95分鐘，每小時1班車；夕拉庫莎車程55分鐘，每2小時一班車，交通上更爲便利。

餐廳推薦 Restaurant

在地排隊美食

Caseificio Borderi

http www.caseificioborderi.eu / ✉ Via Emanuele de Benedectis 6, Siracusa / ☎ (329)9852-500 / ⏲ 週一～六07:00～16:00 / 休 週日 / $ 三明治、帕里尼麵包€6、雙層三明治(Double King Sandwich)€8 / ➡ 從阿波羅神殿沿著Via dell'Apollonion左轉進入Via Dione，走到快到盡頭時，就在停車場旁 / MAP P.199 ⓫

波德瑞起司熟食鋪的師傅，熟練地將生菜、橄欖、香草、醃漬番茄、茄子、肉類切碎夾在麵包裡，刨點自家製作的起司，不手軟地鋪上莫札瑞拉起司，最後放上火腿肉、蜂蜜，總共鋪了11層，才完成巨大三明治，份量足以讓兩人一起分食，而這樣受歡迎的三明治卻只需要€8，難怪成爲當地排隊美食。看師傅製作三明治就像是看場表演，等待期間師傅也很大器的供應自家水牛莫札瑞拉起司請大家吃，不過13:00過後可能需等上1小時，建議提早來購買。

▲裡外都站滿等候人潮，建議先找位子坐下來再點菜

▲提供客製化三明治服務，所以每份三明治都要等很久

▲套餐也是不錯選擇，一份€10

景點介紹

Siracusa

夕拉庫莎考古公園→阿波羅神殿→波德瑞起司熟食鋪（午餐）→夕拉庫莎主教堂→古猶太教浸禮池

古希臘劇場 Teatro Greco ⑤

天堂採石場 Latomia del Paradiso ④

入口

耶羅內二世祭壇 Ara di Ierone II ③

羅馬圓形劇場 Anfiteatro Romano ②

Viale Giulio Emanuele Rizzo

Via Ettore Romagnoli

Viale Teracati

Viale Augusto

Viale G. Agnello

Viale Paradiso

Via Francesco Saverio Cavallari

Corso Gelone

Viale Paolo Orsi

① 夕拉庫莎考古公園 Parco Archeologico della Neapolis

Via dell'Unità d'Italia

Viale Luigi Cadorna

Corso Timoleonte

Corso Gelone

Via Trapani

Via Mosco

Via Agatocle

Riviera Dionisio Il Grande

SS124

夕拉庫莎火車站 Siracusa

夕拉庫莎公車總站

Via Elorina

Corso Umberto I

Via Malta

⑪ Caseificio Borderi

Via Trieste

Via del Mille

⑥ 阿波羅神殿 Tempio di Apollo di Ortigia

Corso Giacomo Matteotti

Lungomare di Levante Elio Vittorini

Via della Maestranza

夕拉庫莎主教堂 Duomo di Siracusa ⑧

⑨ 猶太教古浸禮池 Miqwe

Via Pompeo Picherali

Via Roma

SS115

地中海 Mediterranean Sea

阿蕾杜莎水池 Fonte Aretusa ⑦

馬尼亞切城堡 Castello Maniace ⑩

北

古希臘時期的新城

夕拉庫莎考古公園 Parco Archeologico della Neapolis

www.siracusaturismo.net (選擇「Cosa vedere」→「Archeologia」→「Parco Archeologico della Neapolis」)／Via del Teatro Greco, Siracusa／(093) 1662-06／每日08:30～19:30，最後入場時間為18:00／全票€10，半票€5，18歲以下、當日壽星、每個月第一個週日免費入場／從火車站或公車總站沿著Corso Umberto I步行，左轉Via Catania，穿過圓環沿著Corso Gelone往北走，遇到路底圓環左轉Viale Paolo Orsi，再右轉Via Francesco Saverio Cavallari，公園入口在左側／考古公園裡鮮少有遮蔽處，建議做好防曬準備／約1～2小時／MAP P.199

羅馬圓形劇場 Anfiteatro Romano

興建於西元前2世紀的羅馬圓形劇場，是古羅馬時期角鬥士與猛獸格鬥的場地，當時設有8個出入口，並在外圍設有深1公尺、寬2.5公尺的走道，將觀眾與猛獸保持安全距離，避免觀賞時遭受攻擊。只可惜劇場在16世紀時被西班牙人破壞，在斷垣殘壁中仍能看到角鬥士與野獸進出的拱門通道、中央表演區域、觀眾席。中央方型池子本來覆蓋，與左右兩側通道相通，但後來改為供應海戰表演的水池而做防水措施。而周圍種植樹木，是用來標示當時羅馬圓形劇場的範圍。雖然這裡的規模比羅馬競技場小，但卻能略窺這類劇場所做的動線及設施規畫。

耶羅內二世祭壇 Ara di Ierone II

羅馬圓形劇場旁可看見明顯高台，長200公尺、寬25公尺，以一旁採石場的石塊興建而成，據說是古希臘時期最完整的祭壇，於西元前3世紀興建，考古學家推斷這裡曾一次獻祭450頭公牛，可惜的是，祭壇上方結構在16世紀被西班牙人破壞，今日只剩下石塊基座。

天堂採石場 Latomia del Paradiso

天堂採石場的石塊為顏色略帶鵝黃的白色石灰岩，2,500年前古希臘人修建劇場、神殿、住宅的建材，皆取自於此，開採後的洞穴也有不同用途，例如編繩工作室的編繩人洞穴（Grotta dei Cordari），或是囚禁犯人的「狄奧尼修斯之耳」（Orecchio di Dionisio）。後者是一個貌似耳朵的洞穴，高23公尺、深3公尺、往內S型延伸，相傳暴君狄奧尼修斯將犯人囚禁在這裡，以這洞穴天然構造產生的回音，藉此偷聽囚犯談話，以掌握可能謀反的情報消息，故以這暴君的名字作為洞穴的命名。

古希臘劇場 Teatro Greco

劇場興建於西元前5世紀，同樣也是使用一旁採石場的石灰岩為建材，在地中海熱情的陽光照耀下，散發出珍珠般的白色光澤，為西西里島最大的劇場。扇形的觀眾席區順著山勢而建，共有67排座位，可容納16,000人，任何角度都能欣賞到舞台上的表演。目前劇場都還在使用中，是每年夏天「希臘藝術季」（Festival del Teatro greco di Siracusa）的主場地之一。夕拉庫莎的這座劇場雖然規模最大，不過相較之下，陶米納劇場相對精緻，保留了更多早期設計的細節。劇場上方的洞窟曾被作為戰俘監獄和石棺墓穴，傳言阿基米德墓穴就在這裡。

1.僅剩基座平台的耶羅內二世祭壇／2.從遺址仍可看出當時羅馬圓形劇場的規模／3.石棺陳列在羅馬圓形劇場入口／4.收音效果很好的狄奧尼修斯之耳／5.從古希臘劇場俯瞰採石場／6.編繩人洞穴／7.據說阿基米德的墓穴，就在位於劇場上方的這片洞穴區／8.夕拉庫莎的古希臘劇場歷經多次改造，原貌幾乎已不復存

⑥

古希臘神殿遺址

阿波羅神殿 Tempio di Apollo di Ortigia

http www.siracusaturismo.net (選擇「Cosa vedere」→「Archeologia」→「Tempio di Apollo」) / ✉ Largo XXV Luglio, Siracusa / ➡ 從火車站或公車總站，沿著Corso Umberto I，越過跨海大橋即抵達潘卡利廣場(Piazza Pancali)，神殿位在廣場旁 / ⌛ 約30分鐘 / MAP P.199

位在舊城區入口處、潘卡利廣場旁的阿波羅神殿，是古希臘人於西元前6世紀所興建，曾淪爲拜占庭教堂、伊斯蘭清眞寺，甚至後來的諾曼救世主教堂以神殿爲地基，建築物興建在上方，16世紀被作爲西班牙兵營，因日漸損壞，目前僅存幾根多立克柱與牆面地基。

▲一來到歐提加島就能看到阿波羅神殿

⑦

美麗的神話傳說

阿蕾杜莎水池 Fonte Aretusa

✉ Largo Aretusa, Siracusa / ➡ 從火車站或公車總站往南走，越過跨海大橋接Viale Giuseppe Mazzini，左轉接Via Ruggero Settimo與Passeggio Aretusa，水池位於右側 / ⌛ 約30分鐘 / MAP P.199

相傳希臘神話的阿蕾杜莎是黛安娜女神的侍從，有一天在森林打獵、收集果實時遇到河神，河神愛上了她，但她卻不喜歡河神，希望黛安娜女神能將她變爲歐提加島的泉水來躲避河神的追求，沒想到不願放棄的河神卻要求女神將他變爲愛奧尼亞海，永遠守護著阿蕾杜莎這池泉水。有著美麗傳說的阿蕾杜莎水池實際上是座湧泉池，其獨特之處在於位在海邊的水池不受海水壓力影響，源源不絕湧出淡水。

▲舊城區街尾為天然湧泉形成的阿蕾杜莎水池

⑧

雅典娜神殿改建的教堂

夕拉庫莎主教堂 Duomo di Siracusa

http www.secretsiracusa.it (選擇「Dove Andare a Srira-cusa」→「Duomo di Siracusa」) / ✉ Piazza Duomo, Siracuse / ☎ (093)1179-1103 / ⏲ **10～3月：**09:00～17:30，**4～6、9月：**09:00～18:30，**7～8月：**09:00～19:00 / $ 全票€2 / ➡ 從阿波羅神殿沿著Corso Giacomo Matteotti走，右轉入Via Cavour，接著走Via Saverio Landolina，位在主教堂廣場(Piazza Duomo)左手邊 / ⌛ 約30分鐘 / MAP P.199

主教堂是由西元前5世紀的雅典娜神殿改建而成，7世紀時以神殿既有的基座與立柱改建成主教堂，只是當時的拜占庭風格立面在1693年地震毀壞，1728年才又改爲巴洛克式風格。教堂立面上方的雕塑出自西西里島名藝術家Ignazio Marabitti之手，第二層左邊爲主教聖馬西亞諾(San Marziano)，右邊爲夕拉庫莎守護神聖塔露西亞(Santa Lucia)，中央則是聖母瑪麗亞。

如今米白色的外觀散發出如陽光般的溫暖光芒，曾入鏡電影《西西里的美麗傳說》，是夕拉庫莎知名景點之一。

▲夕拉庫莎主教堂立面及其前面的廣場

9

全歐洲最古老的浸禮池

猶太教古浸禮池 Miqwe

http www.allagiudecca.it (選擇「Jewish Bath」) / ✉ Via Giovanni Battista Alagona, 52, Siracusa / ☎ (093) 1222-55 / 🕘 09:00～19:00，每個整點由解說員以英文與義大利文導覽參觀，超過5人需預約 / $ 全票€5 / ➡ 從主教堂旁的Piazza Minerva走，左轉入Via Roma，再右轉Via del Crocifisso，並順著Via della Giudecca前進，再右轉Via G.B. Alagona，池子所在的Alla Giudecca旅館位在右手邊 / ⁉ 浸禮池不能拍照 / ⌛ 約1小時 / MAP P.199

西元1世紀時，上千的猶太人被羅馬軍隊當作奴隸帶來西西里島，他們在此生根，到了15世紀人口幾乎占了夕拉庫莎總人口的1/4。

位在猶太區的「猶太教古浸禮池」建於西元6世紀。中央爲開放的3座盾形水池，周圍有兩間小房間提供需要隱私的民眾使用，猶太人在出生時及結婚前會將全身泡在池子裡，透過未受汙染且不斷流動的天然水洗淨身體，象徵去除掉內心的汙穢。不過在西班牙人的驅離潮中，猶太人爲了避免池水被褻瀆，1492年封閉了它，直到1980年西西里島的女侯爵購入這座大宅院，重新整修成Alla Giudecca旅館時，位在地底18公尺處的浸禮池才重見天日。經考古學家證實這是全歐洲最古老、保存最好的猶太教浸禮池。

3星級的Alla Giudecca旅館▶大門

▲浸禮池不能拍照，此為展示在旅館的照片

10

掌控西西里島南端海面

馬尼亞切城堡 Castello Maniace

http www.comune.siracusa.it (於下方「cerca」空白處搜尋Castello Maniace) / ✉ Piazza federico di Svevia, Siracusa / 🕘 週一14:30～19:45，週二～日08:30～19:45 / ☎ (093)1450-8211 / $ 全票€4，25歲以下€2，18歲以下免費 / ➡ 從火車站或公車總站往南走，沿著Passeggio Aretusa接Via Castello Maniace走到底就能看到城堡 / ⌛ 約1小時 / MAP P.199

這座城堡是腓特烈二世(Federico II)於1239年興建，位在歐提加島最南端突出的戰略位置，環視全景，監控港口進出的船隻。當時只能過橋才能進入城堡裡面，是極爲重要的軍事重地；15世紀是座監獄，如今爲展示城堡歷史或特展的展覽館。站在一旁的港口，可以欣賞到城堡沿著海岬所興建的防禦城牆。

▲位在夕拉庫莎最南端的馬尼亞切城堡

同場加映 超大型花繪創意

▲2018年花毯節以中國為主題，呈現不少中國人物造型

諾托花毯節
Infiorata di Noto

諾托在1693年的地震中夷為平地，經當地建築師Rosario Gagliardi與其助理Vincenzo Sinatra規畫重建，歷時50年將諾托打造成為西西里島最典型的巴洛克風格小鎮，日後則被列入了世界遺產。

不過諾托有個更吸睛的「花毯節」活動。1981年，一群藝術家在Via Corrada Nicolaci(位在St. Charles Church正前方斜坡上的人行道)的地上，將成千上萬朵五彩繽紛的花瓣、樹葉、豆子、米、當作繪畫材料，拼成16幅超大型畫作，鋪滿整條Via Corrada Nicolaci，全長122公尺、寬7公尺，相當壯觀，彷彿就像鮮花地毯般豔麗動人。

▲除了 Via Corrada Nicolaci 外，其他街道也有別致的布置

▲用花朵鋪滿 Via Corrada Nicolaci 整條街

花毯節起初與宗教有強烈關聯，如今不少作品早已脫離宗教題材。每年與不同國家合作，以各國文化作為主題，像是2017為摩納哥、2018為中國，主題涵括宗教、神話、當地民俗風情等。此外，街上會有居民穿著中古世紀服裝遊行及演奏樂器，場面熱鬧，為當地一大盛事。

www.infioratadinoto.it／Via Corrada Nicolaci, Noto／每年5月第三個週日／如何抵達諾托，見P.198／約1小時

同場加映 300年的巴洛克風美麗教堂

▲蜜糖色的主教堂外觀溫暖人心

諾托主教堂

Basilica Cattedrale di San Nicolo

諾托是一個虔誠的天主教小鎮，市中心區區1公里的Corso Vittorio Emanuele大道，左右兩側就有7間教堂。頗富盛名的諾托主教堂，就是這7間教堂其中之一，位在Piazza Municipio廣場上，是棟有著蜜糖色外觀、採用巴洛克式風格打造的壯麗建築，不但為市中心最大的教堂，也是地方信仰中心。

於1694年動工，1776年教堂主體完成，但立面及內部卻在幾世紀以來經歷過多次改建，直到19世紀才有今日樣貌，城中其他建築皆以它為中心，放射狀建造。

多年前的地震導致建築物產生裂縫，導致教堂圓頂在1996年倒塌，後以傳統工法修復，甚至採用相當耗時的手工方式黏貼壁紙，2007年完成重建才再次對外開放。

▲位在 Corso Vittorio Emanuele 大街上的 Teatro Tina Di Lorenzo 劇院

http www.museionline.info (選擇「Comuni」→「Siracusa」→「Noto」→「Cattedrale di Noto」)／✉ Corso Vittorio Emanuele／🕒每日09:00～20:00／➡出火車站右轉，沿著Viale Principe di Piemonte往北走，於Via Luigi Einaudi向右轉，於Via Napoli/SS115向左轉，於Via Camillo Benso Conte di Cavour向左轉，於Via Papa Giovanni XXIII向左轉，步行約20分鐘／⌛約30分鐘

▲諾托的聖方濟阿西西教堂

▲在諾托，處處可見細膩的巴洛克風格裝飾藝術

知識充電站 

隨處可見的巴洛克裝飾

諾托於17世紀末地震後所興建的建築，因建築師Rosario Gagliardi與助理Vincenzo Sinatra的規畫，採以質地較軟、較易雕刻的石灰岩，在建築物上刻出細膩的巴洛克華麗雕塑，不只是教堂或公共建築，連民宅陽台的底部也能看見這種美麗的裝飾。

這場半世紀的城市重建工程，讓諾托日後博得了「西西里島巴洛克珍珠」的美名，吸引不少建築迷與藝術愛好者前來朝聖。

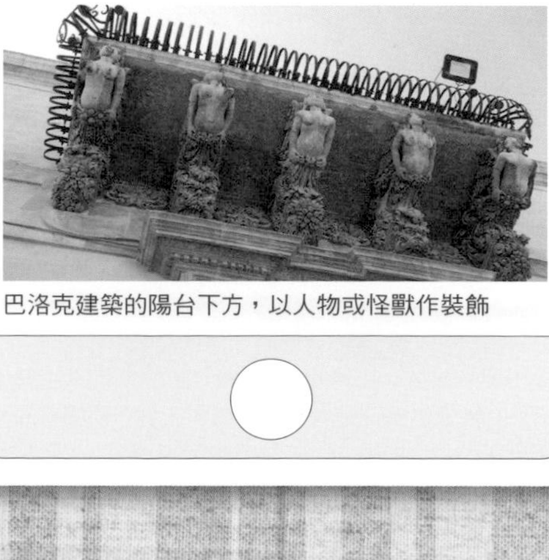

巴洛克建築的陽台下方，以人物或怪獸作裝飾

義大利旅遊小錦囊

交通資訊 P.208
生活資訊 P.213
購物資訊 P.217
緊急救助及醫療 P.217

交通資訊 Transportation

【飛 機】

台灣往義大利主要飛羅馬、米蘭和威尼斯。中華航空從台灣直飛羅馬，國泰航空從香港直飛羅馬、米蘭，其他航空公司皆需轉機。

義大利南部主要機場為拿坡里國際機場(代號NAP)、巴里國內機場(代號BRI)、西西里島的卡塔尼亞國際機場(代號CTA)與巴勒摩國內機場(代號PMO)。台灣往這四大機場，可搭乘華航直飛羅馬後再轉國內線，或從香港搭土耳其航空往拿坡里、卡塔尼亞(在伊斯坦堡轉機)，其他城市皆要從羅馬、米蘭、威尼斯，或歐洲其他城市轉機前往。詳情請見各航空公司官網。

▲有不少廉價航空飛往義大利各城市，提早訂票都有划算價格

【火 車】

義大利火車主要分為義大利國家鐵路公司Trenitalia(簡稱「國鐵」)與Italo火車，國鐵快車其實速度與價格都不輸Italo，反而由於國鐵快車車廂多，搭乘遊客分散各車廂，不容易全滿、空位多，與人多的Italo相比顯得舒適不少，蠻適合帶孩子旅行的家庭，乘車過程中孩子也有空間可以活動。建議購買車票時最好比較兩家鐵路公司的搭乘時間與票價，才能找到最適合自己的車票；偏遠地區才由私鐵營運。

義大利國鐵

義大利國鐵相當於台灣的台鐵加高鐵，是家同時擁有高速鐵路、快車、區間普通車的鐵路公司，也是多數旅客在義國自助旅行時的優先選擇，但有些城市間的串連可能不若巴士方便。國鐵網站上經常推出折扣，如「3人同行1人免費」，可上官網查詢優惠訊息。

http www.trenitalia.com/tcom-en

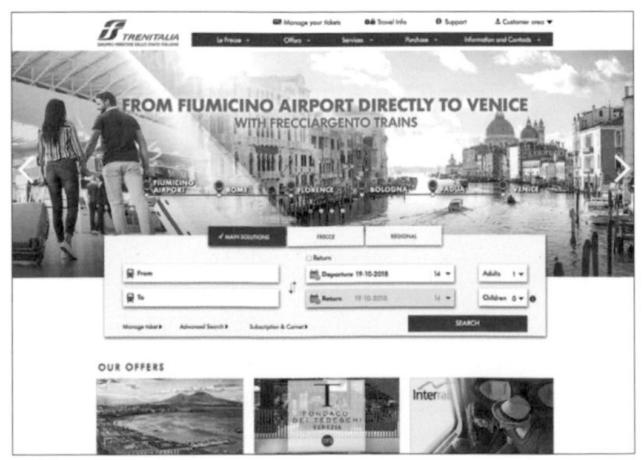

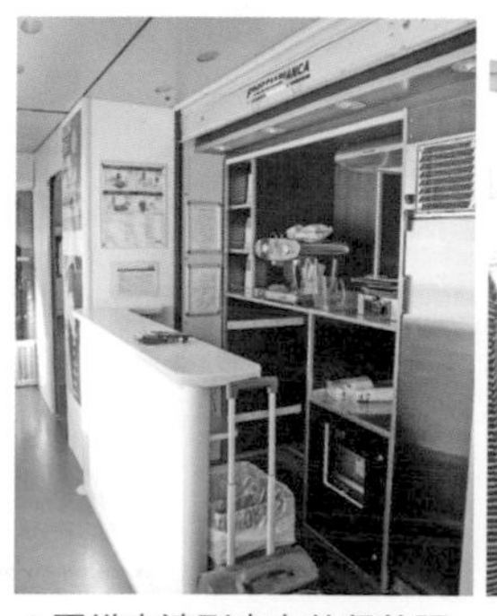

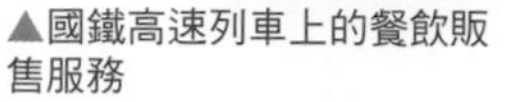

▲國鐵高速列車上的餐飲販售服務

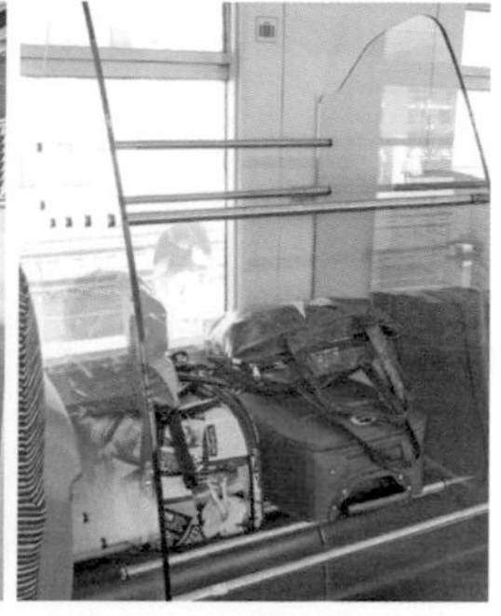

▲國鐵高速列車上設有行李專區

▲國鐵高速列車的座位乾淨舒適

高速列車(箭頭火車)

類似台灣的高鐵，速度快、停靠車站多為大城市，車內環境較舒適，但車速很快時有時會有暈車感。依車速有以下3種：

- **紅箭(Frecciarossa，FR)**：車速最快，時速最高可達360公里。車廂分為行政(Executive)、商務(Business)、高級(Premium)、標準(Standard)，除了標準車廂外，其他種類的車廂都有提供飲料和點心；車上有1個車廂會設餐飲販售服務。

▲義大利國鐵紅箭列車

- **銀箭(Frecciargento，FA)**：時速最高可達250公里。車廂分為一等(1 Classe)和二等(2 Classe)。一等車廂都有提供飲料和點心；車上有1個車廂會設餐飲販售服務。

▲義大利國鐵銀箭列車

- **白箭(Frecciabianca，FB)**：部分路線不是在高速鐵路上行駛，車速最慢，但還是比其他車種快很多，時速最高可達200公里。車廂分類與服務同銀箭火車。

▲義大利國鐵白箭列車

Intercity城際列車

城際列車(IC)主要行駛於大小城市之間，停靠車站較多，價格中等。車廂一樣分為一等與二等。其中「城際夜間列車」(Intercity Notte，ICN)是行駛各大城市間的夜車。

▲義大利國鐵城際列車

Regionale區間列車

區間車(R/RV)每站都停，全車皆自由座、無需劃位，車速最慢，但價格也最便宜。

▲義大利國鐵區間列車

Eurocity & Euronight跨國列車

想從義大利前往法、瑞、德、奧等鄰近國家，搭乘跨國列車是最好的選擇，白天車種爲Eurocity，晚上爲Euronight，車速與高速列車差不多。

義大利國鐵票種

義大利國鐵車票大多在乘車日期前3～4個月開放線上訂票，票種大致分爲以下3種。其他還有60歲以上才能訂的年長票(Cartafreccia Senior Da 60anni)、30歲以下才能訂的青年票(Cartafreccia Young Fino 30anni)，這兩種票需先在義大利國鐵官網上申請會員身分「CartaFRECCIA」(免費)，現場購票時要出示網上列印的「CartaFRECCIA」證明；線上訂票時則是輸入持票人的「CartaFRECCIA」優惠碼做驗證。

請留意：此兩種票券每週二～四有早鳥購票優惠或參與部分折扣活動，但是購票後不能更改或退票。

Base基本票

又稱爲普通票，完全沒有優惠，票的限制最小，可免費改日期、時間、退換票。

Economy經濟票

比基本票便宜，可支付費用更改乘車日期、時間，不過不能換票或搭其他列車。

Super Economy超級經濟票

所有票種中最便宜、也最容易被搶購一空，只是便宜的票限制最多，不能更改乘車日期、時間、退換票、搭乘其他列車。

▲車站裡的自動售票機，大城市目前已有中文介面

貼心提醒

火車票券注意事項

不論義大利國鐵或是Italo火車，只要是線上訂購完成之後，就無需打票，遇到車上查票，再以紙本或是手機打開Mail呈現電子車票，只是會建議列印紙本，避免手機沒電、沒網路或是遭竊而無法提供車票。若現場購買義大利國鐵火車票，記得要在火車站的打票機打票，若忘記打票被查到，則視為無票上車(會有罰款)，請勿持僥倖心態。Italo現場購買車票，則無需打票。

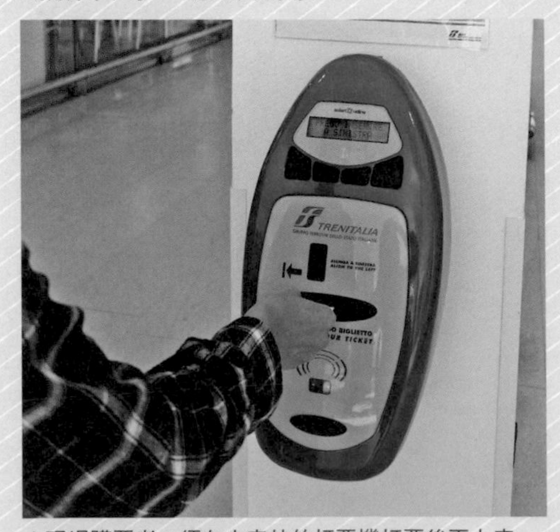

▲現場購票者，須在火車站的打票機打票後再上車

Italo火車

Italo是結合了飛機與高鐵特色的高速火車，設備新穎、環境舒適，全車提供免費Wi-Fi、電影觀看、自動販賣機等服務，票價不一定比國鐵貴，有時早鳥票還更便宜，不過停靠車站以大城市爲主，若計畫到小城市或鄉鎮的人，需在大城市車站換搭國鐵。Italo火車網站不定時有優惠活動，可上官網查詢。

行李箱位在車廂入口處，有些位置很小，若有攜帶大行李箱，建議早點上車，避免沒地方可擺，或是自備鎖頭鎖在把手上。小行李箱可放置在座位上方。

http www.italotreno.it

▲ Italo 車上貼心設置 USB 與插座式充電插頭

▲ Italo 外觀

Smart經濟艙

屬二等艙，價格最便宜，提供斜靠皮椅、腳凳、個人插座、專屬桌子、觀看電影等設備，並提供自動販賣機銷售飲料與食物。經濟艙裡的面對面位置適合4人同行；若低於4人，建議選擇兩人座位，空間比較大，腳才能伸直。

▲ Smart 經濟艙面對面的座位

▲現在在義大利大城也能看到 Italo 的自動售票機

Comfort舒適艙

屬二等艙，不過座位加大，走道也較寬敞，甚至有單人座位，價格雖然比經濟艙貴一點，卻享有一等艙的舒適空間。

Prima商務艙

屬一等艙，比舒適艙多了餐飲、當日報紙及專人服務，另設「舒適車廂」(Prima Relax)，提供不受其他乘客或手機打擾的安靜環境。

▲ Prima 商務艙 3 排座位，坐起來較為舒適

Club Executive頭等艙

位在首節車廂，僅設19個座位，座位更加舒適寬敞，提供免費咖啡、三明治、麵包、飲料等選擇，座位有個人螢幕，可直接上網或使用車上娛樂設施。

Italo火車票種

Low Cost便宜票

最便宜的票，限制也最多，僅開放修改持有人姓名；不能退票，若要修改時間及日期，需在出發前3天另支付50%票價費用才能改。3歲以下無座位、也無需購票，若0～14歲需要座位則必須購票，票價與成人相同。

Economy經濟票

第二便宜，限制相對少一些，一樣可免費修改持有人姓名；修改時間及日期需支付20%票價費用才能改，退票會扣票價40%。

Flex彈性票

可免費修改持有人姓名、時間及日期，只是退票會扣票價20%。

Day Return當天來回票

可免費修改持有人姓名、時間及日期，但不能退票。

鐵公路罷工

罷工在義大利屢見不鮮，但都會事先告知，讓人有所準備。只是遇到時該怎麼辦？最好的方式就是「避開搭乘該大眾交通工具」。鐵公路的罷工很少會「完全停擺」，多為「部分停駛」。若一定要搭乘，建議將該天行程安排得較有彈性些，多留時間等車，體驗一下歐洲這種特有的人文活動。

運輸類罷工消息查詢：

http www.summerinitaly.com (選擇「Italy Travel Info」→「Travel Tips」→「Transport strikes in Italy」)

Italo火車購票注意事項

- 早鳥票最便宜，約3個月開放訂票，適合已確定行程者。若已買票卻臨時想更改行程，換票代價就是得支付50%車票費用，且不能退票，只能改時間。第二便宜的票為離峰時間車票，例如週間早上。最貴的時段是週末晚上或假日當天。
- 座位需劃位，沒票不能上車。
- 一般義大利的大城市設有多個火車站，訂票前請先務必確定Italo火車的停靠車站名稱。

【地鐵、公車、路面電車】

義大利地底下有著不少的古蹟，由於興建地鐵很容易挖到古蹟，所以地鐵並不是很普及，目前僅羅馬、米蘭、拿坡里有地鐵，其他城市多以公車、路面電車爲主要交通工具。週一～六使用單次票爲60～90分鐘內可無限次數搭乘(端看該城市大眾交通運輸規定)，週日或假日使用時間增長(需看票面規定)，若是搭乘次數多，可購買1日票或10次票較划算；車票可在街上「菸酒雜貨鋪」(Tabacchi)購買。

不論搭乘地鐵、公車、路面電車，首次搭乘時都要打票，地鐵打票機在站內，公車、路面電車在車上。以週間60分鐘使用期間爲例，若距離票卡上打印的時間已超過60分鐘，就需再打票一次。未持有效票，或是未打票視爲逃票，被查到可是要罰款票價的50倍。查票人員通常查得很勤，請大家不要心存僥倖。

▲西西里島長途巴士是跨城市重要的交通工具

▲公車上的打票機　▲菸酒雜貨鋪的T招牌

▲拿坡里地鐵車廂很乾淨

【撥打國際電話】

從台灣打義大利：國際電話識別碼(002、006……)＋39(義大利國碼)＋城市區域(不用去掉0)＋電話號碼。

從義大利打台灣：國際電話識別碼00＋886(台灣國碼)＋城市區域(去掉0)＋電話號碼。

【時 差】

從3月最後一個週日～10月最後一個週日，實施夏令時間(又稱日光節約時間)。

夏天：比台灣慢6小時(義大利06:00為台灣12:00)

冬天：比台灣慢7小時(義大利06:00為台灣13:00)

【貨 幣】

義大利使用的貨幣為歐元€，分為紙鈔和硬幣。紙鈔面額為€500、€200、€100、€50、€20、€10、€5。硬幣有€2、€1、50分、20分、10分、5分、2分、1分。一般店家多接受€100以下的紙鈔，€200、€500面額太大，有時店家會拒絕收取，建議盡量換成小鈔使用。

5歐元　10歐元

20歐元

50歐元

100歐元

2歐元　1歐元

50分

20分

10分　5分　2分　1分

【電壓與插座】

電壓為220伏特，請先確認所攜帶的電器用品電壓是否標示為100～240伏特，若是則無須另帶變壓器。插座為C型，分為2孔和3孔形式，需準備轉接插頭。

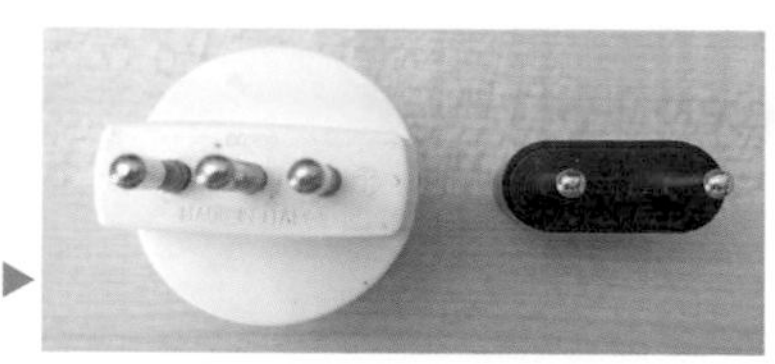

義大利插座分為兩種▶

【氣候與服裝】

地中海型氣候，夏乾冬雨，加上國土狹長，南北氣候差異大，出發前記得先查詢當地氣候。春季與秋季：適合洋蔥式穿法。夏季(6～8月)：平時陽光強烈，攜帶墨鏡、帽子，做好防曬準備。8月會像台灣一般炎熱。冬季(12～2月)：多雨，需攜帶雨具。

【廁 所】

義大利公用廁所不如台灣普遍，一般都是在咖啡館(Bar)消費後順便借用，有時要跟店家拿鑰匙才能使用。大城市的火車站或公廁需收費，跟著「toilette」指標走就能找到；小城市火車站或觀光景點內的廁所不會收費，最好的方式就是在下火車前先使用廁所。

▲威尼斯公廁收費 €1.5 ～ 2

【郵寄明信片】

郵局(Poste)或雜貨鋪(Tabacchi)都可以買到郵票，只需告知是要寄到國外，就能買到國際郵票。只是義大利郵政系統不像台灣這麼有效率，寄出後可能要7～30天才會收到。

▲義大利郵局有著明顯的 PT 黃色招牌

【國定假日】

日期	假日
1/1	元旦 Capodanno
1/6	主顯節 Epifania
4月初	復活節 Domenica di Pasqua
4/25	解放日 Festa della Liberazione
5/1	勞動節 Festa dei Lavoratori
6/2	國慶日 Festa della Repubblica
8/15	聖母升天日 Assunzione, Ferragosto
11/1	諸聖節 Ognissanti or Tutti i santi
12/8	聖靈受孕節 Immacolata Concezione, Immacolata
12/25	聖誕節 Natale
12/26	聖史蒂芬日 Santo Stefano

(製表／莉莉安)

▲復活節前夕可在超市或臨時市集，看到巧克力做的彩蛋、兔子或各式各樣造型的甜點

【咖啡文化】

咖啡(義文：Caffè)對義大利人來說，不單是種飲料，更是種生活。

早餐先來杯咖啡(義大利人只習慣在早上喝加奶的咖啡)，配上小餅乾或是甜麵包；午餐後也要來杯咖啡。下午3點，「沒有咖啡會無法繼續工作」的義大利人又去喝一杯醒腦。下班後若跟朋友有約，再來杯咖啡，順便跟老闆交流最近的新聞。只要是有人約會、碰面、聊天的場所，不論是咖啡店或高級餐廳，幾乎都可以看到這「熱騰騰的黑水」，除了小孩不喝外，咖啡幾乎是所有義大利人的生活必需品。

義大利人愛的咖啡有幾個特色：

費用不高

一般咖啡館賣的咖啡分兩種。第一，站在櫃檯喝只收「吧台價」(al banco)，約€1.2～1.5，不用台幣70元就能喝到好喝的咖啡！第二，坐在位子上喝就收「座位價」(servizio al tavolo)，一般費用不會太高，約€1～3，但像在威尼斯聖馬可廣場的「佛羅里安咖啡館」則是屁股一坐下去，還沒喝到咖啡就先算座位費€6。

如何點冰咖啡

在點咖啡時，若沒有特別說要「冰的」(freddo)，一般店家都會提供溫熱咖啡，所以要是天氣熱到不行，想來杯冰咖啡，記得在咖啡名字後加個freddo。

▲義大利人習慣站著喝咖啡、聊天，喝完就離開了

▲店家多半使用機器高壓沖泡咖啡

口味簡單

主要以咖啡與牛奶比例作調配，口味如下。有些念法跟台灣一樣，但內容物完全不同，點餐前請留意！

咖啡口味名稱	義文念法	特色
Caffè	咖啡	小杯的濃縮咖啡，也是其他咖啡變化的基礎
Caffè macchiato	咖啡瑪奇亞朵	macchiato在義大利文中是指「汙點」，而Caffè macchiato是指一杯咖啡色的水中有白色點點，也就是「咖啡很多、只加一些牛奶」
Lette macchiato	拉鐵瑪奇亞朵	同上意，只是反過來指一杯白色水中有咖啡色點點，也就是「牛奶很多，只加一些咖啡」，比例約濃縮咖啡1/3：牛奶2/3，比卡布奇諾更有鮮奶味
Cappuccino	卡布奇諾	在咖啡上加一層牛奶去打的奶泡。比例約熱牛奶1/3：濃縮咖啡2/3，奶泡上可能會灑上可可粉或肉桂粉
Latte	拿鐵	這是指「牛奶」，若傻傻的跟店員點「拿鐵」，店員只會給你「牛奶」
Caffè con panna	咖啡康寶藍	con指英文的with，panna則是奶油，所以這是淋上鮮奶油的咖啡
Caffè corretto	咖啡摳瑞豆	加烈酒的咖啡
Caffè lungo	咖啡路購	多一倍水量的濃縮咖啡
Caffè decafeinato	咖啡低咖啡因那豆	沒有咖啡因的咖啡
Marocchino	瑪若奇弄	加巧克力的咖啡，這在杜林(Torino)才喝的到
Caffè freddo	咖啡弗類豆	冰咖啡，但是使用冰牛奶加熱濃縮咖啡，義大利人不加冰塊的
Cioccolata calda	巧克拉達卡達	義大利式熱巧克力，冬天來一杯很溫暖，不過口味有點偏甜

（製表／莉莉安）

【冰淇淋文化】

來到義大利，在地人及遊客最爲推薦的必吃甜點，就是冰淇淋(Gelato)。其成分、口味種類與其他國家的冰淇淋大不相同，義大利冰淇淋強調使用天然材料，不添加香精或甜味劑，並會以抹刀來回刮挖，使其口感綿密。冰淇淋口味眾多，像是草莓、開心果、巧克力、牛奶、榛果、蔓越莓等，經常可見一個展示櫃裡提供10種以上的口味，讓君挑選。

如何點冰淇淋

先選擇甜筒(cono)還是杯子(coppetta)，再選擇容器的尺寸(大、中、小)，一般小的可選1種口味(價格約€1.2～2.5)，中的2種口味，大的3種口味。若要另外加奶油(con panna)，有些店家會酌收€0.5。

▲冰淇淋口味琳瑯滿目，總是讓人駐足難以抉擇，展示櫃旁也會擺放奶油

【買菜習慣】

基於衛生考量，在義大利超市或菜市場購買蔬菜、水果時，需戴上一旁提供的塑膠手套進行挑選，並將蔬果依種類放入不同的塑膠袋裡秤重，再把秤重後的標籤貼紙貼在袋上，才算是完成。若店家沒有供應塑膠手套，則是先看好要買哪一個，再請老闆幫忙拿取。

另外，不少超市已將裝蔬果的塑膠袋列為收費項目，因此，如果是拿了這種塑膠袋，卻不是用來裝蔬果，就要另外收取€0.01～0.03(有裝蔬果則不用收費)。

▲義大利攤販老闆似乎有著天生的美感，連蔬菜水果都能裝飾得這麼美

▲冰淇淋師傅先將原料、水依一定比例放進容器裡

▲部分原料須事先用攪拌機攪碎(例如草莓)

▲最後將調配好的原料倒入製冰機裡，幾分鐘後就有香濃好吃的義式冰淇淋

購物資訊 Shopping

【商店營業時間】

一般商店營業時間為週二～六09:00或10:00起至13:00，中間休息至15:00或16:00才又營業至19:00或20:00。

週日固定休息，週一則是部分休息，只有羅馬、米蘭這樣的大城市才可能7天無休。

【退 稅】

只要未持有歐盟國家居留證的遊客，在標有「Tax Free」的店家消費，且同一店家消費金額滿€155以上，就能出示護照請店家協助開立退稅單據，在離境前最後一個歐盟國家的機場辦理退稅。**請留意：**退稅手續須在購買後3個月內辦理完畢。

辦理退稅時，提供退稅單、護照、機票、所購買的退稅物品給海關檢查，確認沒問題後，可選擇用信用卡、現金、銀行支票等方式退稅，一般來說要等2～3個月才能拿到退稅金額。整體來說，義大利退稅後大約可拿回消費金額的12%。

▲威尼斯退稅窗口（圖片來源：EJ）

緊急救助及醫療 Emergencies

【護照遺失】

護照若遭竊或遺失，需先前往警察局辦理遺失證明書，再前往位在羅馬的駐外辦事處申請補發。建議出國前先準備護照影本及護照照片，以備不時之需。

【緊急事件處理】

若遇到緊急事件，卻未能即時與駐外辦事處取得聯繫，可直接與外交部24小時緊急聯絡中心聯絡。若遇到需要與警方聯繫的狀況，可撥打112或113，並向對方說「Aiuto」（救命，唸法：阿呦豆）、或是「incidente」（發生事故了，唸法：映去但貼）。

●旅外國人緊急服務專線

電話：00＋886＋0800-085-095

需付費。可透過親友自台灣撥打聯絡，免費

●旅外國人急難救助全球免付費專線

電話：00＋800-0885-0885

●駐義大利台北代表處

http www.roc-taiwan.org/it／地址 Viale Liegi No. 17, Roma／電話 (069)8262 800(一般聯絡電話)、(366) 8066-434(緊急聯絡電話)／時間 週一～五09:00～13:00／交通 在羅馬搭3或19號電車，或是從Termini火車站搭360號公車往Muse方向，在Ungheria-Liegi站下車

【就 醫】

在義大利需要救護車可撥打118，向對方說「Aiuto」（救命，唸法：阿呦豆）、「Male」（狀況不好，唸法：馬勒），或是帶著護照直接前往當地大醫院就醫。不過歐盟國家就醫費用非常貴，建議出發前先購買「申根醫療保險」（與旅平險不同），就醫時出示英文投保證明，相關醫療費用由保險公司直接支付給義大利當地合法登記的醫療院所，不需由被保險人墊付費用。

個人旅行書系

有行動力的旅行．從太雅出版社開始

太雅，個人旅行，台灣第一套成功的旅遊叢書，媲美歐美日，有使用期限，全面換新封面的Guide-Book。依照分區導覽，深入介紹各城市旅遊版圖、風土民情，盡情享受脫隊的深度旅遊。

「你可以不需要閱讀遊記來興起旅遊的心情，但不能沒有旅遊指南就出門旅行……」台灣的旅行者的閱讀需求，早已經從充滿感染力的遊記，轉化為充滿行動力的指南。太雅的旅遊書不但幫助讀者享受自已規畫行程的樂趣，同時也能創造出獨一無二的旅遊回憶。

114
柏林
作者／時小梅

113
法蘭克福
作者／賈斯云

112
華盛頓D.C.
作者／安守中

111
峇里島
作者／陳怜朱(PJ大俠)

110
阿姆斯特丹
作者／蘇瑞銘(Ricky)

109
雪梨
作者／Mei

108
洛杉磯
作者／艾米莉(Emily)

107
捷克．布拉格
作者／張雯惠

106
香港
作者／林姷妁

105
京都．大阪．神戶．奈良
作者／三小a

104
首爾．濟州
作者／車建恩

103
美國東岸重要城市
作者／柯筱蓉

100
吉隆坡
作者／瑪杜莎

099
莫斯科・金環・聖彼得堡
作者／王姿懿

098
舊金山
作者／陳婉娜

095
羅馬・佛羅倫斯・威尼斯・米蘭
作者／潘錫鳳、陳喬文、黃雅詩

094
成都・重慶
作者／陳玉治

093
西雅圖
作者／施佳瑩、廖彥博

092
波士頓
作者／謝伯讓、高薏涵

091
巴黎
作者／姚筱涵

090
瑞士
作者／蘇瑞銘

088
紐約
作者／許志忠

075
英國
作者／吳靜雯

074
芝加哥
作者／林云也

047
西安
作者／陳玉治

042
大連・哈爾濱
作者／陳玉治

038
蘇州・杭州
作者／陳玉治

301
Amazing China：蘇杭
作者／吳靜雯

深度旅行

134 南九州質感漫旅
作者／Gloria

133 紐約客的紐約
作者／張懿文

132 誌麟姊姊私藏北海道公路小旅行
作者／誌麟姊姊

131 岡山・廣島慢旅行
作者／牛奶杰

130 大阪，慢慢散步
作者／Vivian Chang

129 這就是英國人
作者／胡蕙寧

128 這就是北歐人
作者／李清玉

127 聖地雅哥朝聖之路
作者／區國銓Benito

126 這就是德國人
作者／胡蕙寧

125 嗯哼 這才是越南
作者／DD

124 多倫多深度之旅
作者／海馬老爸

123 這就是法國人
作者／陳麗伶

122 冰島深度之旅
作者／劉月丹

121 波蘭深度之旅
作者／周小仙

119 曼谷・象島
作者／傑菲亞娃

118 巴塞隆納自助超簡單
作者／老蝦

117 靜岡喔嗨唷！
作者／Kayo

116 日本中部質感漫旅
作者／Gloria

115 義大利南部深度之旅
作者／簡婉莉(莉莉安小貴婦)

114 印尼爪哇：雅加達・萬隆・日惹・泗水
作者／陳怜朱(PJ大俠)

113 波蘭自助超簡單
作者／蜜拉・葉士愷

112 澳門自由行：7條路線懶人包
作者／梁詠怡

111 用鐵路周遊券輕鬆玩東日本
作者／摩那卡・瓦拉比

110 沙漠國家探索之旅
作者／陳慧娟

109 羅馬、梵蒂岡深度之旅
作者／潘錫鳳

108 日本中部深度之旅
作者／阿吉

107 Slow東京
作者／蔡欣妤

106 雲南旅行家
作者／窗育華

105 日本東北深度之旅
作者／三小a

103 旅戀日本岡山
作者／李思嫻

102 紐西蘭旅行家
作者／舞菇

101 用鐵路周遊券輕鬆玩西日本
作者／摩那卡・瓦拉比

100 香港自己的味道
作者／Esther

099 義大利尋藝之旅
作者／蕭佳佳

098 德國旅行家
作者／林呈謙

097 溫哥華深度之旅
作者／海馬老爸

093 中國7城創意新玩法
作者／賴雅婷・王微瑄

090 澳門食尚旅行地圖
作者／梁詠怡

089 倫敦旅行家
作者／林庭如

088 美國中西部驚嘆之旅
作者／許正雄・陳美娜

087 西班牙深度之旅
作者／宋良音

077 Traveller's東京聖經
作者／許志忠

076 泰北清邁享受全攻略
作者／吳靜雯

075 聖地之旅：以色列・約旦・黎巴嫩・敘利亞
作者／邱世崇

067 眞愛義大利
作者／吳靜雯

066 野性肯亞的華麗冒險
作者／黃嘉文・吳盈光

057 Traveller's曼谷泰享受
作者／吳靜雯

046 Traveller's波士頓
作者／周蔚倫

Day by Day系列

605 下飛機Day by Day，愛上東京
作者／老蝦

602 下飛機Day by Day，愛上京・阪・神・奈
作者／飄兒

601 下飛機Day by Day，愛上舊金山
作者／李朵拉

夢起飛系列

505 紐西蘭自助旅行
作者／林伯丞

504 騎在天使安排的道路上
作者／張永威

503 用馬拉松旅行世界
作者／劉憶萱(江湖一品萱)

502 英國開車玩一圈
作者／Burger Bus英式漢堡店小夫妻Edison & SaSa

501 走！到法國學廚藝
作者／安東尼

搭地鐵系列

104 搭地鐵玩遍大邱
作者／Helena(海蓮娜)

094 搭地鐵玩遍紐約
作者／孫偉家

086 搭地鐵玩遍曼谷
作者／葉志輝

082 搭地鐵玩遍釜山
作者／Helena(海蓮娜)

079 搭地鐵玩遍首爾
作者／索尼客

070 搭地鐵玩遍倫敦
作者／李思瑩・英倫懶骨頭

069 搭地鐵玩遍新加坡
作者／但敏

062 搭地鐵玩遍香港
作者／三木

061 搭地鐵玩遍北京
作者／黃靜宜

059 搭地鐵玩遍東京
作者／孫偉家

053 搭地鐵玩遍上海
作者／葉志輝

So Easy! 年度銷售排行榜冠軍旅遊書系

So Easy 自助旅行書系

亞洲地區

310 **開始在緬甸自助旅行**
作者／詹依潔

305 **開始在澳門自助旅行**
作者／凱恩(Kahn)

304 **開始在馬來西亞自助旅行**
作者／黃偉雯(瑪杜莎)

303 **開始在日本自助旅行**
作者／牛奶杰

100 **開始在關西自助旅行**
作者／King Chen

098 **開始在土耳其自助旅行**
作者／吳靜雯

094 **開始在沖繩自助旅行**
作者／酒雄

092 **開始在上海自助旅行**
作者／葉志輝

091 **開始到日本開車自助旅行**
作者／酒雄

089 **開始在泰國自助旅行**
作者／吳靜雯

087 **開始在釜山自助旅行**
作者／亞莎崎

079 **開始在越南自助旅行**
作者／吳靜雯

076 **開始在中國大陸自助旅行**
作者／徐德誠

075 **開始在北京自助旅行**
作者／沈正柔

060 **開始在香港自助旅行**
作者／古弘基

035 **開始在新加坡自助旅行**
作者／王之義

023 **開始在韓國自助旅行**
作者／陳芷萍・鄭明在

歐美地區

312 **開始到美國國家公園自助旅行**
作者／沈正柔

311 **開始在法國自助旅行**
作者／陳翠霏・謝珮琪

307 **開始在冰島自助旅行**
作者／林佩儀

306 **開始在普羅旺斯自助旅行**
作者／曾一純

302 **開始在瑞典自助旅行**
作者／潘錫鳳・陳羿廷

301 **開始在西班牙自助旅行**
作者／區國銓・李容棻

099 **開始在紐約自助旅行**
作者／艾瑞克

096 **開始在愛爾蘭自助旅行**
作者／陳琬蓉

090 **開始在加拿大自助旅行**
作者／沈正柔

086 **開始在北歐自助旅行**
作者／武蕾・攝影／盧奕男

085 **開始在挪威自助旅行**
作者／林庭如

083 **開始在希臘自助旅行**
作者／林少凡

082 **開始在歐洲自助旅行**
作者／蘇瑞銘・鄭明佳

072 **開始在瑞士自助旅行**
作者／蘇瑞銘

034 **開始在荷蘭自助旅行**
作者／陳奕伸

027 **開始在義大利自助旅行**
作者／吳靜雯

026 **開始在美國自助旅行**
作者／陳婉娜

025 **開始在德國自助旅行**
作者／林呈謙、時小梅

024 **開始在英國自助旅行**
作者／李芸德

紐澳地區

309 **開始在紐西蘭自助旅行**
作者／舞菇、老包、Jeff Chen

073 **開始在澳洲自助旅行**
作者／張念萱

打工度假系列

So Easy 095
開始到日本打工度假
作者／高函郁

So Easy 093
開始到英國打工度假・留學
作者／陳銘凱

So Easy 088
開始到美國打工度假
作者／高函郁

So Easy 084
開始到加拿大打工度假
作者／陳玉琳

So Easy 038
開始到紐西蘭打工度假
作者／蔡弦峰

世界主題 096
澳洲打工度假，送給自己勇氣的一年
作者／Lewis・Vivi

世界主題 091
澳洲打工度假：墨爾本・布里斯本・雪梨三大城市邊賺邊玩
作者／黃奧登・艾芙莉

世界主題 081
澳洲打工度假一起Cooking!!
作者／Soda・Terry

世界主題 065
澳洲打工度假聖經
作者／陳銘凱

So Easy 專家速成書系

亞洲地區

080 **遊韓國行程規劃指南**
作者／Helena(海蓮娜)

歐美地區

308 **開始到義大利購物&看藝術**
作者／吳靜雯

097 **開始搭海外郵輪自助旅行**
作者／胖胖長工

078 **指指點點玩美國**
作者／謝伯讓・高薏涵

077 **指指點點玩義大利**
作者／吳靜雯

074 **英國茶館小旅行**
作者／英倫老舖

071 **窮，才要去紐約學藝術**
作者／洪緹婕

069 **記住巴黎的甜滋味**
作者／林佳瑩

065 **荷蘭最美**
作者／楊若蘭

046 **開始到維也納看莫札特**
作者／王瑤琴

031 **開始遊法國喝葡萄酒**
作者／陳麗伶

義大利南部深度之旅 '20~'21最新版

拿坡里．龐貝．阿爾貝羅貝洛．阿瑪菲海岸．卡布里島．西西里島

作　　者　簡婉莉(莉莉安小貴婦)

總 編 輯　張芳玲
編輯部主任　張焙宜
發想企劃　taiya旅遊研究室
企劃編輯　張芳玲、林孟儒
主責編輯　林云也
修訂編輯　鄧鈺澐
封面設計　許志忠
美術設計　許志忠
地圖繪製　許志忠

太雅出版社
TEL：(02)2882-0755　FAX：(02)2882-1500
E-MAIL：taiya@morningstar.com.tw
郵政信箱：台北市郵政53-1291號信箱
太雅網址：http://taiya.morningstar.com.tw
購書網址：http://www.morningstar.com.tw
讀者專線：(04)2359-5819　分機230

出 版 者　太雅出版有限公司
台北市11167劍潭路13號2樓
行政院新聞局局版台業字第五〇〇四號

總 經 銷　知己圖書股份有限公司
台北：台北市106辛亥路一段30號9樓
TEL：(02)2367-2044 / 2367-2047　FAX：(02)2363-5741
台中：台中市407工業30路1號
TEL：(04)2359-5819 FAX：(04)2359-5493
E-mail：service@morningstar.com.tw
網路書店：http://www.morningstar.com.tw
郵政劃撥：15060393 (知己圖書股份有限公司)

法律顧問　陳思成 律師

印　　刷　上好印刷股份有限公司　TEL：(04)2315-0280
裝　　訂　大和精緻製訂股份有限公司　TEL：(04)2311-0221

二　　版　西元2020年01月01日
定　　價　380元
(本書如有破損或缺頁，退換書請寄至：台中市工業30路1號　太雅出版倉儲部收)

ISBN　978-986-336-357-6
Published by TAIYA Publishing Co.,Ltd.
Printed in Taiwan

國家圖書館出版品預行編目(CIP)資料

義大利南部深度之旅：拿坡里.龐貝.阿爾貝羅貝洛.阿瑪菲海岸.卡布里島.西西里島／簡婉莉作.——二版，——臺北市：太雅，2020.01
面；　公分.——(世界主題之旅；115)
ISBN　978-986-336-357-6（平裝）
1.旅遊　2.義大利
745.09　　108016234

編輯室：本書內容為作者實地採訪資料，書本發行後，開放時間、服務內容、票價費用、商店餐廳營業狀況等，均有變動的可能，建議讀者多利用書中網址查詢最新的資訊，也歡迎實地旅行或居住的讀者，不吝提供最新資訊，以幫助我們下一次的增修。聯絡信箱：taiya@morningstar.com.tw

填線上回函，送"好禮"

感謝你購買太雅旅遊書籍！填寫線上讀者回函，
好康多多，並可收到太雅電子報、新書及講座資訊。

每單數月抽10位，送珍藏版「祝福徽章」

方法：掃QR Code，填寫線上讀者回函，就有機會獲得珍藏版祝福徽章一份。

填修訂情報，就送精選「好書一本」

方法：填寫線上讀者回函，並提供使用本書後的修訂情報，經查證無誤，就送太雅精選好書一本(書單詳見回函網站)。

＊同時享有「好康1」的抽獎機會

＊「好康1」及「好康2」的獲獎名單，我們會於每單數月的10日公布於太雅部落格與太雅愛看書粉絲團。

＊活動內容請依回函網站為準。太雅出版社保留活動修改、變更、終止之權利。

太雅部落格 http://taiya.morningstar.com.tw

有行動力的旅行，從太雅出版社開始